Muhammad in der Bibel

David Benjamin

Muhammad in der Bibel

David Benjamin

SKD Bavaria — München

Aus den englischen und arabischen Quellen

Satz und Umschlag: Ez Eldin-Intersatz, D-5100 Aachen
Druck: Grafo Offset Druck und Verlag 8000 München 2

ISBN 3-926575-00-X

Inhaltsverzeichnis

Vorwort des Übersetzers

Wenn wir uns mit dem Islam und dem Christentum auseinandersetzen wollen, dann müssen wir uns zunächst darüber im klaren sein, was wir unter „Islam" und „Christentum" verstehen.

Was den Islam angeht, so ist seine Bedeutung zweifelsfrei darzustellen, Das Wort Islam wird vom arabischen Wortstamm SLM abgeleitet und bedeutet zunächst Friede (gesprochen : silm). Von diesem Wort kommt das Verbum „aslama", was „er unterwarf sich" „er ergab sich" bedeutet. Das Wort Islam ist also die Bezeichnung für eine Religion, die der Menschheit dadurch Frieden bringt, daß man sich Gott übergibt und sich SEINEM Willen unterwirft.

Gott hat all SEINE Propheten zu den Menschen gesandt, um ein und dieselbe Religion mit denselben grundlegenden Lehren zu verkünden, wobei Muhammad (Friede sei mit ihm!) die letzte und umfassendste sowie endgültige Form des göttlichen Willens offenbart wurde. Diese letzte Offenbarung der Botschaft Gottes an die Menschheit ist ohne jedes Verfälschen Hinzufügen oder weglassen in der ursprünglichen Form im Koran bis zum heutigen Tag enthalten.

Wenn wir nun festlegen wollen, was Christentum ist, dann stoßen wir auf gewisse Schwierigkeiten. Zunächst einmal ist das Wort Christentum als Religionsbegriff in keiner Offenbarungsschrift enthalten; es ist vielmehr eine menschliche Wortschöpfung, mit der man der Lehre offenbar einen von Jesus Christus (Friede sei mit Ihm!) abgeleiteten Namen geben will. Hier können und müssen wir nun fragen: Was ist denn überhaupt die mit Christentum bezeichnete Lehre,und was beinhaltet sie? Die Lehre der heutigen Kirchen, die sich „christlich" nennen, kann es sicher nicht sein, will sagen, Christentum und Kirchenlehre sind nicht identisch; denn die Lehre der Kirchen hat sich ja erst in langen dogmatischen Kämpfen auf den ökumenischen Synoden bzw. Konzilen entwickelt, zumal Jesus keine Niederschrift der Offenbarungen oder andere Schriften hinterließ. Die auf den Konzilen von Menschen gefaßten Beschlüsse, die für die römisch — katholische Kirche unfehlbare Geltung besitzen, haben zum Beispiel erst 325 n.Chr. in Nicäa die Wesensgleichheit des Sohnes mit dem Vater, 381 in Konstantinopel die Gottheit des Heiligen Geistes, 431 in Ephesus die Gottesmutterschaft Mariens, 451 in Chlzedon die zwei Naturen in der einen Person Christi und gar erst 1869-70 im ersten Vatikanischen Konzil das Primat und die Unfehlbarkeit des Papstes als Ergebnis menschlichen Nachdenkens und Philosophierens hervorgebracht. Bestimmte Kirchengebote wie das mindestens einmalige Beichten im Jahr oder Prinzipien wie Exkommunikation, Unfehlbarkeit des Papstes oder Heiligsprechung versuchen sogar die unumschränkte Herrschaft Gottes einzuschränken, wie jeder Versuch, ein anderes als das von Gott bestimmte Gesetz auf Erden zu verwirklichen und durchzusetzen, zum Ziel hat, Gottes absolute Souveränität einzuschränken. Wir müssen also nach einer Quelle der Lehre, die Jesus offenbart wurde, suchen, die das unverfälschte Wort Gottes wiedergibt. Eine solche Quelle scheint auf den ersten Blick das Evangelium zu sein. Hier ist nun aber zu beachten, daß die Evangelien zum einen erst mehrere Jahrzehnte nach dem Auftreten Jesu verfaßt wurden und sie zum anderen nicht als historich — kritische Darstellung gedacht waren, sondern als Glaubensverkündung und Glaubenszeugnis, also schon als eine Art Interpretation. Der Evangelist Lukas bestätigt im Vorwort seines Evangeliums ausdrücklich, daß viele versuchten, einen Bericht von der Lehre Jesu und seinem Leben zu geben. Diese sogenannten Vorläufer der Evangelien, die möglicherweise in der Umgangssprache Jesu, dem Aramäischen, verfaßt waren; sie blieben jedoch nicht erhalten. Der Schluß des Markus-Evangeliums ist im übrigen anerkannterweise verlorengegangen und erst später in neuer Fassug hinzugefügt worden. Als kanonisch wurden die 27 Bücher des Neuen Testaments erst von Athanasius, dem Bischof von Alexandria, im vierten nachchristlichen Jahrhundert bezeichnet.

Von der wortwörtlichen Wiedergabe einer Offenbarung Gottes, wie sie der Koran darstellt, kann man also bei den Evangelien nicht sprechen. Entstellungen, Fehlinterpretationen, Auslassungen, Hinzufügungen und ähnliche Mängel können nicht ausgeschlossen werden. Der reine Eingottglaube in der ursprünglichen Form ist dann auch im Christentum in der heute bestehenden Glaubenslehre nicht mehr vorhanden; und dadurch wird der Religion Gottes die Basis entzogen und sie zu einer Irrlehre verfälscht. In diesem Zusammenhang ist interessant, daß z.B. Arius im dritten nachchristlichen Jahrhundert erklärte, daß Jesus mit Gott nicht wesensgleich sei.

Koran und Evangelium verbindet zunächst aber einmal die Tatsache, daß es sich bei ihrem Ursprung um " Bücher Gottes" handelt, die den Propheten Muhammad bzw. Jesus offenbart wurden. Der Koran ist somit auch keine Offenbarungsschrift, die etwas vollkommen Neues enthält; der Islam ist keine neue Religion, die den früheren Menschen vollkommen unbekannt war, sondern er ist die ursprüngliche und die einzige von Gott gegebene Religion, die den Menschen von Anfang an gegeben und später von Zeit zu Zeit durch eine Reihe von Propheten wie z.B. Moses, Jesus oder Muhammad (Friede sei mit ihnen!) erneut ins Gedächtnis gerufen und verkündet wurde, wobei Muhammad der letzte, „das Siegel" der Propheten ist.

Trotzdem haben Christentum und Islam keine gemeinsame Basis in Grundfragen ihrer Glaubenslehre mehr, da die geoffenbarten Bücher in ihrer ursprüglichen Form außer im Islam nicht mehr vorhanden sind. Im Anhang der

Bibelausgabe der vom Rat der Evangelischen Kirche im Jahre 1956 genehmigten (!) Fassung heißt es :„… wir besitzen die originalen Schriften nicht mehr. Unsere Kenntnis des biblischen Textes gründet sich auf eine Unzahl von Abschriften, einigen Tausend, von denen kaum zwei völlig miteinander übereinstimmen."Das „Christentum" ist zu einer Lehre der Institution „Kirche"geworden. Allah hat die Fälschungen ihrer Lehre im Koran aufgedeckt und früheren Propheten in Offenbarungen und Visionen Hinweise auf den kommenden Propheten Muhammad gegeben.

Trotz der schweren Mängel, die die uns heute vorliegende Texte der Bibel haben, ist es meines Erachtens nützlich, sich mit ihnen auseinanderzusetzen. Es erhöht den Wissensstand des Einzelnen und gibt ihm die Möglichkeit, sich qualifizierten Glaubensgesprächen mit Andersgläubigen zu stellen. Zudem ist es nicht billig, daß z.B. ein Muslim einem Christen den Islam nahebringem will und dabei nur Koranverse als unterstützende Argumente zitiert. Hier ist Bibelkenntnis auch für den Muslim angebracht, ja sogar Plicht. Falsch wäre es aus o.g. Gründen lediglich, den Text der Bibel als Maßstab zu betrachten. Beim Propheten Jeremia lesen Wir: " Wie mügt ihr doch sagen: 'Wir wissen, was recht ist, und haben die heilige Schrift vor uns'? Ist's doch eitel Lüge, was die Schriftgelehrten setzen." *(Kapitel 8, Vers 8)*. Auch der „Christ" selbst sollte sich also kritische mit seiner Glaubensgrundlage, der Bibel, auseinandersetzen und über die vielen Wiedersprüche und Ungereimheiten nachdenken.

Die geschilderte Problematik zeigt Professor 'Abdu-l-Ahad Dawud in seinem vorliegenden Werk „Muhammad in der Bibel" auf, dessen englische Fassung ins Deutsche zu übersetzen ich die Ehre hatte. Als muslimischer Gelehrter, der vor seinem Übertritt zum Islam viele Jahre als katholischer Priester bzw. Bischof tätig war, ist für die Thematik „Muhammad in der Bibel" sicher kompetent. Diese Kompetenz unterstreicht er, indem er ein vielseitiges und umfangrieches Wissen vermittelt, wobei den Leser nicht nur seine Bibelkenntnisse, sondern auch seine Kenntnisse in alten Sprachen in ehrfürchtiges Erstaunen versetzen. Prof. Dawud hat sich zum Ziel gesetzt, anhand von textstellen im Alten und Neuen Testament nachzuweisen, daß viele Prophezeiungen fälschlich auf Jesus anstatt auf Muhammad bezogen wurden und werden. Zur Beweisführung benutzter nicht nur eine rein inhaltliche Interpretation einzelner Verse, sondern auch historische Begebenheiten, etymologische Untersuchungen und Textvergleiche. Texte aus Büchern, die nicht zum biblischen Kanon gehören, zieht er zuweilen dabei hinzu. Ausgangsbasis, und darüber muß sich der Leser bei derLektüre dieses Buches immer im ölaren sein, ist natürlich das Wissen um den geschilderten Mangel der Bibel.

Sowohl für Christen als auch für Muslime und Andersgläubige sind die Sachinformationen, die Prof. Dawud durch seine Arbeit liefert, sicher eine Bereicherung. Die aufgestellten Thesen regen zum Nachdenken an. Sein mitunter blumenreicher Sprachstil (er wurde in Persien geboren), verschiedene Wiederholungen und zuweilen ausschweifende Kommentare werden dem deutschen Leser das flüssige Lesen vielleicht manchmal etwas erschweren; einige Formulierungen werden einem Nicht-Muslim ab und zu auch provokativ erscheinen. Aber dies muß ja nicht immer zum Nachteil gereichen. Insgesamt gesehen werden die bestechende Argumentation und die Fülle an sachbezogener Wissensvermittlung den Gesamteindruck prägen. Bei der Übersetzung habe ich deshalb versucht, mich so eng wie möglich an die Textvorlage zu halten, um den Geist des Werkes und den ursprünglichen Stil des Verfassers weitgehend zu bewahren. Da ich selbst viele Jahre Christ war, bevor ich den Islam annahm, glaube ich von der Sache her die entsprechende Eignung für die Übersetzung einer solchen Abhandlung zu besitzen.

Ich wünsche dem Leser, daß er nach der Lektüre der nachfolgenden Ausführungen so zufrieden ist, daß er das Buch noch des öfteren als eine Art Nachschlagewerk zur Hand nimmt; daß er motiviert wird, über das Gelesene nachzudenken und ggf. für sich Konsequenzen zu ziehen;und daß bei ihm das Interesse geweckt wird, noch mehr über den Islam erfahren zu wollen. Dem muslimischen Leser lege ich ans Herz, sich mit den Gedankengängen und Beweisführungen des Autors vertraut zu machen und künftig in Gesprächen mit Christen unter Berücksichtigung meiner eingangs formulierten Erläuterungen auch einmal aus der Bibel zu zitieren, wenn es um den Islam und den Propheten Muhammad geht. Erst wenn der Andersgläubige von der wirklichen Prophetenschaft Muhammads überzeugt ist und einsieht, daß die Bibel in der jetzt vorliegenden Form keine gesunde Grundlage für seinen Glauben bildet, wird er bereit sein, sich auf Argumentationen aus dem Koran einzulassen und sich mit dem Islam zu befassen.

Hasan Günter Nydayisenga   Brachbach/Sieg, im Dezember 1985

Vorwort

Der Prophet von Arabien, wie über ihn in der Bibel berichtet wird

„Die Last über Arabien"

Jesaja, Kapitel 21, Vers 13

Die gegenwärtige unproduktive Periode im Hinblick auf die humanistische Bildung sowie der zunehmende Mangel an unserer Kenntnis alter Sprachen haben den modernen Geschmack in seinem Bestreben gehemmt, Gefallen an solchen Untersuchungen zu finden, wie ich sie in dieser Richtung vornehme. Auf den folgenden Seiten finden wir aus der Feder von Reverend Professor 'Abdu-l-Aḥad Dāwūd eine Reihe von vortrefflichen Aufsätzen; ich bezweifle es jedoch, ob es viele geben wird — und sei es sogar aus der Hierarchie der christlichen Kirche —, die den anspruchsvollen Ausführungen des gelehrten Professors folgen können. Und noch mehr bezweifle ich es dort, wo er versucht, seine Leser in ein Labyrinth von Sprachen zu führen, die tot sind und vor Tausenden von Jahren gesprochen wurden. Wie steht es z.B. mit Aramäisch, wenn selbst innerhalb des Klerus nur sehr wenige imstande sind, die Vulgata und die griechische Originalfassung des Neuen Testaments zu verstehen? Besonders ist auch hier zu berücksichtigen, daß doch unsere Forschungen geradezu ihre Grundlage in der griechischen und lateinischen Ethymologie haben!

Worin auch immer der Wert solcher Dissertationen in den Augen eines Gegners liegen mag, wir selbst sind heutzutage absolut unfähig, sie aus dem Gesichtswinkel der Gelehrsamkeit zu würdigen; denn der orakelhafte Doppelsinn, der den prophetischen Äußerungen anhaftet, auf die ich mich beziehe, macht diese so auslegungsfähig, daß man fast jeden Tatbestand auf sie anwenden kann. So muß z.B. der „Geringste" in der Prophezeiung von Johannes dem Täufer nicht unbedingt der Sohn Marias sein, obwohl er von seinem eigenen Stamm geringschätzig angesehen wurde. Der heilige Zimmermann stammte aus ärmlichen Elternhaus. Er wurde verhöhnt, verspottet und beschimpft; man setzte ihn herab und ließ ihn durch die Schriftgelehrten und Pharisäer in der öffentlichen Meinung als den „Geringsten" erscheinen. Das Übermaß an Eifer, den die Anhänger Jesu im zweiten und dritten Jahrhundert, in denen man schnell dazu neigte, sich auf irgendetwas in Form einer Prophezeihung in der Bibel zu stürzen, an den Tag legten, mußte sie ganz natürlich dazu bringen zu glauben, daß ihr Herr eben die Person war, auf die der Täufer hingewiesen hatte.

Es gibt in diesem Zusammenhang aber noch eine weitere Schwierigkeit. Wie kann man sich auf die Aussage eines Buches berufen, das anerkanntermaßen Volksbräuche beinhaltet? Allgemein sind Echtheit und Wahrheit der Bibel in Frage gestellt. Ohne hier auf die Frage ihrer Echtheit und Wahrheit näher eingehen zu wollen, dürfen wir zumindest doch feststellen, daß wir uns auf ihre Aussage hinsichtlich der Person Jesu und seiner Wunder nicht verlassen können. Ja, einige gehen sogar soweit zu behaupten, daß seine Existenz als historische Person fragwürdig sei und daß es gefährlich wäre, aufgrund der Evangelien in dieser Angelegenheit zu irgendeiner sicher erscheinenden Schlußfolgerung zu gelangen. Ein fundamentalistisch geprägter Christ kann wohl kaum etwas gegen meine Darstellung des Sachverhalts einwenden.

Wenn „beiläufige Sätze" und vom Textzusammenhang losgelöste, einzelne Wörter aus dem Alten Testament von den Synoptikern als auf Jesus anwendbar ausgewählt werden können, dann müssen erst recht die Erläuterungen des belesenen Verfassers in diesen lehrreichen und interessanten Artikeln jegliche Achtung und Würdigung — sogar vom Klerus — finden. Ich schreibe in ähnlicher Form; ich habe jedoch versucht, meine Argumente auf die Teile der Bibel zu stützen, die kaum einen linguistischen Disput zulassen. Ich möchte auch nicht auf Latein, Griechisch oder Aramäisch zurückgreifen, weil ich darin keinen Sinn sehe; vielmehr entnehme ich die folgenden Zitate Wort für Wort der revidierten Fassung der Bibel, wie sie von der „Britisch and Foreign Bible Society" herausgegeben wurde.

Im Deuteronomium *(5.Buch Mose)* lesen wir im Kapitel 18, Vers 18: „Ich will ihnen einen Propheten, wie du es bist, aus ihren Brüdern erwecken, und Ich will Meine Worte in seinen Mund legen". Träfen diese Worte nicht auf Muhammad zu, dann blieben sie unerfüllt. Jesus hat nie von sich selbst behauptet, der Prophet zu sein, auf den hier hingewiesen wird. Sogar seine Jünger hatten diese Einstellung: sie erwarteten das zweite Kommen Jesu, damit die Prophezeihung erfüllt wird.[1] Insofern ist es also unbestritten, daß das erste Kommen Jesu nicht das Erscheinen des „Propheten, wie du es bist" darstellt, und daß auch sein zweites Kommen die Prophezeihung schwerlich erfüllen kann. Nach dem Glauben seiner Kirche soll Jesus nämlich als Richter erscheinen und nicht als Gesetzgeber; der Verheißene dagegen muß mit einem „feurigen Gesetz" in „seiner rechten Hand" kommen.

1 = „Der Himmel muß ihn aufnehmen bis zu der Zeit, da erfüllt wird, wovon Gott durch den Mund Seiner heiligen Propheten vom Anbeginn der Welt geredet hat. Denn Moses hat wahrhafig zu den Vätern gesagt: Der Herr, euer Gott, wird euch einen Propheten aus euren Brüdern erwecken, so wie ich es bin; den sollt ihr in allen Dingen hören, die er euch sagen wird (22)." (Apostelgeschichte, Kapitel 3)

Um die Person des verheißenen Propheten identifizieren zu können, ist nun eine andere Prophetie des Moses sehr hilfreich, in der vom Erscheinen Gottes von Pharan, einem Gebirge bei Mekka, gesprochen wird. Die Worte im Deuteronomium Kapitel 33, Vers 2 lauten wie folgt: „Der Herr ist vom Sinai gekommen und ist ihnen aufgegangen von Seir; Er ist hervorgebrochen vom Gebirge Pharan, und Er ist mit zehntausend Heiligen gekommen; aus seiner rechten Hand kam ein feuriges Gesetz für sie".

In diesen Worten wird der Herr mit der Sonne verglichen. Er kommt vom Sinai und geht von Seir auf; in Seinem vollen Glanz erscheint Er jedoch vom Pharan, wo Er mit zehntausend Heiligen und einem feurigen Gesetz in der rechten Hand erscheinen sollte. Von den Israeliten hatte einschließlich Jesus niemand irgendetwas mit Pharan zu tun. Hagar wanderte mit ihrem Sohn Ismail in der Wüste Bir Scheba herum; Ismail hielt sich später in der Wüste von Pharan auf *(Genesis — 1.Buch Moses —, Kapitel 21, Vers 21)*. Er heiratete eine ägyptische Frau, und durch seinen Erstgeborenen Kedar, gründete er das Geschlecht der Araber, die von jener Zeit bis in unsere Tage die Bewohner der Wüste von Pharan waren. Wenn nun Muhammad, wie von allen Fachleuten anerkannt, seine Abstammung über Kedar auf Ismail zurückführte und er als Prophet in der Wüste Pharan erschien und Mekka mit 10.000 Frommen wieder einnahm und seinem Volk ein feuriges Gesetz gab, ist dann die oben aufgeführte Prophezeihung nicht buchstabengetreu erfüllt?

Besonders bemerkenswert sind auch die Worte der Prophezeihung von Habakuk: „Der Himmel war voll seines Lobes," (des Heiligen vom Gebirge Pharan) „und die Erde war voll seines Preisens." *(Habakuk, Kapitel 3, Vers 3)*. Das Wort „Preisen" ist sehr bezeichnend, denn der Name Muhammad bedeutet im Arabischen wörtlich „der Gepriesene". Außerdem wurde den Arabern, den Bewohnern der Wüste von Pharan, eine Prophezeihung in Jesaja, Kapitel 42, Verse 11 und 12, verheißen: „Laßt die Wüste und die Städte darin sowie die Dörfer, in denen Kedar wohnt, laut rufen; die Felsenbewohner sollen jauchzen und von den Gipfeln der Berge ihre Rufe erschallen lassen. Laßt sie dem Herrn Ehre geben und seinen Lobpreis auf den Inseln verkünden. Der Herr wird ausziehen wie ein Riese, er wird den Eifer aufwecken wie ein Kriegsmann, er wird rufen, ja, sogar brüllen; er wird über seine Feinde die Oberhand gewinnen."

In diesem Zusammenhang sind zwei weitere Prophezeiungen zu erwähnen, in denen Bezug auf Kedar genommen wird. Die eine lautet in Jesaja, Kapitel 60, Verse 1-7, wie folgt: „Mache dich auf, werde Licht; denn dein Licht ist gekommen, und die Herrlichkeit des Herrn geht über die auf..... Eine große Menge von Kamelen wird dich umgeben, die Dromedare von Midian und Epha; alle werden sie aus Saba kommen..... Alle Herden von Kedar sollen unter dir versammelt werden, und die Böcke von Nebajoth sollen dir dienen: als ein angenehmes Opfer sollen sie auf Meinen Altar kommen, und das Haus Meiner Herrlichkeit will Ich erstrahlen lassen."

Die andere Prophezeihung ist wieder in Jesaja, Kapitel 21, Verse 13-17: „DIES IST DIE LAST ÜBER ARABIEN. Ihr werdet im Wald in Arabien herbergen, ihr Reisegemeinschaften von Dedamin. Bewohner des Landes Tema, bringt den Durstigen Wasser und bietet den Flüchtigen Brot! Denn sie fliehen vor den Schwerten ..... und vor den gespannten Bogen und vor der Schmerzlichkeit des Krieges. Deshalb sprach der Herr zu mir: Noch in einem Jahr, nach des Tagelöhners Jahre gerechnet, soll alle Herrlichkeit von Kedar zu Ende gehen. Und der Rest der Bogenschützen, der mächtigen Männer von Kedar, soll klein sein."

Lies diese Prophezeihungen in Jesaja im Lichte der Prophezeihung im Deuteronium, welche vom Hervorbrechen des Herrn von Pharan sprechen. Wenn Ismail die Wüste bei Pharan bewohnte, wo er Kedar, den Stammvater der Araber zeugte, und wenn Kedars Nachkommen Offenbarungen von Gott entgegenzunehmen hatten; wenn die Schafe als ein angenehmes Opfer auf den göttlichen Altar kommen mußten, um das „Haus Meiner Herrlichkeit" erstrahlen zu lassen nachdem die Erde jahrhundertelang von Dunkelheit erfaßt war und das Land dann von Gott Licht erhalten mußte; und wenn tatsächlich alle Herrlichkeit von Kedar zu Ende gehen und die Anzahl der Bogenschützen, der mächtigen Männer von Kedar, innerhalb eines Jahres gering werden mußte, nachdem die anderen vor den Schwertern und gespannten Bogen geflohen waren — dann ist auch der Heilige von Pharan *(Habakuk, Kapitel 3, Vers 3)* niemand anders als Muhammad.

Muhammad ist über Kedar, der in der Wüste von Pharan wohnte, der heilige Nachkomme von Ismail. Muhammad ist der einzige Prophet, durch den die Araber zu einer Zeit Offenbarungen erhielten, als die Finsternis der Unwissenheit über der Erde lag. Durch ihn schien Gott vom Pharan, und Mekka ist der einzige Platz, an dem das Haus Gottes verehrt wird und die Schafe Kedars als angenehmes Opfer auf seinen Altar kommen. Muhammad wurde von seinen eigenen Stammesbrüdern derart gepeinigt, daß er Mekka verlassen mußte. Er war durstig und floh vor dem gezogenen Schwert und dem gespannten Bogen, und innerhalb eines Jahres nach seiner Auswanderung stießen die Nachkommen Kedars bei Badr auf ihn, dem Ort der ersten großen kriegerischen Auseinandersetzung zwischen den Mekkanern und dem Propheten; die Nachkommen Kedars und die Anzahl ihrer Bogenschützen vermindern sich, und all der Glanz Kedars ist dahin. Wenn der heilige Prophet nicht als die Erfüllung all dieser Prophezeihungen angesehen wird, dann sind sie noch immer unerfüllt.

„Das Haus Meiner Herrlichkeit", auf das in Jesaja, Kapitel 40, hingewiesen wird, ist das Haus Gottes in Mekka und nicht die Kirche Christi, wie die christlichen Kommentatoren meinen. Die in Vers 7 erwähnten Herden Kedars sind nie zur Kirche Christi gekommen; zudem ist es eine unbestreitbare Tatsache, daß die Einwohner der Dörfer Kedars die einzigen Menschen in der Welt sind, die unempfänglich für irgendeinen Einfluß der christlichen Kirche geblieben sind.

Auch die Erwähnung der 10.000 Frommen im Deuteronomiumm, Kapitel 33, ist sehr bezeichnend. Er (Gott) brach vom Gebirge Pharan hervor, und Er kam mit 10.000 Heiligen. Wenn man die ganze Geschichte der Wüste Pharan betrachtet, wird man kein anderes Ereignis außer dem finden, daß der Prophet Mekka eingenommen hat. Er kommt mit 10.000 Anhängern von Medina und betritt erneut „das Haus Meiner Herrlichkeit". Er gibt der Welt das feurige Gesetz, vor dem alle anderen Gesetze in Asche versinken.

Der Helfer -der Geist der Wahrheit-, von dem Jesus sprach, ist niemand als Muhammad selbst; man kann ihn nicht als den Heiligen Geist interpretieren, wie es die kirchliche Theologie tut. Jesus sagt bei Johannes, Kapitel 16, Vers 7: „Es ist gut für euch, daß ich weggehe, denn wenn ich nicht weggehe, wird der Helfer nicht zu euch kommen. Wenn ich aber fort bin, will ich ihn zu euch senden." Diese Worte zeigen deutlich, daß der Helfer erst nach dem Fortgehen Jesu kommen sollte und keinesfalls schon bei ihm war, als er diese Worte äußerte. Sollen wir nun etwa davon ausgehen, daß Jesus ohne den Heiligen Geist wirkte, da ja für das Erscheinen des Heiligen Geistes das Fortgehen Jesu Vorraussetzung war? Im übrigen macht den Helfer auch die Art und Weise, in der Jesus von ihm spricht, zu einem menschlichen Wesen und nicht zu einem Geist: „Er wird nicht aus eigenem Antrieb reden, vielmehr wird er das reden, war er hören wird" *(Johannes, Kapitel 16, Vers 13)*. Sollen wir etwa annehmen, daß der Heilige Geist und Gott zwei voneinander getrennte Wesen sind und der Heilige Geist sowohl aus sich selbst spricht als auch das redet, was er von Gott hört? Die Worte Jesu weisen doch eindeutig auf einen Gesandten von Gott hin! Er nennt ihn den Geist der Wahrheit; und in der gleichen Weise spricht auch der Koran in Sure 37, Vers 37 von Muhammad: „Vielmehr ist er mit der Wahrheit gekommen und hat die Gesandten bestätigt."

„N.N."

Eine Kurzbiographie über Professor 'Abdul-l-Ahad Dāwūd, B.D.

Abdul-l-Ahad Dawud ist der ehemalige Reverend David Benjamin Keldani, B.D., ein römisch-katholischer Priester der Sekte der unierten Chaldäer. Er wurde 1867 in Urmia in Persien geboren und von früher Kindheit an in derselben Stadt erzogen. Von 1886-1889 gehörte er drei Jahre lang zum Lehrkörper der Mission des Erzbischofs von Canterbury bei den assyrischen (nestorianischen) Christen in Urmia. Im Jahre 1892 sandte ihn Kardinal Vaughan nach Rom, wo er einen Kurs für philosophische und theologische Studien am „Propaganda Fide College" absolvierte. 1895 erhielt er die Priesterweihe. Im Jahre 1892 schrieb Professor Dāwūd eine Reihe von Artikeln für „The Tablet" über „Assyrien, Rom und Canterbury" sowie für den „Irish Record" über die „Glaubwürdigkeit des Pentateuch". Von ihm stammen einige Übersetzungen des „Ave Maria" in verschiedene Sprachen, die in den „Illustrated Catholic Missions" veröffentlicht wurden.

Auf seiner Reise nach Persien im Jahre 1895 schrieb er während eines Aufenthaltes in Konstantinopel für die Zeitung eine lange Reihe von Artikeln über die „griechisch-orthodoxe Kirche", die er in Englisch und Französisch verfaßte und die im „Levant Herald" veröffentlicht wurden. Ebenfalls 1895 stieß er zur französischen „Lazarist Mission" in Urmia und veröffentlichte zum ersten Mal in der Geschichte dieser Mission eine Zeitschrift im Syriac-Dialekt, die er „Qala-La-Shārā" (Die Stimme der Wahrheit") nannte!

Im Jahre 1897 bestimmten ihn zwei Erzbischöfe der unierten Chaldäer von Urmia und Salmas zum Repräsentanten der griechisch-orthodoxen Katholiken auf dem Eucharistischen Kongreß,der unter der Präsidentschaft des Kardinals Perraud in Paray-le-Monial in Frankreich abgehalten wurde. Hierbei handelte es sich selbstverständlich um ein offizielles Ersuchen. Der Vortrag, den „Pater Benjamin" verlas, wurde in den „Annals" des Eucharistischen Kongresses -"Le Pellerin" jenen Jahres genanntveröffentlicht. In seinem Papier mißbilligte der chaldäische Erzbischof (wie sein offizieller Titel war) das katholische Erziehungssystem unter den Nestorianern und ließ den bevorstehenden Einfluß'der russischen Priester in Urmia ahnen.

Im Jahre 1898 war Pater Benjamin wieder in Persien. In seinem Geburtsort, Digala, eröffnete er etwa eine Meile vom Ort entfernt eine kostenlose Schule. Im darauffolgenden Jahr beriefen ihn die kirchlichen Oberen zur Aufsicht über die Diözese von Salmas, in der ein scharfer und skandalöser Konflikt zwischen dem unitarischen Erzbischof, Khudabāsh, und den Lazarus-Vätern über eine lange Zeit hinweg zu einer Kirchenspaltung zu führen drohte.

Am Neujahrstag des Jahres 1900 hielt Pater Benjamin in Salmas in der Kathedrale von St. George Khorovābāad seine letzte denkwürdige Predigt vor einer sehr großen Gemeinde, unter der sich auch viele nicht-katholische Armenier und andere befanden. Das Thema der Predigt war „Neues Jahrhundert und neue Menschen". Er rief die Tatsache in Erinnerung, daß die nestorianischen Missionare vor dem Erscheinen des Islam das Evangelium in ganz Asien gepredigt hatten; daß sie zahlreiche Einrichtungen in Indien (besonders an der Malabar-Küste), Tartary, China und der Mongolei besaßen; und daß sie das Evangelium in das türkische Uighurs und in andere Sprachen übersetzt hatten; daß die katholischen, amerikanischen und anglikanischen Missionen, wenngleich sie auch für die assyrisch-chaldäische Nation einiges Gutes hinsichtlich vorbereitender Erziehungsmaßnahmen geleistet hatten, dennoch die ohnehin schon mehrfach geteilte Nation in Persien, Kurdistan und Mesopotanien in zahlreiche, einander feindlich gesinnte Sekten spalteten; und daß es ihren Bemühungen beschieden war, den vollkommenen Zusammenbruch herbeizuführen. Folgerichtig empfahl er den Einheimischen, Opfer zu bringen und mannhaft auf eigenen Füßen zu stehen und nicht von fremden Missionen abhängig zu sein, usw.

Der Prediger hatte im Prinzip vollkommen recht; seine Bemerkungen standen jedoch den Interessen der Missionare Gottes entgegen. Diese Predigt veranlaßte den apostolischen Gesandten, Monsignore Lésné, von Urmia sofort nach Salmas zu kommen. Er blieb bis zuletzt ein Freund von Pater Benjamin. Zusammen kehrten sie nach Urmia zurück. Seit 1899 gab es in Urmia bereits eine neue russische Mission. Die Nestorianer nahmen mit Enthusiasmus die Religion des „heiligen" Zaren aller Russen an!

Fünf große und prahlerische Missionen — Amerikaner, Anglikaner, Franzosen, Deutsche und Russen — bemühten sich ständig, mit ihren Kollegen und unter starker Rückendeckung der religiösen Gemeinschaften, Konsuln und Botschafter etwa einhunderttausend Assyro-Chaldäer zum Übertritt von der nestorianischen Irrlehre zu einer bzw. zu einer anderen von den fünf Irrlehren zu bewegen. Die russische Mission schlug jedoch die anderen sehr bald aus dem Feld, und diese Mission war es schließlich auch, die im Jahre 1915 die persischen Assyrer und auch die Bergstämme Kurdistans, die zu jener Zeit in das Flachland von Salmas und Urmia gezogen waren, dazu drängten oder zwangen, gegen ihre jeweiligen Regierungen die Waffen zu erheben. Das Ergebnis war, daß die Hälfte dieser Menschen im Krieg umkam und die übrigen aus ihren Heimatländern vertrieben wurden.

Die beträchtlichen Zweifel, um deren Auflösung sich der Geist dieses Priesters lange bemüht hatte, näherte sich nun seinem kritischen Punkt. War das Christentum mit all seinen vielfältigen Formen und Eigenarten und mit seinen unverbürgten, abgeänderten und verfälschten Schriften wirklich die wahre Religion Gottes?

Im Sommer des Jahres 1900 zog er sich in sein kleines Landhaus inmitten von Weinbergen, nahe der berühmten Quellen von Cháli-Boulaghi in Digala zurück; dort verbrachte er einen Monat in Gebet und Meditation und im wiederholten Lesen der Schriften in ihren Originaltexten. Diese Krise endete damit, daß er beim unierten Erzbischof von Urmia ein formelles Rücktrittsgesuch einreichte, in dem er dem Mar (Monsignore) Touma Audu die Gründe des Verzichts auf seine priesterlichen Funktionen in voller Offenheit erklärte. Alle Versuche der kirchlichen Obrigkeit, seine Entscheidung rückgängig zu machen, blieben erfolglos. Es gab keine persönliche Auseinandersetzung oder Streitigkeit zwischen Pater Benjamin und seinen Superioren; es handelte sich um eine reine Gewissensfrage.

Einige Monate wurde Herr Dāwūd — wie er nun genannt — wurde als Inspektor im persischen Post- und Zolldienst mit belgischen Fachleuten in Täbris beschäftigt. Dann nahm ihn der Kronprinz Muhammad 'Alī Mirzā als Lehrer und Dolmetscher in den Dienst. Im Jahre 1903 besuchte er erneut England und schloß sich der Unitarischen Gemeinschaft an. Im Jahre 1904 forderte ihn die „Britisch and Unitarian Foreign Association" auf, das erzieherische und aufschlußreiche Werk unter seinen Landsleuten fortzusetzen.

Auf seinem Weg nach Persien besuchte er Konstantinopel; und nach mehreren Unterredungen mit dem Sheiku-l-Islām Jemālu-d-Dīn-Effendi und mit anderen Gelehrten nahm er die Heilige Religion des Islam an.

Muhammad im Alten Testament

I. Einleitende Bemerkungen

Mit diesen und den folgenden Artikeln beabsichtige ich nachzuweisen, daß die Lehre des Islam hinsichtlich der Gottheit und hinsichtlich des letzten und bedeutenden Gesandten Allahs völlig wahr ist und den Lehren der Bibel entspricht.

In diesem Artikel werde ich mich mit der Erörterung des ersten Punktes beschäftigen, in einigen anderen Abhandlungen werde ich den Versuch unternehmen, den Beweis dafür zu erbringen, daß Muhammad der wirkliche Gegenstand der Verheißung ist und sich ausschließlich in ihm alle Prophezeihungen des Alten Testaments sowohl in der Theorie als auch in der Praxis erfüllt haben.

Ich möchte ausdrücklich klarstellen, daß ich mit den Ansichten, die ich in diesem und in den folgenden Artikeln darlege, ausschließlich eigene Auffassungen wiedergebe und daß ich ganz allein für meine Forschungsergebnisse aus den hebräischen Heiligen Schriften, die ich selbst erarbeitet und von niemandem übernommen habe, verantwortlich bin. Auf der anderen Seite maße ich mir jedoch auch nicht an, eine alleingültige Stellungnahme hinsichtlich der Auslegung der islamischen Lehren abzugeben.

Ich habe weder die geringste Absicht noch den Wunsch, die religiössen Gefühle der christlichen Freunde in irgendeiner Weise zu verletzen. Ich liebe Jesus, Moses und Abraham genauso wie ich Muhammad und alle anderen heiligen Propheten Gottes liebe.[1]

Mit diesen Zeilen will ich auch keinen verbitterten und daher zwecklosen Disput mit den Kirchen aufkommen lassen; vielmehr möchte ich sie einladen, diese äußerst wichtige Frage auf freundliche und wohlwollende Art in einem Geiste der Liebe und Unvoreingenommenheit zu untersuchen. Wenn die Christen mit ihrem vergeblichen Versuch aufhörten, das Sein des Höchsten Wesens definieren zu wollen, und Sein absolutes Eins-Sein bekennen würden, dann wäre eine Gemeinschaft zwischen ihnen und den Muslimen nicht nur wahrscheinlich, sondern letzlich auch möglich. Denn wenn das Eins-Sein Gottes allgemein anerkannt wird, dann können auch die anderen Punkte, in denen die beiden Glaubensrichtungen nicht einer Meinung sind, leichter geklärt werden.

1 Koran, Sure 3 Vers 84: „Sprich: Wir glauben an Allah und an das, was uns geoffenbart wurde und was Abraham, Ismail, Isaak und Jakob und den Stämmen geoffenbart worden war und was Moses, Jesus und den Propheten von ihrem Herrn gegeben worden war; wir machen keinen Unterschied zwischen irgendeinem von ihnen, und Ihm unterwerfen wir uns."

II. Allah und Seine Eigenschaften

Es gibt zwei wesentliche Berührungspunkte zwischen Islam und Christentum, welche um der Wahrheit und des Friedens in der Welt willen eine sehr ernste und eingehende Untersuchung verdienen. Da die beiden genannten Religionen für sich in Anspruch nehmen, ihren Ursprung aus ein und derselben Quelle abzuleiten, wäre es eigentlich nur konsequent, daß es auch keinen wichtigen Streitpukt zwischen ihnen geben sollte. Diese beiden bedeutenden Religionen glauben an die Existenz Gottes und an den Bund zwischen Gott und dem Propheten Abraham. Auf der Grundlage dieser beiden Kernfragen müßte eigentlich eine durchaus gewissenhafte und unwiderrufliche Übereinstimmung bei den intelligenten Anhängern der beiden Glaubensrichtungen erreicht werden können. Sind wir denn schlechte und unwissende Sterbliche, wenn wir an einen Gott glauben und Ihn anbeten, oder sollen wir etwa an eine Vielzahl von Gottheiten glauben und sie fürchten? Auf wen von den beiden, Christus oder Muhammad, trifft die göttliche Verheißung zu? Diese beiden Fragen müssen ein für allemal beantwortet werden.

Es wäre ganz einfach verschwendete Zeit, hier jene widerlegen zu wollen, die fälschlich oder böswillig unterstellen, daß Allah im Islam nicht der wahre Gott sei, sondern nur eine erfundene Gottheit nach Muhammads eigenen Vorstellungen. Würden die christlichen Priester und Theologen ihre Schriften im hebräischen Original kennen statt in Übersetzungen, so wie die Muslime ihren Koran in seinem arabischen Text lesen, dann stellten sie auch einwandfrei fest, daß Allah derselbe alte semitische Name für das höchste Wesen ist, Das zu Adam und allen Propheten Offenbarungen gesandt und gesprochen hat.

Allah ist das einzige selbstexistierende, allwissende und allmächtige Wesen. Er umfaßt und füllt jeden Raum aus, alles Leben und alle Materie; Er ist die Quelle allen Lebens, Wissens und aller Macht. Allah ist der einzige Schöpfer, Lenker und Herrscher des Universums. Er ist der absolut Eine. Die Wesensart, Person und Beschaffenheit Allahs übersteigen völlig das menschliche Vorstellungsvermögen; deshalb ist auch jeder Versuch, Seine Wesensart zu definieren, nicht nur sinnlos, sondern sogar gefährlich für unser spirituelles Wohlergehen und für unseren Glauben; denn ein solcher Versuch wird uns mit Sicherheit in die Irre führen.

Die nunmehr seit 17 Jahrhunderten bestehende trinitarische Ausrichtung der christlichen Kirche hat den Verstand ihrer Heiligen und Philosophen bis zur völligen Erschöpfung beschäftigt, nur um die Wesensart und Person Gottes zu definieren; und was haben sie schließlich ersonnen? Alles, was Athanasius,

Augustinus und Aquinases den Christen „unter der Strafe ewiger Verdammnis" aufgebürdet haben, ist der Glaube an einen Gott, der „Dritte von Dreien" ist! Allah hat im Koran diesen Glauben mit den folgenden, ernstzunehmenden Worten verdammt:

> „Gewiß sind jene Ungläubige, die sagen, daß Allah der Dritte von Dreien sei; denn es gibt keinen Gott außer den einen Gott; und wenn sie mit diesem Gerede nicht aufhören, wird diejenigen von ihnen, die ungläubig sind, eine qualvolle Strafe ereilen.
>
> (Koran, Sure 5, Vers 73)"

Der Grund dafür, daß die orthodoxen Schulen der Muslime stets davon Abstand genommen haben, Gottes Wesensart zu definieren, liegt darin, daß Seine Wesensart alle Eigenschaften übersteigt, mit denen sie eventuell beschrieben werden könnte. Allah hat viele Namen, welche aber in Wirklichkeit nur Adjektive sind, die aufgrund der verschiedenartigsten Manifestationen in dem von Ihm ganz allein aufgebauten Universum von Seiner Wesensart abgeleitet werden. Wir bezeichnen Allah als den Allmächtigen, den Ewigen, den Allgegenwärtigen, den Allwissenden, den Barmherzigen usw., weil wir uns vorstellen, daß Ewigkeit, Allgegenwärtigkeit, allumfassendes Wissen und Barmherzigkeit von Seiner Wesensart herrühren und absolut allein zu Ihm gehören. Er allein ist der unbegrenzt Wissende, Mächtige, Lebende, Heilige, Bewundernswerte, Gute, Liebende, Glorreiche, Schreckliche und Vergeltende, denn Er allein ist es, von Dem Eigenschaften wie Wissen, Macht, Leben, Heiligkeit, Bewunderungswürdigkeit und alles andere Erwähnte ausgehen. Gott hat Attribute nicht in dem Sinne, wie wir sie verstehen. Für uns ist ein Attribut bzw. ein Merkmal auf viele Individuen einer Spezies gleichermaßen anwendbar, wogegen das, was Gottes ist, allein auf Ihn zutrifft und keinem anderen zusteht. Wenn wir z.B. sagen, „Salomo ist weise, mächtig, gerecht und bewundernswert", dann schreiben wir nicht ihm exklusiv alle Weisheit, Macht, Gerechtigkeit und Bewunderungswürdigkeit zu. Wir wollen damit lediglich zum Ausdruck bringen, daß er im Vergleich zu anderen seiner Spezies relativ weise ist und daß ferner die Weisheit ebenso eine seiner jeweiligen Eigenschaften ist wie die der Individuen, die zu seiner Gattung gehören.

Um es noch deutlicher darzustellen: ein göttliches Attribut ist eine Emanation Gottes und deshalb eine Aktivität. Von dieser Erkenntnis ausgehend ist also jede göttliche Handlung mehr oder weniger eine Schöpfung.
Es muß ferner anerkannt werden, daß die göttlichen Attribute, insofern die Emanitionen sind, Zeit und Anfang postulieren; daraus folgt, daß wenn Allah „Kun fakāna" — d.h. „Sei, und es war" — sprach oder äußerte, Sein Wort in

der Zeit und am Anfang der Schöpfung verkündet wurde. Das ist es, was die Sufis „'aql-kull" oder „universale Intelligenz" nennen, als die Emanation des „'aql awwal" bzw. der „ersten Intelligenz". Dann war es die „nafs-kull" bzw. die „universale Seele", die diesen göttlichen Befehl hörte und ihm gehorchte, die von der „ersten Seele" ausging und das Universum veränderte. Diese mystischen Betrachtungsweisen der Sufis sind natürlich nicht als Dogmen des Islam anzusehen; und wenn wir in diese okkulten Doktrinen tiefer eindringen, könnten wir, ohne es zu wollen, zum Pantheismus gelangen, der eine praxisbezogene Religion zerstört.

Diese Beweisführung würde uns zu der Schlußfolgerung führen, daß jedes Handeln Gottes eine göttliche Emanation hervorbringt, als Seine Manifestation und als jeweils besonderes Attribut; es ist jedoch **nicht** Sein Wesen oder Sein. Gott ist Schöpfer, weil Er am Anfang der Zeit erschuf und immer neu schöpferisch tätig ist. Gott sprach am Anfang der Zeit so wie Er auf Seine eigene Weise immer spricht. Da aber Seine Schöpfung nicht ewig und auch keine göttliche Person ist, kann auch Sein Wort nicht als ewig bzw. als göttliche Person angesehen werden. Die Christen gehen noch weiter und machen den Schöpfer zu einem göttlichen Vater und Sein Wort zu einem göttlichen Sohn; und da Er ferner in Seine Geschöpfe Leben einhaucht, wird Er zusätzlich als göttlicher Geist bezeichnet, wobei man vergißt, daß Er logischerweise vor dem Schöpfungsakt kein Vater sein könnte und kein „Sohn", bevor Er sprach, und kein „Heiliger Geist", bevor Er Leben gab.

Ich kann mir die Attribute Gottes durch Seine Werke bei den Manifestationen a posteriori vorstellen, was jedoch Seine ewigen und a priori-Attribute betrifft, so besitze ich keinerlei Begriffsvermögen, noch kann ich mir keine menschliche Intelligenz vorstellen, der es möglich sein sollte, die Art und Weise eines ewigen Attributes und seine Beziehung zur Wesensart Gottes zu begreifen. Tatsache ist, daß Gott uns die Eigenart Seines Seins weder in den Heiligen Schriften noch dem menschlichen Intellekt geoffenbart hat.

Die Attribute Gottes dürfen nicht als eigenständige und separate göttliche Wesensformen oder Personifizierungen betrachtet werden, denn sonst hätten wir nicht nur eine Dreifaltigkeit der Gottheit, sondern sogar mehrere Dutzend Dreifaltigkeiten. Solange ein Attribut tatsächlich von seinem Bezugspunkt ausgeht, hat es keine eigene Existenz. Wir können eine Person nicht anhand eines einzelnen Attributes näher bestimmen, bevor dieses Attribut von der Person nicht ausgegangen und sichtbar geworden ist. Wir sagen also „Gott ist gut", wenn wir Seine gute und gütige Handlungsweise erfahren; deswegen können wir Ihn aber nicht mit den Worten „Gott ist Güte" — und zwar wörtlich gemeintbeschreiben, denn die Güte ist ja nicht Gott, sondern durch Sein Handeln und Erschaffen drückt sich Seine Güte aus.

Hierin liegt auch der Grund, daß der Koran Allah stets adjektivische Namensbezeichnungen beilegt, wie zum Beispiel der Weise, der Wissende, der Barmherzige; dagegen spricht der Koran niemals von „Gott ist Liebe, Wissen, Wort" und so weiter. Denn Liebe ist eine Handlung des Liebenden, nicht aber der Liebende selbst, so wie Wissen bzw. Worte die Handlungen der wissenden Personen und nicht die Person selbst sind.

Ich hebe diesen Punkt ganz besonder hervor wegen des Irrtums, dem jene verfallen sind, die die Ewigkeit und jeweilige Personifizierung verschiedener Attribute Gottes vertreten. Das Verbale bzw. das Wort Gottes ist als eine eigene Person der Gottheit angesehen worden, obwohl doch das Wort Gottes nicht anders verstanden werden kann als ein Ausdruck Seines Wissens und Seines Willens.

Auch der Koran wird „Das Wort Gottes" genannt, und einige der ersten muslimischen Rechtsgelehrten vertraten die Meinung, daß es ewig und ungeschaffen sei. Die gleiche Bezeichnung finden wir auch im Koran, welcher Jesus Christus „Kalimatun minhu", d.h. „ein Wort von Ihm" nennt *(Sure 3, Vers 44)*. Es wäre jedoch höchst unreligiös zu behaupten, daß das Wort oder der Logos Gottes eine eigene Person und Fleisch geworden wäre bzw. sich in der Gestalt eines Mannes von Nazareth oder in Form eines Buches, nämlich in „Christus" bzw. im „Koran" darstellte!

Zusammenfassend erkläre ich nachdrücklich, daß das Wort oder irgendein anderes vorstellbares Attribut Gottes nicht nur keine eigene göttliche Daseinsform oder individuelle Existenz darstellt, sondern auch in actu in keiner Weise vor dem Anfang der Zeit und der Schöpfung existierte.

Der erste Vers im Johannes-Evangelium wurde von den ersten unitarischen Schreibern mehrmals widerlegt; sie gaben die wahre Lesart wie folgt wieder: „Am Anfang war das Wort und das Wort war bei Gott; und das Wort war Gottes."

Hier muß beachtet werden, daß die griechische Genitivform „theou", das bedeutet „Gottes" [1], in „theos" verfälscht wurde, was „Gott" bedeutet und die Nominativform des Namens ist!

1 Bezüglich des Logos entstand schon im zweiten Jahrhundert eine äußerst heftige Kontroverse unter den „Vätern" der Kirche, besonders im Osten, welche andauerte, bis die Unitarier völlig unterdrückt

Ferner muß bemerkt werden, daß der Satz „Am Anfang war das Wort" ausdrücklich den Ursprung das Wortes angibt, welcher „nicht vor dem Anfang war"! Denn das „Wort Gottes" ist nicht als eine seperate und eigenständige Substanz zu verstehen, welche gleichzeitig neben dem Allmächtigen existiert; sondern es ist vielmehr ein Ausdruck und eine Proklamation Seines Wissens und Willens, als Er das Wort „Kun" („Sei") aussprach. Als Gott zum ersten Mal „Kun" sagte, entstand das Universum; als Er „Kun" sagte, wurde der Koran erschaffen und auf die „Lauh" („Tafel") geschrieben; und als Er das Wort „Sei" sagte, wurde Jesus im Leib der gesegneten Jungfrau Maria erschaffen; und so ist es mit allem — immer wenn Er etwas erschaffen will, reicht Sein Befehl „Sei".

und ihre Literatur vernichtet wurde. Bedauerlicherweise gibt es heute kaum noch einen unversehrten Teil oder ein unverändertes Fragment der „Evangelien" und der „Kommentare") das gleiche gilt für die kontroversen Niederschriften der Unitarier, ausgenommen das, was von ihren Schriften in den Artikeln ihrer Gegner zitiert wurde, zu denen der gelehrte griechische Patriarch Photius und andere vor ihm gehören.

Einer der hervorragendsten „Väter" der Ostchristen ist der heilige Ephraim, der Syrer. Er ist der Verfasser zahlreicher Werke mit dem Schwerpunkt Bibelkommentar, welcher sowohl in Syriac als auch in Latein veröffentlicht wurde) die letztgenannte Fassung habe ich sehr sorgfältig in Rom gelesen. Sie enthält auch Predigten, Dissertationen, die die Namen „mādrāshi" und „contra Haeretici" führen usw.

Ferner gibt es einen berühmten Syrer, den Verfasser des Bār Dīsān (normalerweise Bardisanes geschrieben), der im ausklingenden zweiten Jahrhundert und zu Beginn des dritten Jahrhunderts n.Chr. tätig war. Vom Bār Dīsān ist in Syriac nur noch das vorhanden, was Ephraim, Jakob von Nesibin und andere Nestorianer und Jakobiten in ihren Widerlegungen zitiert haben und was die meisten der griechischen Väter in ihrer eigenen Sprache verwendeten. Bsr Dīsān behauptet, daß Jesus Christus der Sitz vom Tempel Gottes gewesen sei, und beide er und das Wort, erschaffen worden seien. Der heilige Ephraim sagt, indem er die „Häresie" des Bār Dīsān bekämpft:

(Syriac): „Wai lakh O, dovya at Bār Dīsān
Dagreit L'Miltha eithrov d'Allāhā.
Baram kthabha la kthab d'akh hākhān
Illa d'Miltha eithov Allāhā."

(Arabisch): „Wailul laka yā anta-s-saf il Bār Dīsān
Lianna fara'aita kāna-l-kalāmu lillāhi
Lakinna-l-kitāba mā kataba kadhā
Illa-l-kalāmu kāna-llāh."

(Deutsche Übersetzung):
„Wehe dir, oh du verachtenswerter Bār Dīsān,
daß Du die Meinung vertrittst ‚das Wort war Gottes'!
Die Schrift jedoch stellt es nicht so dar,
vielmehr: ‚das Wort war Gott'."

Fast in allen Streitigkeiten bezüglich des Logos wurden die Unitarier mit Häresie „gebrandmarkt" und daß sie die Ewigkeit und ihre göttliche Personifizierung leugneten, indem sie das Johannes - Evangelium verfälschten usw. Diese Unterstellungen fielen durch die wahren Nasāra (=arabisch für Christen), nämlich die Unitarier, auf die Trinitarier wieder zurück. Mann kann somit aus der patristischen Literatur ableiten, daß den Trinitarieren zu jener Zeit vorgeworfen wurde, daß sie die Schriften verfälscht hätten.

Die christliche Einleitungsformel, „Im Namen des Vaters und des Sohnes und des Heiligen Geistes“ enthält nocht nicht einmal den Namen Gottes; Und es handelt sich doch um den Gott der Christen! Die nestorianische und die jakobinische Formel, die sich genau wie das muslimische „Bismillāh“ („Im Namen Allahs“) aus zehn Silben zusammensetzt, hat folgenden Wortlaut: Bshim Abhā wō-Bhrā ou-Ruhād- Qudshā, was dasselbe bedeutet wie die Worte aller anderen christlichen Formeln. Dagegen steht die koranische Formel, die die Grundlage der islamischen Wahrheit darstellt, in deutlichen Gegensatz zur trinitarischen Formel: „Im Namen Allahs, des Allerbarmers, des Barmherzigen“.

Die christliche Trinität kann nicht als die wahre, göttliche Konzeption akzeptiert werden; denn sie läßt mehrere Personen als Gottheit zu und gesteht jeder Person besondere personale Merkmale zu. Außerdem verwendet sie Familienbezeichnungen, ähnlich denen in der heidnischen Mythologie. Allah jedoch ist weder der Vater eines Sohnes noch der Sohn eines Vaters. Er hat keine Mutter; Er ist auch nicht erschaffen worden. Der Glaube an „Gott, den Vater und Gott, den Sohn und Gott, den Heiligen Geist“ stellt ein schamloses Leugnen des einen Gottes dar sowie ein unverfrorenes Bekenntnis zu drei unvollkommenen Wesen, seien sie nun vereint oder getrennt, welche nicht der wahre Gott sein können.

Die Mathematik als eine positive Wissenschaft lehrt uns, daß eine Einheit nicht mehr oder weniger als eins ist und daß eins nie gleich ist mit eins plus eins plus eins. Mit anderen Worten: eins kann nicht gleich drei sein, weil eins ein Drittel von drei ist. Auf gleiche Weise ist auch eins nicht gleich einem Drittel. Und umgekehrt ist drei nicht gleich eins; auch kann ein Drittel keine Einheit darstellen. Die Einheit ist die Grundlage aller Zahlen sowie eine Norm für Maße und Gewichte aller Ausdehnungen, Entfernungen, Mengen und der Zeit. Tatsächlich sind alle Zahlen Aggregate der Einheit 1. Zehn ist z.B. ein Aggregat gleich vieler Einheiten derselben Werte.

Diejenigen, die die Einheit Gottes als eine Personentrinität hinstellen, wollen uns weismachen, daß „jede Person allmächtiger, allgegenwärtiger, ewiger und unfehlbarer Gott ist; dennoch sind sie aber keineswegs drei allmächtige, allgegenwärtige, ewige und unfehlbare Götter, sondern nur ein einziger allmächtiger ... Gott;“ Wenn in obiger Darlegung kein Sophismus liegt, laßt uns dieses „Rätsel“ der Kirchen durch folgende Gleichung vergegenwärtigen:

1 Gott = 1 Gott + 1 Gott + 1 Gott; es gilt also

1 Gott = 3 Götter. Hierzu ist erstens zu sagen, daß ein Gott nicht gleich drei Götter sein kann, sondern eben nur einer. Zweitens: Da jede Person als voll-

kommener Gott angesehen wird, wie auch Seine jeweiligen Mitgötter als vollkommene Götter angesehen werden, ist die Folgerung, daß 1+1+1=1 sei, nicht mahtematisch, sondern absurd!

Es zeugt auf der einen Seite von ausgeprägter Arroganz, zu beweisen zu versuchen, daß drei Einheiten einer einzigen Einheit gleichkommen; auf der anderen Seite ist die Hinnahme dessen, daß drei gleich eins sein soll, ein Zeichen von mangeldem Mut. Zum ersten Fall ist zu sagen, daß man ein falsches Ergebnis nicht einfach durch eine falsche Beweisführung nachträglich rechtfertigen kann; und im zweiten Fall fehlt der Mut, den Glauben an drei Götter auch so zu bezeugen.

Im übrigen glauben wir alle — ob Muslime oder Christen —, daß Gott allgegenwärtig ist, daß er jeden Raum und jedes Teilchen ausfüllt bzw. durchdringt. Ist es vorstellbar, daß alle drei Personen der Gottheit zur selben Zeit und unabhängig voneinander das Universum ausfüllen, oder ist es nur eine von ihnen zu diesem Zeitpunkt? Einfach zu behaupten, „die Gottheit als solche vollbringt dies“, stellt keine befriedigende Antwort dar. Denn die Gottheit ist nicht Gott, sondern Zustand des Gottseins und somit eine Eigenschaft.

Gottheit ist eine Eigenschaft des **einen** Gottes, nicht mehr und nicht weniger. Außer dieser einen Gottheit gibt es keine weiteren Gottheiten, und somit ist Gottheit das Attribut dieses einen Gottes allein.

Man will uns weiterhin weismachen, daß jede einzelne Person der Trinität bestimmte Attribute hat, die auf die jeweils anderen zwei Personen nicht zutreffen. Diese Attribute weisen jedoch, zumindest nach menschlichem Begriffsvermögen und Sprachverständnis, sowohl auf Vorzüge als auch auf gewisse Mängel gegenüber jeweil den anderen hin: der Vater hat stets den höchsten Rang und steht über dem Sohn. Der Heilige Geist steht nicht nur numerisch gesehen an dritter, untergeordneter Stelle, sondern ist auch schwächer als die, von denen er ausgeht. Müßte es demzufolge nicht als eine sündige Häresie angesehen werden, wenn die Namen der drei Personen vielleicht in anderer Reihenfolge genannt würden? Müßte dann nicht auch das Sich-Bekreuzigen oder das Bekreuzigen von Elementen der Eucharistie von den Kirche als gottlos verurteilt werden, wenn die Formel wie folgt gesprochen würde: „Im Namen des Heiligen Geistes und des Sohnes und des Vaters“? Wenn nämlich die drei absolut gleich wären und zu gleicher Zeit wirksam, dann bräuchte doch die Rangordnung nicht so peinlich genau beachtet werden.

Tatsache jedenfalls ist, daß die Päpste und Großen Konzile stets die Doktrin der Sabelier verdammten, die besagte, daß Gott Einer ist, daß Er sich jedoch selbst als den Vater oder den Sohn oder Heiligen Geist manifestierte und dabei immer ein und dieselbe Person blieb. Die Religionen des Islam billigt natürlich die Ansichten der Sabelier nicht und heißt sie auch nicht gut. Gott manifestierte Sein „Jamāl" oder Seine Schönheit in Christus, Sein „Jamāl" oder Seine Erhabenheit und Majestät in Muhammad, Seine Weisheit in Salomo, und so fort in vielen anderen Objekten der Natur, aber weder einer der genannten Propheten noch der weite Ozean oder der majestätische Himmel sind Gott. Die Wahrheit ist, daß es keine mathematisch genaue Übereinstimmung und auch keine absolute Gleichheit zwischen den drei Personen der Trinität gibt. Wenn der Vater in jeder Hinsicht mit dem Sohn oder mit dem Heiligen Geist gleich wäre, wie die Einheit 1 genau einer anderen Figur 1 gleich wäre, dann gäbe es notwedigerweise nur **eine einzige** Person Gottes und nicht drei, denn eine Einheit ist ja kein Fragment noch ein Teil noch ein Vielfaches seiner selbst. Der bloße Unterschied sowie die Beziehung, die man zwischen den Personen der Trinität als gegeben sehen muß, lassen nicht den geringsten Zweifel daran aufkommen, daß sie sowohl einander ungleich sind als auch nicht mit den jeweils anderen identifiziert werden können. Der Vater zeugt und ist nicht gezeugt; der Sohn ist gezeugt und kein Vater; der Heilige Geist ist aus den beiden anderen Personen entsprungen; die erste Person wird als diejenige dargestellt, die Leben gibt und es auch beendet; die zweite Person ist der Heiland oder Erlöser; und die dritte schließlich ist Spender des geistigen Lebens. Daraus folgt, daß keine der drei Personen allein Schöpfer, Erlöser bzw. Spender des geistigen Lebens ist.

Man will uns weiterhin glaubhaft machen, daß die zweite Person das Wort der ersten Person sei, Mensch geworden wäre und am Kreuz den Opfertod hätte sterben müssen, um der Gerechtigkeit des Vaters Genüge zu leisten, und daß die Fleischwerdung und die Auferstehung durch die dritte Person bewirkt und ausgeführt worden wäre.

Zum Schluß muß ich die Christen daran erinnern, daß sie hinsichtlich des wahren Gottes zweifellos Ungläubige sind, wenn sich nicht an den absolut einen Gott glauben und dem Glauben an die drei Personen nicht abschwören. Genau genommen sind Christen Polythesisten, mit dem einzigen Unterschied, daß die heidnischen Götzen künstlich und imaginär sind, während die drei Götter der Christen von kennzeichnenden Charaktereigenschaften sind, wobei jedoch nur der Vater — als ein Epitheton für Schöpfer — der Eine wahre Gott ist, während der Sohn nur ein Prophet und Diener Gottes ist und die dritte Person eine von unzähligen heiligen Geistwesen darstellt, die im Dienste des Allmächtigen Gottes stehen.

Im Alten Testament wird Gott als Vater bezeichnet, weil Er der liebende Schöpfer und Beschützer ist; da die Kirchen jedoch diesen Namen in veränderter Form gebrauchten, nahm der Koran von diesem Namen Abstand.

Sowohl das Alte Testament als auch der Koran verdammen die Doktrin dreier Personen in Gott; auch das Neue Testament tritt weder ausdrücklich für diese Lehre ein noch verteidigt es sie; aber selbst wenn man unterstellt, daß es Hinweise und Anzeichen für eine Trinität enthält, so kann das Neue Tesament auf gar keinen Fall als Autorität gelten; denn Christus hat es weder selbst gesehen noch geschrieben, und es ist auch nicht in der Sprache Christi verfaßt worden; und schließlich lag es nicht von Anfang an in der gegenwärtigen Form vor, sondern entstand erst im Laufe zweier Jahrhunderte nach Jesu Leben.

Es ist sicher nützlich, hinzuzufügen, daß die unitarischen Christen im Osten stets gegen die Trinitarier kämpften und protestierten und daß sie den bedeutenden Gesandten Allahs anerkannten und ihm folgten, nachdem sie die endgültige Vernichtung des „Fourth Beast" durch ihn gesehen hatten. Der Teufel, der durch die Zunge der Schlange zu Eva gesprochen hatte, lästerte den Allerhöchsten durch den Mund des „Littel Horn", welches zwischen die „Ten Horns" auf den Kopf des „Fourth Beast" sprang *(Daniel, Kapitel 8)*, welches niemand anders als Konstantin der Große war, welcher offiziell und gewaltsam das Glaubensbekenntnis von Nicäa proklamierte. Muhammad jedoch vertrieb „Iblis", den Teufel, für immer aus dem gelobten Land, indem er dort den Islam als der Religion des einen wahren Gottes Geltung verschaffte.

I

“Und der Ahmad aller Völker wird kommen.“

(Haggai, Kapitel 2, Vers 7)

Etwa zwei Jahrhunderte, nachdem das Götzen verehrende und verstockte Königreich Israel niedergeworfen und die gesamte Bevölkerung der zehn Stämme nach Assyrien deportiert worden war, wurden Jerusalem und der prächtige Tempel Salomos von den Chaldäern dem Erdboden gleich gemacht; der überlebende Rest der Stämme Juda und Benjamin wurde nach Babylon gebracht. Nach siebzig Jahren Gefangenschaft wurde es den Juden offiziell erlaubt, in ihr Land zurückzukehren und ihre zerstörte Stadt und den Tempel wieder aufzubauen. Als die Grundmauern des neuen Gotteshauses errichtet waren, enstanden unter den Versammelten gewaltiges Jubeln und lauter Beifall; die alten Männer und Frauen jedoch, die den ehemaligen prachtvollen Tempel Salomos noch gesehen hatten, brachen in bitteres Weinen aus. Anläßlich dieser feierlichen Stunde sandte der Allmächtige Seinen Diener und Propheten Haggai, um die Trauernden mit der folgenden, wichtigen Botschaft zu trösten:

„Und Ich will alle Völker bewegen, und der „Himada“aller Völker wird kommen ; und Ich will dieses Haus mit Herrlichkeit ausfüllen, spricht der Herr der Heerscharen. Mir gehört das Silber, und Mir gehört das Gold, spricht der Herr der Heerscharen; die Herrlichkeit Meines letzten Hauses soll größer sein als die des ersten gewesen ist, spricht der Herr der Heerscharen;und an diesem Ort will Ich „Shalom“ schaffen, sagt der Herr der Heerscharen “ *(Haggai, Kapitel 2, Verse 7-9)*.

Den obigen Abschnitt habe ich aus dem einzigen Bibelexemplar übersetzt, das mir zur Verfügung steht und das ich mir von einer assyrischen Kusine ausgeliehen habe; dieses Bibelexemplar ist in einer eigenen, volkstümlichen Sprache gehalten .Wenn wir aber in den englischen Versionen der Bibel nachschlagen, dann finden wir die ursprünglichen hebräischen Worte „himda“ und „shalom“ jeweils als „der Ersehnte “ bzw. als „Frieden“ wiedergegeben.

Jüdische und ebenso christliche Kommentatoren haben dem zweifachen Versprechen in der obigen Prophezeihung ganz besondere Bedeutung zugemessen. Beide sehen im Wort „Himda“ eine messianische Weissagung. Wir haben es in der Tat mit einer wundervollen Prophezeihung zu tun, die durch die typische biblische Form des göttlichen Eides „spricht der Herr Zebaoth“ mit vierfacher Wiederholung hervorgehoben wird. Wenn man diese Prophezeihung in dem abstrakten Sinn der Worte „himda“ und „shalom“ als „Ersehntes“ und „Frieden“ nimmt, dann **entsteht** aus der Prophezeihung nur ein unverständliches Wunschdenken. Wenn wir dagegen unter dem Begriff“himda“ eine konkrete Idee verstehen, eine Person und Realität, und unter dem Wort „shalom“ nicht einen Zustand, sondern eine lebendige und aktive Kraft und eine genau begründbare Religion, dann muß diese Prophezeihung zugegebenermaßen wahrhaft sein und ihre Erfüllung in der Person von Ahmad und in der Etablierung des Islam gefunden haben. Denn „himda“ und „shalom“ — oder shlama — haben dieselbe Bedeutung wie Ahmad bzw. Islam.

Bevor ich versuche, die Erfüllung dieser Prophezeihung nachzuweisen, halte ich es für nützlich,die Etymologie der beiden Wörter kurz zu erklären:

(a) Himda. Meinen Kenntnissen zufolge lautet der hebräische Originaltext „ve yavu himdath kol haggoyim“, was im Englischen in der wörtlichen Übersetzung bedeutet „und der Himda aller Völker wird kommen“. Die Endung hi im Hebräischen und im Arabischen wird im Genitiv zu th oder t. Das Wort ist von der althebräischen- oder besser gesagt aramäischen- Wurzel hmd (gesprochen „hemed“) abgeleitet. Im Hebräischen drückt hemed im allgemeinen einen starken Wunsch, ein Begehren, ein Verlangen, eine Begierde aus. Das neunte Gebot des Dekalogs lautet: „Lo tahmod ish reikha (du sollst nicht deines Nächsten Frau begehren)“ . Im Arabischen bedeutet das Wort „hamida“, welches dieselbe Konsonantenwurzel „hmd“ hat, „preisen“ in den verschiedensten Nuancen. Was wird mehr gepriesen und gerühmt als das, wasman sich heftig ersehnt, wonach man getrachtet und was man erwünscht hat! Welche der beiden Bedeutungen man auch zugrundelegt, die Tatsache bleibt unbestritten und endgültig, daß Ahmad die arabische Form von „Himda“ ist.

Der heilige Koran erklärt in Sure 61, daß Jesus den Israeliten das Kommen eines „Apostels von Gott, dessen Name Ahmad sein wird“ verkündete. Das Johannes-Evangelium verwendet in der griechischen Fassung den Namen „Paracletos“, eine stilistisch verdorbene Form, die in der klassischen griechischen Literatur unbekannt ist. Die Übersetzung des Wortes „Himda“ oder auch „Hemida“, wie es im von Jesus Christus gesprochenen Aramäisch heißt, in das Griechische hätte „Periclytos“ lauten müssen, was genau der Bedeutung von Ahmad, also berühmt“, „ruhmreich“ und „gepriesen“ in der Superlativform entspricht. Leider ist kein Evangelium in der von Jesus gesprochenen Sprache vorhanden!

(b) Hinsichtlich der Etymologie und Bedeutung der Worte „shalom“ und „shlama“ sowie des arabischen „salām“ bzw. „islām“ brauche ich den Leser nicht erst in linguistische Details hineinzuziehen. Jeder, der in der Semitistik auch nur ein wenig bewandert ist, weiß, daß „shalom" und „islam" von derselbn Wurzel abgeleitet sind und beide Frieden, Unterwerfung und und Sich- Ergeben bedeuten.

Nachdem ich dies erläutert habe, beabsichtige ich eine kurze Auslegung dieser Prophezeihung bei Haggai. Um sie besser verstehen zu können, möchte ich eine weitere Prophezeihug zitieren, welche im letzten Buch des Alten Testamente steht, nämlich im Buch Mallachai oder Mallachai bzw. Malakhi in der englischen Bibelübersetzung von 1611 *(Kapitel3, Vers1)*:

„Siehe, Ich will Meinen Boten senden, der vor Mir den Weg bereiten soll: er wid zu seinem Tempel bald kommen. Es ist der Adonai (d. h. der Herr), den ihr sucht, und der Bote des Bundes, über den ihr euch freut. Siehe, er kommt, spricht der Herr der Heerscharen."

Zu diesen geheimnisvollen Orakeln möchte ich als Vergleich die Weisheit heranziehen, die im folgenden heiligen Vers odes Koran steckt: „Gepriesen sei Der, Der Seinen Diener des Nachts von der Heiligen Moschee [1] zur sehr weit entfernten Moschee [2] reisen ließ, deren Umgebung Wir gesegnet haben." *(Sure 17, vers 1)*.

Um einen unvoreingenommenen Betrachter zu überzeugen, daß mit der Person, die nach den beiden oben aufgeführten biblischen Quellen bald zum Tempel kommen wird, nicht Jesus, sondern Muhammad gemeint ist, müßten eigentlich die folgenden Argumente voll ausreichen:

1. Die Verwandschaft, die Beziehung und die Ählichkeit zwischen den beiden Tetragrammen „Himda" und „Ahmd" sowie die Übereinstimmung zwischen den beiden Substantiven hinsichtlich der Ableitung von der Wortwurzel hmd lassen auch nicht den geringsten Zweifel daran, daß der Gesprächsgegenstand im Satz „und der Himada aller Völker wird kommen „Ahmad, also Muhammad ist. Es gibt nicht die leiseste etymologische Verbindung zwischen „himda" und irgendeinem anderen Namen von „Jesus", „Christus", „Heiland"; ja es gibt, wenn man die Wörter in der Originalsprache miteinander vergleicht, noch nicht einmal einen einzigen gemeinsamen Konsonanten zwischen ihnen.

2. Selbst wenn man argumentiert, daß die hebräische Form „Hmdh" (lies „himdah") ein abstraktes Substantiv sei und die Bedeutung „Wunsch, Begehren,

1 in Mekka

2 in Jerusalem

Trachten und Preisen „habe, dann würde diese Argumentation unsere These nur noch unterstützen; denn die hebräische Form würde etymologisch zur arabischen Form „Himdah" sowohl in der Bedeutung als auch in der Gleichartigkeit äquivalent, ja sogar mit ihr identisc sein. Welchen Inhalt man auch immer dem Tetragramm „Hmdh" zuschreibt, seine Beziehung zu „Ahmad" ist unbestreitbar; auf gar seinen Fall hat es etwas mit Jesus zu tun. Wenn St. Hieronymus und vor ihm die Autoren der Septuaginta die hebräische Form „Hmdh" wortgetreu belassen hätten anstatt das lateinische „cupiditas" oder das griechische „euthymia" zu verwenden, hätten möglicherweise auch die von König James I. beauftragten Übersetzer die Originalform in der englischen Bibelübersetzung von 1611 wiedergegeben, und die Bible Society wäre diesem Beispiel bei ihren Übersetzungen in islamische Sprachen gefolgt.

3. Der Tempel von Zorobabel sollte prächtiger sein als der von Salomo, denn der Prophezeihung von Maleachi zufolge, sollte ihn der große Apostel oder Gesandte des Bundes, der „Adonai" oder „Sayid" der Gesanten „bald" bzw. „plötzlich" besuchen, so wie es nach dem Bericht des Koran Muhammad tatsächlich in seiner wunderbaren Nachtreise tat. Der Tempel von Zorobabel wurde von Herodes dem Großen instandgesetzt bzw. wiedererrichtet. Und Jesus hat ihn zweifellos bei jeder Gelegenheit seiner regelmäßigen Besuche durch seine heilige Person und Anwesenheit verherrlicht. Natürlich hat die Anwesenheit jedes Propheten im Hause Gottes den hohen Rang und die Heiligkeit des Heiligtums noch mehr erhöht. Aber man nuß doch zumindest eingestehen, daß die Evangelien, die über die Besuche und die Lehren von Jesus in diesem Tempel berichten, es versäumt haben, auch nur ein einziges Gespräch während einer seiner Audienzen zu erwähnen. Von all seinen Besuchen im Tempel wird lediglich erwähnt, daß sie mit unerbittlichen Streitgesprächen mit den ungläubigen Priestern und Pharisäern endeten! Abschließend soll auch nicht vergessen werden, daß Jesus der Welt keineswegs nur „Frieden" brachte, obwohl er dies ausdrücklich bei Matthäus, Kapitel 24, Markus, Kapitel 13 und Lukas, Kapitel 21 betonte; vielmehr hat er sogar die völlige Zerstörung des Tempels vorausgesagt *(z.B. bei Matthäus, Kapitel 10, Vers 34)*, was sich auch etwa vierzig Jahre später durch die Römer erfüllte, als die Juden endgültig vertrieben und in alle Welt zerstreut wurden.

4. Ahmad, eine Form des Namens Muhammad von derselben Wurzel und mit derselben Bedeutung, nämlich „der viel Gepriesene", besuchte dem Bericht des Koran zufolge während seiner Nachtreise die heilige Stelle des zerstörten Tempels und verrichtete dort, wie er gemäß der heiligen Überlieferung seinen Gefährten wiederholt berichtete, in Gegenwart aller Propheten den Gottesdienst in Form des Gebetes und der Verehrung Allahs; das war der Zeitpunkt, zu

dem Allah dem letzten Propheten „die Umgebung des Tempels segnete und Seine Zeichen offenbarte". Wenn Moses und Elias auf dem Berg der Verklärung körperlich erscheinen konnten, dann konnten sie und auch all die Tausende von Propheten im Umkreis des Jerusalemer Tempels erscheinen; und während dieses „baldigen" oder „plötzlichen Kommens" Muhammads zu „Seinem Tempel" *(Maleachi, Kapitel 3, Vers 1)* füllte ihn Gott „mit Herrlichkeit „ aus *(Haggai, Kapitel 2)*.

Nach meinem bescheidenen Glauben liegt das bedeutendste Wunder, das für den Islam spricht, darin, daß Amina, die nicht-muslimische Witwe von Abdullah, ihrem Waisenkind den Namen „Ahmad" geben sollte, den ersten Eigennamen in der Geschichte der Menschheit überhaupt. Der zweite Kalif, Umar, baute den Tempel wieder neu auf, und die majestätische Moschee in Jerusalem steht immer noch und wird auch bis zum Ende der Welt bestehen bleiben, ein ewiges Monument der Wahrheit des Bundes, den Allah mit Abraham und Ismail schloß *(Genesis, Kapitel 15-17)*.

II
Die Frage des Erstgeburtsrechtes und des Bundes

Es gibt zwischen den Ismaeliten und Israeliten einen sehr alten Disput über die Fragen des Erstgeburtsrechtes und des Bundes. Bibel- und Koranleser sind mit der Erzählung über den bedeutenden Propheten Abraham und seine zwei Söhne Ismail und Isaak (Ishāq) vertraut. Im Buch Genesis wird vom 11. Kapitel an die Geschichte Abrahams seit seinem Weggang vom Stamme Ur der Chaldäer und seiner Nachkommen bis zum Tod seines Enkels Joseph in Ägypten erzählt. Gemäß dieses Berichtes in der Genesis war Abraham in der Abstammungslinie der zwanzigste nach Adam und ein Zeitgenosse Nimrods, der den riesigen Turm zu Babel erbauen ließ.

Über das Leben Abrahams beim Stamme Ur in Chaldäl wird in der Bibel nichts erwähnt; hierüber berichtet jedoch der berühmte jüdische Historiker Joseph Flavius in seinen „Antiquities", und sein Bericht wird vom Koran bestätigt. Die Bibel erzählt jedoch ausdrücklich, daß Abrahams Vater Terah ein Götzenanbeter war *(Josua, Kapitel 24, Verse 2und 14)*. Abraham brachte dagegen seine Liebe und seinen Glauben gegenüber Gott zum Ausdruck, als er in den Tempel ging und dort alle Götzen und Bildnisse zerstörte, und er wurde damit zum wahren Musterbeispiel seines berühmten Nachkommens Muhammad. Unverletzt und triumphierend kam Abraham aus dem brennenden Ofen, in den ihn Nimrod hatte schaffen lassen . Mit seinem Vater und seinem Neffen Lot verließ er seine Heimat und reiste nach Hārān. Als sein Vater in Hārān starb, war er 75 Jahre alt.

Abraham verläßt, indem er dem göttlichen Befehl gehorcht und sich ihm unterwirft, seine Heimat und begibt sich auf eine lange und ereignisreiche Reise in das Land Kanaan, nach Ägypten und nach Arabien. Seine Frau Sarah ist unfruchtbar; dennoch teilt Gott ihm mit, daß es ihm bestimmt sei, der Vater vieler Nationen zu werden, daß alle Gebiete, die er duchquert, als Erbe seinen Nachkommen gegeben werden sollen und daß „durch seinen Samen alle Völker auf der Erde gesegnet werden sollen". Dieses wundersame und einzigartige Versprechen in der Geschichte der Religion wurde von Abraham mit unterschütterlichem Glauben aufgenommen, obwohl er keine leiblichen Kinder und somit auch keinen Sohn hatte. Als er nachts hinausgeführt wurde, um zu den Sternen zu blicken, und ihm von Gott mitgeteilt wurde, daß seine Nachkommenschaft so zahlreich wie diese Sterne sein werde und so unzählbar wie der Sand an den Meeresküsten, da glaubte Abraham es. Und es war dieser feste Glaube an Gott, der „ihm zur Gerechtigkeit gerechnet" wurde, wie die Schrift es ausdrückt *(Genesis, Kapitel 15, Vers 6)*.

Ein rechtschaffenes und armes ägyptisches Mädchen namens Hagar, ist eine Dienerin und Magd in Sarahs Diensten. Auf ausdrüklichen Wunsch und mit Zustimmung der Herrin heiratet der Prophet ordnungsgemäß diese Magd, und aus dieser Ehe stammt Ismail, wie vom Engel verheißen.

Als Ismail 13 Jahre alt ist, erscheint Allah dem Abraham erneut durch Seinen Engel mit einer Offenbarung; dasselbe alte Versprechen wird erneuert; der Ritus der Beschneidung wird in aller Form eingeführt und auch prompt praktiziert: Abraham mit seinen 90 Jahren sowie Ismail und alle männlichen Diener werden beschnitten; der „Bund" zwischen Gott und Abraham mit seinem einzigen Sohn ist geschlossen und besiegelt, so wie es auch mit dem Blut der Beschneidung war. Es handelt sich um eine Art Vertrag zwischen dem Himmel und dem gelobten Land in Person des Ismail als dem einzigen Nachkommen des neunzigjährigen Patriarchen. Abraham verspricht seinem Schöpfer Ergebenheit und Treue, und Gott verspricht, auf ewig der Beschützer und Gott der Nachkommen Ismails zu sein.

Etwas später, als Abraham 99 Jahre und Sarah 90 Jahre alt waren, gebiert auch sie einen Sohn, welcher dem göttlichen Versprechen gemäß den Namen Isaak erhält.

Da im Buche Genesis keine chronologische Anordnung festzustellen ist, wird uns nur mitgeteilt, daß nach der Geburt von Isaak sowohl Ismail als auch seine Mutter von Abraham auf äußerst gefühllose Weise vertrieben wurden, nur weil Sarah es so wollte. Ismail und seine Mutter verschwanden in der Wüste; als der Junge vor Durst dem Tode nahe war, entsprang aus der Wüste eine Quelle, von der der Jnge trank und somit gerettet wurde. Im Buch Genesis wird nichts weiter von Ismail berichtet, als daß er eine ägyptische Frau heiratete und nach dem Tod Abrahams bei dessen Begräbnis zusammen mit Isaak anwesend war.

Dann fährt das Buch Genesis mit der Geschichte Isaaks fort, dessen zweier Söhne und der Nachkommen Jakobs in Ägypten und endet mit dem Tode Josefs.

In der Genesis, Kapitel 22, wird als nächstes wichtiges Ereignis im Leben Abrahams das Hingeben „seines einzigen Sohnes" als Opfer für Gott geschildert, wovon er aber welöst wurde, indem er einen von einem Engel herbeigebrachten Widder opferte. Der Koran spricht in der 37. Sure von „einer offenkundigen Prüfung" für Abraham; nur seine Liebe zu Gott übertraf jede andere Gemütsbewegung, und aus diesem Grund erhielt er in der vierten Sure des Koran auch den Beinamen „Freund Gottes".

So weit unsere kurze, zusmmenfassende Darstellung von Ereignissen aus dem Leben Abrahams, soweit sie für unser Thema „Erstgebutrsrecht und Bund „ wichtig sind.

Drei wichtige Pukte sind es, die jeder, der wirklich an Gott glaubt, als Wahrheit einfach akzeptieren muß. Der erste Punkte ist der, daß Ismail der legitime Sohn Abrahams ist, und zwar sein Erstgeborener; deshalb ist dessen Anspruch auf das Erstgeburtsrecht nur gerecht und legal.

Der zweite Punkt ist der, daß der Bund zwischen Gott und Abraham geschlossen wurde, was genauso eindeutig ist wie die Tatsache, daß Ismail vor Isaak geboren wurde. Der Bund und das Einführen der Beschneidung hätten keinen Wert und keine Bedeutung ohne die wiederholten Versprechen, die in den Worten Gottes enthalten sind „Durch dich sollen alle Völker der Erde gesegnet sein" und ganz besonders im göttlichen Ausspruch, der Same, „der von deinem Leibe kommen wird, **der** soll dein Erbe sein" *(Genesis, Kapitel 15, Vers 4)*.Dieses Versprechen war durch die Geburt Ismails erfült *(Genesis, Kapitel 16)*, und Abraham hatte den Trost, daß Eliezer, sein im Rang höchster Diener, nicht länger sein Erbe war. Kosequenterweise müssen wir zugeben, daß Ismail der wahre und legitime Erbe von der geistigen Größe und den Vorzügen Abrahams war.Das in verschiedene Form mehrfach wiederholte Privileg, daß „durch Abraham alle Nationen der Erde gesegnet sein sollen „lag im Erbe durch das Erstgeburtsrecht, also im väterlichen Erbteil Ismails. Das Erbe, welches Ismail durch Erstgeburtsrecht zustand, bestand nicht etwa aus dem Zelt, in dem Abraham lebte, oder einem bestimmten Kamel, auf dem er zu reiten pflegte; vielmehr sollte Ismail alle Gebiete vom Nil bis zum Euphrat, die von etwa zehn verschiedenen Völkern bewohnt wurden, für immer unterwerfen und besetzen *(vgl. Genesis, Kapitel 17, Verse 18-21)*. Die gennanten Gebiete sind aber nie von den Nachkommen Isaaks, sondern von denen Ismails unterworfen worden. Dies ist eine wirkliche und buchstabengetreue Erfüllung einer der Voraussetzungen, die der Bund enthält.

Der dritte Punkt schließlich ist der, daß auch Isaak durch ein Wunder geboren wurde und vom Allmächtigen dahingehend besonders gesegnet wurde, daß seinen Nachkommen das Land Kanaan versprochen und auch tatsächlich unter Josua besetzt wurde. Kein Muslim denkt jemals daran, die heilige Prophetenstellung von Isaak und seinem Sohn Jakob zu schmälern! denn einen Propheten verächtlich zu machen oder herabzuzsetzen, stellt eine Pietätlosigkeit dar. Wenn wir Ismail und Isaak miteinander vergleichen, dann müssen wir sie beide als heilige Diener Gottes verehen und respektieren. Es ist wahr, daß die Israeliten mit ihrem Gesetz und ihren Heiligen Schriften eine einzigartige religiöse Geschichte in der Alten Welt hatten.Siewaren wirklich das auserwählte Volk Gottes. Obwohl sie oft gegenGott rebellierten und der Götzendienerei verfielen, brachten sie für die Welt zahllose Propheten und rechtschaffene Männer und Frauen hervor.

Insoweit gibt es eigentlich auch keinen Anlaß zu Meinungsverschiedenheiten zwischen den Nachkommen von Ismail und dem Volk Israel. Denn, wenn mit „Segen" und „Erstgeburtsrecht" lediglich materieller Besitz und Macht gemeint wäre, wäre ein eventueller Streit so beigelegt worden, wie er durch Gewalt und die vergleichbare Tatsache der arabischen Besetzung des versprochenen Landes gelöst worden ist. Dagegen gibt es aber einen fundamentalen Streitpunkt zwischen den beiden Völkern, der nun fast viertausend Jahre besteht! es geht um die Frage des Messias und Muhammads. Die Juden sehen die Erfüllung der sogenannten Messias-Prophezeihungen weder in der Person Christi noch in der Muhammads. Die Juden waren schon immer eifersüchtig auf Ismail, weil sie sehr wohl wissen, daß **in ihm** der Bund geschlossen wurde und durch seine Beschneidung mit Leben erfüllt und besiegelt wurde. Es ist diese Erbitterung, die ihre Schriftund Rechtsgelehrten veranlaßt hat, weite Passagen ihrer Schriften zu ändern und zu fälschen. So löschten sie im zweiten, sechsten und siebenten Vers des zweiundzwanzigsten Kapitels des Buches Genesis den Namen „Ismail" aus und ersetzten ihn durch „Isaak". Ferner ließen sie den näher bestimmenden Ausdruck „Sein einzig geborener Sohn" weg, um die Existenz des ersteren abzuleugenen und dem Bund zuwiderzuhandeln, der zwischen Gott und Ismail geschlossen worden war. Gott sagt in diesem Kapitel ausdrücklich: „Da du deinen einzigen Sohn nicht verschont hast, will Ich deine Nachkommenschaft wachsen lassen und vermehren wie die Sterne und den Sand an den Meeresküsten", wobei das Wort „vermehren" vom Engel zu Hagar in der Wüste gesagt wurde: Ich werde deine Nachkommen zu einrer unzählbaren Menge vermehren, und Ismail „wird ein fruchtbarer Mann werden" *(Genesis, Kapitel 26, Vers 12)*. Die Christen haben nun dasselbe hebräische Wort, welches „fruchtbar" oder „reichlich" bedeutet, in ihren Übersetzungen vom Verbum „para" — im Arabischen „wafara" — mit „wilder Esel" wiedergegeben. Zeugt es nicht von Mangel an Scham und Pietät, Ismail einen „Wildesel" zu nennen, den Gott als „fruchtbar" bzw. „mit reichlichen Nachkommen versehen" bezeichnet?

Es ist sehr bemerkenswert, daß nach Aussage des Barnabas- Evangeliums Christus die Juden selbst maßregelte, weil sie behaupteten, daß der „Große Gesandte", den sie Messias nannten, aus dem Hause des Königs David stammen sollte, da David ihn „seinen Herrn" nannte; dann fuhr Christus fort und erklärte, wie ihre Väter die Schriften gefälscht hatten und daß der Bund nicht mit Isaak geschlossen worden war, sondern mit Ismail, der Gott zum Opfer bestimmt war, und daß der Ausdruck „sein einziger Sohn“ sich auf Ismail und nicht auf Isaak bezieht. Paulus, der vorgab, ein Jünger Jesu zu sein, äußerte einige respektlose Worte über Hagar und Ismail *(Brief des Paulus an die Galater, Kapitel 4, Verse 21-31, und an anderen Stellen)* und widersprach ganz offen seinem Meister. Dieser Paulus tat alles, was er nur konnte, um die Christen in die Irre zu führen; bevor er konvertierte, brachte er sogar viele Christen um. Ich habe den sehr starken Verdacht, daß der Jesus bei Paulus ein anderer Jesus ist, der auch der Sohn einer Maria war und wegen seiner messianischen Ansprüche etwa 100 Jahre vor Christus an einem Baum gehängt worden war. Denn es ist in der Tat so, daß die Briefe des Paulus in der Form, in der sie uns vorliegen, eine große Anzahl von Lehrsätzen enthalten, die sowohl dem Geist des Alten Testaments als auch dem ehrwürdigen Propheten von Nazareth völlig zuwiderlaufen. Paulus war ein fanatischer Pharisäer und Advokat. Nachdem er zum Christentum übergetreten war, entwickelte er offensichtlich noch mehr Fanatismus, als es schon vorher der Fall war. Sein Haß auf Ismail und sein Anspruch auf das Erstgeburtsrecht ließen ihn das mosaische Gesetz vergessen oder zumindest übersehen, welches ausdrücklich die Eheschließung eines Mannes mit seiner Schwester unter Androhung der Todesstrafe verbietet. Wenn Paulus tatsächlich von Gott inspiriert gewesen wäre, dann hätte er entweder das Buch Genesis, welches zweimal berichtet, daß Abraham der Ehemann seiner eigenen Schwester war *(Kapitel 12, Verse 10-20; Kapitel 20, Verse 2-18)*, als Fälschung öffentlich anprangern oder den Propheten (Gott bewahre!) als einen Lügner hinstellen müssen.

Paulus glaubt jedoch an die Worte des Buches, und sein Gewissen quält ihn nicht im geringsten, wenn er Hagar als die unfruchtbare Wüste des Sinai identifiziert und Sārāh als Jerusalem bezeichnet, das oben im Himmel ist *(Brief des Paulus an die Galater, Kapitel 4, Verse 25 und 26)*! Hat Paulus jemals den folgenden Fluch im mosaischen Gesetz gelesen:

> „Verflucht sei der, der seiner Schwester beischläft, der Tochter seines Vaters oder der Tochter seiner Mutter. Und alle Menschen sagen: Amen.“ *(Deuteronomium, Kapitel 27, Vers 22)*?

Gibt es irgendein göttliches oder menschliches Gesetz, welches jemanden, der der Sohn seines eigenen Onkels und seiner eigenen Tante ist, mehr legitimiert als jemanden, dessen Vater ein Chaldäer und dessen Mutter eine Ägypterin ist? Gibt es irgendetwas gegen die Keuschheit und Frömmigkeit von Hagar einzuwenden? Natürlich nicht, denn sie war ja die Frau eines Propheten und auch die Mutter eines Propheten; und durch göttliche Offenbarungen war sie noch dazu eine Auserwählte.

Derselbe Gott, Der mit Ismail den Bund schloß, erließ bezüglich Erbschaft folgendes Gesetz: Wenn ein Mann zwei Ehefrauen hat, von denen er eine sehr liebt und die andere geringer schätzt, und jede von ihnen hat einen Sohn, wobei der erstgeborene Sohn von der weniger geliebten Frau stammt, dann besitzt eben dieser Sohn auch das Erstgeburtsrecht und nicht der Sohn der mehr geliebten Frau. Der Erstgeborene soll ferner doppelt soviel wie sein Bruder erben *(Deuteronomium, Kapitel 21, Verse 15-17)*. Ist diese Vorschrift nicht eindeutig genug, um all diejenigen zum Schweigen zu bringen, die über den Anspruch Ismails auf das Erstgeburtsrecht streiten?

Wir wollen nun diese Frage des Erstgeburtsrechts so kurz wie möglich ausdiskutieren. Wir wissen, daß Abraham ein Stammesfürst und ein Prophet Gottes war und in einem Zelt zu leben pflegte und große Schafherden und unermeßlichen Reichtum besaß. Nomadische Stammesangehörige erben nun aber keine Ländereien oder Weiden; vielmehr bestimmt der Fürst für jeden seiner Söhne gewisse Grupbpen oder Stämme, über die er als seinen „Besitz" verfügen kann. Eine Regel besagt, daß der jüngste Erbe das „Herz", nämlich das Zelt seiner Eltern erbt, während der ältere die Herrschaft über den Stamm übertragen bekommt, sofern er sich hierzu eignet.

Dem bedeutenden, mongolischen Eroberer Dschingis Khan folgte sein ältester Sohn Oghtai, der in Peking als Khāgān regierte; dagegen blieb sein jüngster Sohn im väterlichen Zelt in der Mongolei als Qārāqōrum. Genau verhielt es sich mit den beiden Söhnen Abrahams. Der jüngere der beiden, Isaak, erbte das Zelt seines Vaters und wurde ebenfalls ein im Zelt wohnender Nomade. Ismail wurde jedoch in den Hijāz geschickt, um das Haus Allahs, welches er zusammen mit Abraham erbaut hatte *(siehe 2. Sure des Koran)*, zu bewachen. Hier ließ er sich auch nieder und wurde ein Prophet und ein Fürst unter den arabischen Stämmen, die ihm Glauben schenkten.

Und so wurde in Mekka, auch Bekka genannt, die Ka'ba zum Mittelpunkt der Pilgerfahrt, dem Hajj. Ismail war es, der die Religion des einen wahren Gottes gründete und die Beschneidung einführte. Seine Nachkommenschaft vermehrte sich und wurde so zahlreich wie die Sterne am Himmelszelt. In der Zeitspanne von Ismail bis Muhammad wurden die Araber des Hijāz, des Yemen und anderen Regionen unabhängig und regierten ihre Länder selbst. Das Römische und das Persische Großreich waren nicht mehr in der Lage, die Nachkommen Ismails zu unterwerfen. Und obwohl sich später Götzendienerei wieder verbreitete, wurden doch die Namen Allahs, Abrahams, Ismails und einiger anderer Propheten nie ganz vergessen. Selbst Esau, der ältere Sohn Isaaks, überließ das Zelt seines Vaters seinem jüngeren Bruder Jakob und hielt sich in Edom auf, wo er Stammesfürst wurde und schnell einer der arabischen Stämme Ismails wurde, welcher ja sowohl sein Onkel als auch sein Schwiegervater war. Die Geschichte, daß Esau sein Erstgeburtsrecht an Jakob für einen Teller Gemüsesuppe verkaufte, ist ein fauler Trick, der erfunden wurde, um eine Rechtfertigung für die negative Einstellung gegenüber Ismail zur Hand zu haben. Es wird behauptet, das „Gott den Esau haßte und den Jakob liebte", noch während die Zwillinge im Mutterleib waren; ferner wird unterstellt, daß der ältere Bruder dem jüngeren zu dienen habe" *(Genesis, Kapitel 25 und Brief des Paulus an die Römer, Kapitel 9, Verse 12 und 13)*. Ein anderer Bericht jedoch, der möglicherweise aus einer anderen Quelle stammt, zeigt seltsamerweise, daß diese Angelegenheit sich genau umgekehrt zur oben erwähnten Aussage verhielt. Das 33. Kapitel der Genesis bestätigt nämlich ausdrücklich, daß Jakob dem Esau diente und sich vor ihm huldigend siebenmal niederwarf, wobei er ihn „mein Gebieter" nannte und sich selbst als „dein Diener" bezeichnete.

Über Abraham wird berichtet, daß er noch einige andere Söhne von Qitura und „den Konkubinen" hatte, denen er Geschenke gab und die er in den Osten sandte. Alle gründeten große und mächtige Stämme. Zwölf Söhne von Ismail werden namentlich genannt und beschrieben; jeder von ihnen war ein Fürst mit eigenen Gebieten, Lagern und Streitmächten *(Genesis, Kapitel 25)*. Somit sind die Kinder von Qitura und den anderen Abkömmlingen von Esau gleich, die auch namentlich genannt werden.

Wenn wir die Zahl der Familienmitglieder von Jakob zu dem Zeitpunkt betrachten, als er nach Ägypten zog, — sie überstieg sicher die Siebzig —, und als er auf Esau mit einer Streitmacht von vierhundert bewaffneten Reitern traf; wenn wir ferner berücksichtigen, daß die mächtigen arabischen Stämme sich den zwölf Emiren unterwarfen, die zur Familie Ismails gehörten, und daß die arabischen Stämme den letzten Gesandten Allahs, der den Islam verkündete, einhellig anerkannten und seine Religion annahmen und alle Gebiete unterwarfen, die den Kindern Abrahams versprochen worden waren, — dann müßten wir in der Tat blind sein, wenn wir nicht sähen, daß der Bund mit Ismail geschlossen worden war und die Verheißung sich auf die Person Muhammads (Friede sei mit ihm!) bezieht.

Bevor ich dieses Kapitel zum Abschluß bringe, möchte ich die Aufmerksamkeit der Bibelstudierenden, insbesondere der Higher Biblical Criticism, auf die Tatsache lenken, daß die sogenannten Messias-Prophezeihungen und Passagen ein Propagandamittel zugunsten der David-Dynastie nach dem Tod des Königs Salomo darstellen, als dessen Königreich in zwei Teile aufgeteilt wurde. Die beiden bedeutenden Propheten Elias und Elisa, die im Königreich von Samaria oder Israel wirkten, erwähnten noch nicht einmal den Namen David oder Salomo. Jerusalem war nicht mehr das Religionszentrum für die zehn Stämme und die Ansprüche Davids auf ein immerwährendes Reich waren hinfällig geworden.

Propheten wie Jesaja jedoch und auch andere, die zum Jerusalemer Tempel und dem Hause David eine Beziehung hatten, sagten das Kommen eines großen Propheten und Herrschers voraus.

Wie schon im vorausgegangenen Kapitel dargelegt wurde, gibt es ganz bestimmte augenscheinliche Merkmale, an denen der kommende und letzte Prophet zu erkennen sein wird. Und mit diesen Merkmalen werden wir uns in den folgenden Kapiteln zu beschäftigen haben.

III

Das Rätsel um „Mispa"

Wie in der Überschrift zum Ausdruck gebracht, möchte ich in diesem Kapitel versuchen, den ehemaligen, hebräischen Steinkultus zu erklären, den man von Abraham als dem großen Ahnherrn übernommen hatte und der von ihm und seinem Sohn Ismail in Mekka und später von Isaak und Jakob im Lande Kanaan sowie von anderen Nachkommen Abrahams in Moab und in weiteren Gebieten eingeführt worden war.

Der von mir erwähnte Begriff „Steinkultus" ist jedoch nicht als Steinanbetung, was ja Götzendienerei bedeutet, zu verstehen; ich verstehe in diesem Zusammenhang darunter vielmehr die Anbetung Gottes an einem für diesen Zweck geweihten Stein. In jenen alten Tagen, als die erwählte Familie ein Nomadenleben, auch in pastoraler Hinsicht, führte, gab es nämlich keinen festen Wohnsitz, an dem man Häuser errichtete bzw. ein Haus, das speziell dem Gottesdienst gewidmet war; man pflegte einen bestimmten Stein aufzurichten, um den man einen „hajj" ausführte, d.h., um den man siebenmal im Kreis herumging. Vielle cht verschreckt das Wort „hajj" ein wenig die christlichen Leser und erregt etwas Widerwillen, weil es sich um ein arabisches Wort handelt und weil „hajj" in unserer Zeit eine muslimische religiöse Zeremonie ist. Das Wort „hajj" stimmt hinsichtlich Bedeutung und Etymologie mit dem Äquivalent in der hebräischen und in anderen semitischen Sprachen ganz genau überein. Das hebräische Verb „hagag" ist dasselbe wie das arabische „hajaj"; der Unterschied liegt lediglich in der Aussprache des dritten Buchstabens im semitischen Alphabet, nämlich des „Gamal", den die Araber wie „j" aussprechen. Im mosaischen Gesetz finden wir genau dasselbe Wort „hagag" bzw. „haghag" [1] im Zusammenhang mit dem Gebot, die festlichen Zeremonien zu vollziehen. Das Wort bedeutet soviel wie, ein Gebäude oder einen Altar bzw. einen Stein zu erreichen, indem man mit gleichem Schrittempo darum herumläuft und der Absicht Ausdruck gibt, ein religiöses Fest der Freude und des Gesangs zu feiern. Im Osten praktizieren die Christen heute noch etwas, was sie „higga" nennen; sie tun dies anläßlich ihrer Feiertage oder bei Hochzeiten. Folglich hat dieses Wort auch nichts mit Pilgerfahrt im engen Sinne zu tun; das Wort Pilgern kommt vom italienischen „pellegrino" und dies wiederum vom lateinischen „peregrinus", was „der Fremde" bedeutet.

1 Im Unterschied zum Arabischen gibt es sowohl im hebräischen als auch im Aramäischen keinen j-Laut im Alphabet; sein dritter Buchstabe, gamal, wird bei harter Aussprache wie g und bei weicher oder aspirater Aussprache guttural und wie gh ausgesprochen.

Abraham pflegte während seiner Besuche an verschiedenen Orten und bei bestimmten Anlässen einen Altar für Gottesdienste und Opfer zu errichten. Als Jakob auf dem Weg nach Padan Aram war und die Vision der wundersamen Leiter hatte, errichtete er an jenem Platz einen Stein, den er mit Öl begoß und „Bethel" nannte, was „das Haus Gottes" bedeutet; und zwanzig Jahre später besuchte er diesen Stein wieder und goß Öl und „reinen Wein" über ihn, wie in der Genesis im 28. Kapitel, Verse 10-22, und im 35. Kapitel berichtet wird.

Einen speziellen Stein als Monument errichteten Jakob und sein Schwiegervater auf einem Steinhaufen, der im Hebräischen „Gal'ead" heißt und von Laban in seiner aramäischen Sprache „Yaghar sahdutha" genannt wird, was „eine Menge Bestätigung" bzw. „sehr umfangreiches Zeugnisablegen" bedeutet. Aber als „Eigennamen" gaben sie dem Stein die Bezeichnung „Mispa" *(vgl. Genesis, Kapitel 31, Verse 45-55)*, wobei ich die genaue arabische Form „Mispha" vorziehe, was meinen muslimischen Lesern zum Vorteil gereichen dürfte.

Diese „Mispha" entwickelte sich später zur wichtigsten Anbetungsstätte und in der Geschichte des israelischen Volkes zu einem Zentrum nationaler Versammlungen. Hier legte auch Jephthah — ein jüdischer Held — „vor dem Herrn" ein Gelübde ab; und nachdem er die Ammoniter geschlagen hatte, soll er seine einzige Tochter als Brandopfer dargebracht haben *(Buch der Richter, Kapitel 11)*.

Ferner ereignete es sich auch bei der Mispha, daß sich vierhunderttausend Krieger von den elf Stämmen Israels versammelten und „vor dem Herrn schworen", den Stamm Benjamin auszurotten, weil dieser ein abscheuliches Verbrechen begangen hatte, was die Benjamiten von Geba' zu verantworten hatten; in ihrem Vorhaben waren die elf Stämme dann später auch erfolgreich *(vgl. Buch der Richter, Kapitel 20 und 21)*.

Als weiteres Ereignis trug sich bei der Mispha zu, daß der Prophet Samuel alle versammelte und sie „vor dem Herrn schwören" ließ, alle ihre Götzen und Bildnisse zu zerstören; später wurden sie dann aus der Hand der Philister errettet *(vgl. 1. Samuel, Kapitel 7)*.

Ebenfalls bei der Mispha versammelte sich das ganze Volk und bestimmte Saul zum König über Israel *(1. Samuel, Kapitel 10)*.

Zusammenfassend kann man also sagen, daß alle nationalen Fragen von besonderer Bedeutung bei der Mispha oder in Bethel entschieden wurden. Man scheint diese Kultstätten auf Höhen oder auf einer erhobenen Plattform, oft „Ramoth" genannt, erbaut zu haben; „Ramoth" beschreibt einen „hochgele genen" Ort. Selbst nach der Erbauung des prächtigen Tempels von Salomo wurden die „Misphas" in hohen Ehren gehalten. Oft wurden diese „Misphas" jedoch mit Götzen und Bildnissen versehen, wie das auch bei der „Ka'ba" der Fall war. Nachden die Chaldäer Jerusalem und den Tempel zerstört hatten, behielt die „Mispha" ihren heiligen Charakter noch bis zur Zeit der Machabäer unter der Herrschaft des Königs Antiochus.[1]

Welche Bedeutung hat nun das Wort „Mispa"? Allgemein wird es mit „Wachturm" übersetzt. Es gehört zu derjenigen Klasse von semitischen Substantiven —„Asmā Zarf"—, die von einer Sache, die sie beinhalten bzw. umfassen, abgeleitet werden; „Mispa" bedeutet Platz bzw. Gebäude und wird vom archaischen Wort „sapha" („Stein") abgeleitet. Das gebräuchliche Wort für Stein lautet im Hebräischen „iben" und im Arabischen „hajar". Das syrische Wort für Stein ist „kipa". „safa" oder „sapha" scheint jedoch in allen genannten Sprachen für einen bestimmten Gegenstand oder eine bestimmte Person verwendet zu werden, wenn man einen „Stein" bezeichnen will. Die eigentliche Bedeutung von „Mispa" ist also der Ort oder Platz, an dem ein „sapha" bzw. Stein errichtet und aufgestellt wurde. Wir werden sehen, daß zu dem Zeitpunkt, als dieser Name „Mispa" zum ersten Mal einem Stein gegeben wurde, der auf einem Haufen von Steinblöcken errichtet wurde, kein anderes Gebäude um ihn stand. Es ist also einzig und allein die Stelle, an der sich ein solcher sapha befindet, die „Mispa" genannt wird.

Bevor ich die Bedeutung des Substantives „sapha" erkläre, muß ich erneut die Geduld derjenigen meiner Leser auf die Probe stellen, die mit dem Hebräischen nicht vertraut sind. Die arabische Sprache kennt in ihrem Alphabet keinen p-Laut; dasselbe gilt für das Hebräische und andere semitische Sprachen. In diesen Sprachen wird der Buchstabe p, wie auch das g, manchmal weich und wie f bzw. ph gesprochen. Gemäß der Transkriptionsregeln werden semitische und griechische Wörter, die f-Laute enthalten, im Englischen statt mit „f" mit „ph" wiedergegeben, z.B. „Seraph", „Mustapha" oder „Philosophy". Deshalb ziehe ich die Schreibweise „sapha" der Schreibweise „safa" vor.

Als Jesus Christus seinem ersten Jünger Shim'on (Simon) den bezeichnenden Beinamen „Petros" (Peter) gab, dachte er offensichtlich an diesen alten, hei-

1 Das Bibelexemplar, das mir als Vorlage dient, enthält nicht die sogenannten deutero-kanonischen oder apokryphischen Bücher des Alten Testaments. Die mir vorliegende Bibel wurde 1893 von der American Bibel Society in New York herausgebracht. Der volle Titel lautet: „Kthabhi Qaddishi Dadiathiqi Wadiathiqi Khadatt An S'had-watha Poushaqa dmin lishani qdimaqi. Matba 'ta d'dasta Biblioneta d'America (=Die heiligen Bücher des Alten Testaments und des Neuen Bundes -Testaments-, mit den Konkordanzen oder Bezeugungen. Übersetzt aus den alten Sprachen. Herausgegeben von der Press of the American Bible Society)".

ligen „sapha", welchen es schon lange nicht mehr gab! Aber zu meinem größten Bedauern können wir nicht mit letzter Sicherheit genau das Wort angeben, welches er in seiner eigenen Sprache benutzte. Der griechische Ausdruck „Petros" als Maskulinum — die feminine Form lautet „Petra" — ist derart unklassiffiziert und für das Griechische untypisch, daß man überhaupt staunen muß, daß er von den Kirchen übernommen wurde. Hat Jesus oder irgendein anderer Jude jemals daran gedacht, den Fischer Bar Yona „Petros" zu nennen? Ganz sicher nicht. Die syrische Version, die „Pshitta" heißt, hat diese griechische Form oftmals mit „Kipha (Kipa)" übersetzt. Und die Tatsache, daß selbst der griechische Text den ursprünglichen Namen „Kephas", den die englischen Bibelübersetzungen mit „Cephas" wiedergeben, bewahrt hat, zeigt doch, daß Christus das Aramäische sprach und seinem Hauptjünger den Beinamen „Kipha" gab.

Die alten arabischen Übersetzungen des Neuen Testaments haben den Namen Petrus wiederholt „Shamm'un as-Saphā" geschrieben; das bedeutet „Simon, der Fels". Die Worte Christi „du bist Petrus" und so weiter lauten entsprechend im Arabischen „Antas-saphā" *(vgl. Evangelium des Matthäus, Kapitel 16, Vers 18; Evangelium des Johannes, Kapitel 1, Vers 42, usw.)*. Wenn also Simon der „Sapha" ist, dann müßte demzufolge auch die Kirche, die auf ihm erbaut werden sollte, selbstverständlich die „Mispha" sein. Es ist aber doch sehr merkwürdig, daß Christus den Simon mit „sapha" und die Kirche mit „Mispha" verglichen haben soll; wenn ich nun das Rätsel löse, das in diesem Gleichnis verborgen ist, und die Weisheit aufdecke, die „sapha" in sich verkörpert, dann muß man einfach die äußerst erstaunliche Richtigkeit anerkennen, daß der glorreiche Name „der Mustapha" auf Muhammad paßt!

Das bisher Gesagte könnte nun jemanden veranlassen, (seine Wißbegierde befriedigen zu wollen und) das folgende zu fragen:

a) Warum wählten die Muslime und unitarischen Nachkommen Abrahams einen Stein und vollzogen ihren Gottesdienst auf bzw. um ihn?

b) Warum soll dieser jeweilige Stein den Namen „sapha" haben?

c) Worauf will der Verfasser hinaus?

Und dieser Art könnten sicher noch mehrere Fragen gestellt werden.

Der Stein wurde als das geeignetste Material erwählt; auf ihm konnte der Reisende sein Opfer darbringen, ihn mit reinem Öl und Wein [1] begießen und um

1 Wein war den Israeliten nicht verboten.

ihn seine religiösen Zeremonien verrichten. Aber es gab noch mehr Gründe; diese Steine wurden auch errichtet, um der Gelöbnisse und verschiedenen Versprechen, die ein Prophet oder rechtschaffener Mensch seinem Schöpfer machte, und der Offenbarungen, die er von Gott erhielt, zu gedenken. Somit wurde der Stein also zu einem heiligen Monument, um den heiligen Charakter eines bedeutenden religiösen Ereignisses und die Erinnerung daran zu verewigen. Zu einem derartigen Zweck könnte es kein besseres Material als den Stein geben. Es sind nicht nur die Festigkeit und die Haltbarkeit, die dem Stein die Eignung für diesen Zweck verleihen, seine bloße Einfachheit und seine Wertlosigkeit, zudem auch noch an einem einsamen Ort gelegen, dies alles bietet die Gewähr, daß diesen Stein niemand aus Habsucht oder Feindseligkeit stiehlt oder zerstört. Wie wir ja wissen, verbietet das mosaische Gesetz, Altarsteine zu behauen oder sie zu bemeißeln. Deshalb mußte auch der „sapha"-Stein vollkommen in seiner ursprünglichen Form belassen werden; weder Bilder noch Inschriften oder irgendwelche Eingravierungen durften ihm eingemeißelt werden, um die Gefahr zu bannen, daß zu späteren Zeiten von unwissenden Menschen dieser Stein einmal angebetet wird. Gold, Eisen, Silber oder irgendwelche anderen Metalle entsprachen nicht diesen Eigenschaften, die ein einfacher Stein bot. Es ist somit leicht einzusehen, daß das reinste, beständigste, geeignetste und sicherste Material für ein religiöses und heiliges Monument eigentlich nur der Stein abgab.

Die aus Bronze gegossene Jupiterstatue, die der heidnische, römische Pontifex Maximus angebetet hatte, wurde aus dem Pantheon entfernt und auf Anordnung des christlichen Papstes in ein Bildnis des Petrus umgegossen; die Weisheit, die dagegen im „sapha" liegt, ist wirklich bewundernswert und aller derer würdig, die nichts und niemanden außer Gott verehren.

Man sollte aber auch daran denken, daß nicht nur der errichtete „sapha" ein heiliges Monument ist, sondern auch der Platz, an dem er sich befindet, sowie dessen Umgebung. Hierin liegt auch der Grund, daß der muslimische „Hajj", ähnlich wie die jüdische „Higga" um ein Gebäude herum vollzogen wird, an dem bzw. in dem sich der heilige Stein befindet. Es ist eine bekannte Tatsache, daß die Karamater, die den schwarzen Stein aus der „Ka'ba" entfernt und in ihr eigenes Land gebracht und etwa zwanzig Jahre lang behalten hatten, gezwungen wurden, ihn wieder zurückzubringen und an seinen ursprünglichen Ort zu plazieren, weil ihre Absicht fehlgeschlagen war, die Pilger von Mekka wegzuziehen. Wenn es sich um einen goldenen oder anderen sehr kostbaren Gegenstand gehandelt hätte, hätte er nicht ungefähr fünftausend Jahre existiert; und wenn er gar Schnitzerein oder Bildnisse enthalten hätte, wäre er sicher vom Propheten Muhammad eigenhändig zerstört worden.

Was die verschiedenen Bedeutungen von „Sapha“ betrifft, habe ich nun auf sie anhand der Eigenschaften des Steines verwiesen.

Das Wort besteht aus den Konsonanten „sädi“ und „pi“ und endet mit dem Vokal „hi“, was sowohl das Verb als auch das Nomen betrifft. In seiner „qal“-Form bedeutet es „reinigen, beobachten, aus Entfernung betrachten“ und „auswählen“. Es kann auch die Bedeutung „fest und sicher sein“ haben. In seiner kausativen „pi'el“-Form bedeutet es einfach „eine Wahl treffen, auswählen lassen“ usw.

Jemand, der vom Wachturm aus beobachtete, wurde „Sophi“ genannt *(2. Könige, Kapitel 9, Vers 17, u.a.)*. Im Altertum, d.h. vor der Erbauung des Tempels des Salomo, wurde ein Prophet oder ein „Mann Gottes“ „Roi“ oder „Hozi“ genannt, was „Seher“ bedeutet *(1. Samuel, Kapitel 9, Vers 9)*. Den jüdischen Gelehrten ist natürlich das Wort „Msaphphi“ oder „Msappi“ wohl bekannt; es stimmt, orthographisch gesehen, mit dem arabischen „Musaphphi“ überein. Mit diesem Wort wird jemand bezeichnet, „der sich darum bemüht, das zu wählen, was rein und fest und sicher ist“. Der Wächter auf dem Turm von Jesreel betrachtete und beobachtete, wie oben erwähnt *(2. Könige, Kapitel 9, Verse 17 ff.)*, ganz genau über eine große Entfernung eine Personengruppe, die sich der Stadt näherte. Er beobachtete den ersten Boten des Königs, wie er bei der Gruppe ankam und sich in sie einreihte, ohne zurückzukehren. Dasselbe geschah mit dem zweiten und dritten Abgesandten. Daraufhin merkte der „Sophi“, daß der Anführer der Gruppe Jehu war. Worin bestanden nun die Aufgabe und die Funktion jenes Wächters? Er hatte genauestens über eine gewisse Distanz Ausschau zu halten, um jemanden unter mehreren anderen erkennen zu können; danaben sollte er aber auch einen scharfen Blick für dessen Identität und seine Verhaltensweise haben, soweit dies alles möglich war zu erkennen; und schließlich hatte er all seine Beobachtungen seinem König zu melden. Wenn man nun fragt: „Worin bestanden die Aufgabe und die Funktion des einzelnen „sophi“ der „Mispa“?, dann könnte für einen eifrigen Fragesteller eine Antwort nicht zufriedenstellend ausfallen, wenn sie nur darin bestünde, daß der „sophi“ der „Mispa“ vom Minarett der „Mispha (Mispa)“ Ausschau zu halten pflegte, um Pilger in der Wüste auszumachen, oder daß er eine drohende Gefahr rechtzeitig zu erkennen hatte. Wenn dem so wäre, dann würde die „Mispha“ ihren religiösen und heiligen Charakter verlieren und den Eindruck eines ganz gewöhnlichen, militärischen Wachpostens erwecken. In Wirklichkeit verhält es sich jedoch mit dem „Sophi“ der „Mispha“ ganz anders.

Ursprünglich war die „Mispha“ nur ein einfaches Heiligtum auf einem einsamen und hoch gelegenen Platz in Gal'ead, wo der „Sophi“ mit seiner Familie oder seinen Gefährten zu leben pflegte. Nach der Unterwerfung und Besetzung des Landes Kanaan durch Israel stieg die Zahl der „Misphas“, und sie entwickelten sich schnell zu bedeutenden religiösen Zentren und zu Institutionen des Lernens und der Bruderschaften. Es scheint sich um religiöse Bruderschaften wie die islamische Mevlevi, Bektashi, Negshbendi und andere zu handeln; jede von ihnen hatte ihren eigenen „Scheich“ und „Murshid“. Sie hatten Schulen, die der „Mispha“ angeschlossen waren, an denen das Gesetz, die Religion, die hebräische Literatur und andere Wissenszweige gelehrt wurden. Aber neben diesem erzieherischen Wirken war der „Sophi“ das Oberhaupt einer Gemeinschaft von Eingeweihten, die er in der esoterischen oder mystischen Religion unterwies, die wir unter dem Namen „Sophia“ kennen. Wen wir heute als „Suphees (sufees oder sufis)“ bezeichnen, der wurde damals „nbiyim“ oder „Prophet“ genannt, und was im Islam „takkas“ oder „zikr“ oder „Anrufung im Gebet“ heißt, nannte man damals gewöhnlich „Weissagung“.

Zur Zeit des Propheten Samuel, der sowohl Staatsoberhaupt als auch das Oberhaupt der „Mispha“-Institutionen war, wurden solche Schüler und Eingweihte sehr zahlreich; und als Saul gesalbt und gekrönt wurde, schloß er sich dem „zikr“ oder der religiösen Praxis der Anrufung bei den Eingeweihten an, und so wurde überall von ihm gesagt: „Ist Saul auch unter den Propheten?“ Und aus diesem Ausspruch ist ein Sprichwort geworden; denn er hat ja mit der Gruppe von Propheten „geweissagt“ *(vgl. 1. Samuel, Kapitel 10, Verse 9-13)*.

Der Sufismus unter den Juden blieb unter dem Supremat des jeweiligen Propheten bis zum Tod des Königs Salomo eine esoterische, religiöse Bruderschaft. Nachdem das Königreich zweigeteilt worden war, vollzog sich wohl auch unter den Sufis eine bedeutende Spaltung. Aus der Zeit des Propheten Elias, etwa 900 v. Chr., wird uns berichtet, daß er der einzig wahre Prophet geblieben war, während alle anderen getötet worden waren; immerhin handelte es sich um achthundertfünfzig Baal- und Ishra- Propheten, die „vom Tisch der Königin Isebel aßen“ *(1. Könige, Kapitel 18, Vers 19)*. Aber nur wenige Jahre später traf Elias' Schüler und Nachfolger, der Prophet Elisa, in Bethel und Jericho mit einer großen Anzahl „der Söhne der Propheten“ zusammen, die ihm die bevorstehende Himmelfahrt seines Meisters Elias voraussagten *(2. Könige, Kapitel 2)*.

Wie die wirkliche Lage der jüdischen Sophis (oder Sufis) nach der großen religiösen und nationalen Spaltung auch immer ausgesehen haben mag, so ist zumindest sicher, daß das wahre Wissen über Gott und die esoterische Religionslehre bis zum Erscheinen Jesu Christi erhalten blieb, der dann seine Gemeinde der Eingeweihten in der „Inneren Religion" auf Simon, dem „Sapha" aufbaute; ferner ist sicher, daß die wahren „Sophis" oder Seher der christlichen „Mispha" dieses Wissen fortbestehen ließen und darüber wachten, bis der Auserwählte Allahs erschien, nämlich Muhammad „al-Mustapha" — im Hebräischen: „Mustaphi"!

Wie ich schon erwähnte, berichtet die Bibel über zahlreiche Propheten, die den „Misphas" angehörten; es muß uns jedoch klar sein, daß „Allah am besten weiß, wem Er Seine Sendung gibt", wie es im Koran in der 6. Sure eindeutig erklärt wird; daß Er nämlich das Geschenk der Prophetenschaft einer Person nicht wegen ihres Standes oder ihres Reichtums und auch nicht wegen ihrer Frömmigkeit verleiht, sondern nach Seinem eigenen Belieben. Glaube und alle gottesfürchtigen Werke, Meditationen, geistige Übungen, Gebete, Fasten und religiöses Wissen mögen einen Novizen zum geistigen „murshid" bzw. Führer erheben oder gar den Rang eines Heiligen erreichen lassen, er wird jedoch nie allein deswegen ein Prophet sein; denn Prophetenschaft wird nicht durch irgendwelche Anstrengungen erworben, sie ist vielmehr ein Geschenk Gottes. Selbst unter den Propheten gibt es nur wenige, die Apostel bzw. Gesandte waren und eine besondere Offenbarungsschrift geoffenbart erhielten sowie beauftragt waren, bestimmte Menschen zu unterweisen oder eine bestimmte Mission auszuführen. Deshalb ist der Ausdruck „Propheten", wie er in den jüdischen Schriften verwendet wird, oft zweideutig bzw. ungenau.

In diesem Zusammenhang muß ich auch darauf hinweisen, daß möglicherweise das überwiegende Material der Bibel von diesen „Misphas" noch vor der babylonischen Gefangenschaft oder sogar noch früher erstellt worden war und später von unbekannten Leuten revidiert wurde, bis es die Fassung erhielt, die uns heutigentags zur Verfügung steht.

Es bleiben nun noch einige Worte über den muslimischen Sufismus und über den griechischen Begriff „sophia" (Weisheit) zu sagen; eine Diskussion über diese beiden Systeme hohen Wissensgrades liegt sicher außerhalb des Themenbereichs dieses Artikels. Im weitesten Sinne des Wortes ist Philosophie das Studium bzw. die Wissenschaft der Grundprinzipien des Seins; in anderen Worten gesagt: sie übersteigt die Grenzen der Naturwissenschaften, das reine Sein zu studieren, und sie läßt das Studium der Ursachen und Gesetzmäßigkeiten all dessen, was in der Natur geschieht oder beobachtet werden kann, hinter sich. Man muß sich schon äußerste Mühe geben, die Wahrheit zu finden. Der muslimische Sufismum stellt Medition über Gott und den Menschen dar und versucht sehr intensiv, eine Einheit zwischen beiden herzustellen. Die Überlegenheit der islamischen Weisheit über die griechische Philosophie erweist sich am Objekt, das sie betrachtet. Und sie ist fraglos dem christlichen Zölibat und der christlichen Askese überlegen, da sie dem Gewissen und der Glaubensauffassung anderer Menschen unparteiisch gegenübersteht. Ein muslimischer Sophi (Sufi) respektiert stets Andersgläubige, lacht über die Idee der „Häresie" und verabscheut jegliche Verfolgung und Unterdrückung. Die meisten christlichen Heiligen waren entweder Verfolger von Häretikern oder wurden von ihnen verfolgt; ihr Ruhm rührt von ihrem Übermaß an Intoleranz her. Das ist leider nur allzu wahr.

Als eine weitere Bemerkung sollte ich noch hinzufügen, daß die muslimischen Autoren das griechische Wort „Philosophie" stets „phalsapha" mit dem Konsonanten „sin" anstelle des Konsonanten „sad" oder „tsadi" geschrieben haben; dieser Konsonant „sad" ist auch Bestandteil der arabischen und hebräischen Wörter „sapha" und „sophi". Ich glaube, daß diese Schreibweise von den assyrischen Übersetzern, die ursprünglich der nestorianischen Sekte angehörten, in die arabische Literatur eingeführt wurde. Die Türken schreiben Den Namen St. Sophia von Konstantinopel mit „sad", dagegen „Philosophi" Mit „sin „, genauso wie das „samekh" des Hebräischen. Ich bin davon überzeugt, daß das griechische „sophia" etymologisch mit dem hebräischen Wort identisch ist ; und der Gedanke, daß das muslimische Wort „sophia „(sufiya) vom Wort „suf", was „Wolle" bedeutet, abstammt, sollte aufgegeben werden.

Die wahre „sophia" — oder Weisheit —, das wahre Wissen über Gott, die wahre Lehre von Religion und Moral und die unfehlbare Wahl des letzten Propheten von Allah aus all Seinen Propheten, dies alles gehörte zur alten Institution Israel, genannt „Mispha", bis es zur „Mispa" der „Nassara" oder Christen umgeformt wurde. Es ist tatsächlich erstaunlich zu sehen, wie vollständig die Analogie ist und wie Gottes Planung hinsichtlich Seines Umgangs mit den Menschen in absoluter Übereinstimmung und Ordnung verfolgt wird. Die „Mispha" ist wie ein Filter, in dem alle Angaben und Personen vom „Musaphphi" (hebräisch „Mosappi") geordnet und geformt werden, wie von einem Sieb (was ja auch die eigentliche Bedeutung des Wortes ist). Auf diese Weise wird das Wahre vom Falschen ausgesondert und getrennt und das Reine vom Verfälschten.

Jahrhunderte zogen ins Land, unzählige Propheten kamen und gingen, nur der „Mustapha", der Auserwählte, erschien noch nicht. Dann kam der heilige Jesus, der jedoch abgelehnt und verfolgt wurde , weil es in Israel nicht mehr jene offizielle „Mispha" gab, die ihn als wahren Gesandten Gottes anerkannt und verkündet hätte, der gesandt war, um darüber Zeugnis abzulegen, daß der latzte Prophet, der „Mustapha", ihm folgen würde. Dem „Grand Assembly of the Synagogue", welches von Ezra und Nehemia einberufen und eingesetzt wurde und dessen letztes Mitglied „Simeon, der Gerechte" *(310 v.Chr.)* war, folgte das „Supreme Tribunal of Jerusalem", auch „Sahedrin" genannt; diese Versammlung, deren Präsident der „Nassi" oder „Prinz" war, verurteilte Jesus zum Tode, weil sie sowohl seine Person als auch seine göttliche Mission nicht anerkannte. Einige Sophis erkannten Jesus jedoch und glaubten an seine prophetische Sendung; die Masse dagegen verwechselte ihn mit dem „Mustapha" bzw. dem „auserwählten" Apostel Allahs und betrachteten ihn als König und riefen ihn auch als solchen aus. Er trennte sich jedoch von ihnen und verschwand. Er war schon deshalb **nicht** der „Mustapha", da es sonst ja direkt lächerlich gawesen wäre, Simon zum „Sapha" zu machen und seine Kirche zur „Mispha", denn Sinn und Aufgabe der „Mispha" bestanden ja darin, auf den letzten Gesandten zu **warten** und ihn im Falle seines Erscheinens als den Auserwählten, den „Mustapha", zu verkünden. Wäre Jesus der „Mustapha" gewesen, wäre die Institution der „Mispha" nicht mehr erforderlich gewesen.

Es handelt sich hier um ein sehr weitreichendes und interessantes Thema und verdient ein geduldiges Studium. Muhammad al-Mustapha ist das Geheimnis der „Mispha" und der Schatz der „Sophia".

IV
Muhammad ist der „Shiloh“

Jakob, der Enkel Abrahams, liegt krank im Bett; er steht in seinem 147. Lebensjahr, und sein Tod steht unmittelbar bevor. Er versammelt seine zwölf Söhne und deren Familien um sein Bett; dann segnet er jeden einzelnen Sohn und sagt dessen jeweiligem Stamm die Zukunft voraus. Dies ist allgemein als „Jakobs Testament“ bekannt, geschrieben in einem eleganten Hebräisch mit einem Hauch von Poesie. Es enthält einige Wörter, die einzigartig sind und in der Bibel kein zweites Mal erscheinen. Das Testament ruft verschiedene Begebenheiten im Leben eines Mannes in Erinnerung, der viele Höhen und Tiefen erlebte. So wird von ihm berichtet, daß er aus dem Hunger seines Bruders Nutzen zog und dessen Erstgeburtsrecht für einen Teller Gemüsesuppe erkaufte, daß er seinen alten, blinden Vater hinterging und dessen Segen erschlich, der eigentlich dem Esau aufgrund seines Erstgeburtsrechts zugestanden hätte. Er arbeitete sieben Jahre, um Rachel heiraten zu können, wurde aber von ihrem Vater betrogen und mit ihrer älteren Schwester Liah verheiratet; und so mußte er für Rachel nochmals sieben Jahre arbeiten. Die Erwürgung der gesamten männlichen Bevölkerung durch Jakobs zwei Söhne Simeon und Levi als Vergeltung für die Schändung von Jakobs Tochter Dina durch die Hand Sichems, dem Prinzen jener Stadt, hatte Jakob zutiefst geschmerzt. Das schändliche Verhalten seines Erstgeborenen, Reubin, nämlich die Schädung des väterlichen Bettes durch das Beischlafen dessen Konkubine hat Jakob nie vergessen oder vergeben.

Den größten Schmerz nach dem Tode seiner geliebten Frau Rachel bereitete ihm jedoch das jahrelange Verschwundensein seines Lieblingssohnes Josef. Seine Reise nach Ägypten und das Zusammentreffen dort mit Josef bewirkten bei ihm außerordentliche Freude und die Wiedergewinnung seines verlorenen Augenlichtes. Jakob war ein Prophet, von Gott mit dem Beinamen Israel versehen, jenem Namen, den die zwölf von ihm abstammenden Stämme annahmen.

Der Vorgang der widerrechtlichen Aneignung des Erstgeburtsrechts zieht sich wie ein roter Faden durch das Buch der Genesis, wobei Jakob als Hauptperson der Verletzung von Rechten Anderer dargestellt wird. Es wird berichtet, daß er das Erstgeburtsrecht seines Enkels Manashi an seinen jüngeren Bruder Ephraim übertragen habe, obwohl ihr Vater Josef Einspruch erhob *(Genesis, Kapitel 148)* Er entzog seinem erstgeborenen Sohn das Erstgeburtsrecht und segnete Juda, seinen vierten Sohn, weil der erste mit Bilha, Jakobs „Konkubine“ geschlafen hatte, welche die Mutter seiner beiden Söhne Dan und Nephthali war; und den letzteren setzte er herab, weil er auch nicht besser als der andere war, insofern als daß er mit seiner eigenen Schwiegertochter Thamar Ehebruch beging, die einen Sohn gebar, welcher ein Ahne von David und von Jesus Christus wurde *(Genesis, Kapitel 25, Vers 22; Kapitel 38)*;

Es ist in der Tat unglaubwürdig, daß der Verfasser oder zumindest der Schlußherausgeber dieses Buches „vom Heiligen Geist" inspiriert war, wie die Juden und Christen behaupten. Über Jakob wird berichtet, daß er zwei Schwestern gleichzeitig geheiratet habe, eine Tat, die Gottes Gesetz für verwerflich erklärt *(3.Mose, Kapitel 18, Vers 18)*. Mit Ausnahme von Josef und Benjamin werden all seine Söhne als rohe Hirten, Lügner (gegenüber ihrem Vater und Josef), Mörder und Ehebrecher beschrieben, was doch bedeutet, daß es sich keinesfalls um eine Prophetenfamilie handeln konnte. Muslime können natürlich keinerlei Verleumdung gegen einen Propheten oder einen rechtschaffenen Menschen akzeptieren, es sei denn, der Koran würde darüber ausdrücklich berichten oder etwas andeuten. So glauben wir als Muslime z. B: nicht an die dem Juda zugeschriebene Sünde *(Genesis, Kapitel 38)*, denn dies würde ja seiner überlieferten Segnung durch Jakob widersprechen, und es ist gerade dieser Segen, den wir in diesem Abschnitt untersuchen und erörtern wollen.

Es kann nicht sein, daß Jakob seinen Sohn Juda gesegnet haben und dieser gleichzeitig der Vater des Sohnes Peres seiner Schwiegertochter gewesen sein soll; denn beide Ehebrecher hätten aufgrund des Gesetzes desselben Gottes, Der ihm das Geschenk der Prophetenschaft hatte zukommen lassen, zum Tode verurteilt werden müssen *(3. Mose, Kapitel 20, Vers 12)*. Dennoch ist die Geschichte von Jakob und seiner nicht gerade vorbildhaften Familie im Buch Genesis aufgeführt.

Im zehnten Vers des 49.Kapitel der Genesis steht folgende berühmte Prophezeihung, welche man als Kernpunkt dieses Testaments ansehen kann:

> „Das Zepter wird von Juda nicht entwendet werden, noch der Stab des Gesetztgebers von seinen Füßen, bis daß der Shiloh komme, und demselben werden die Völker gehorchen."

Dies ist die wörtliche Übersetzung des hebräischen Textes, soweit ich ihn verstehen kann. Wir finden hier zwei Wörter im Text, die einzigartig sind und kein zweites Mal im Alten Testament auftauchen. Das eine dieser Wörter ist „Shiloh", das „yigha" oder durch Kontraktion „yiqhath".

Das Wort Shiloh besteht aus den vier Buchstaben shin, yod, lamed und hi. Der Name einer Stadt in Ephraim lautet auch „Shiloh" *(1. Samuel, Kapitel 1, u.a.)*, wird aber ohne yod geschrieben. Dieser Name kann sich nicht auf die

Stadt beziehen oder mit ihr identisch sein, in der die Bundeslade oder der Tabernakel stand; denn bis zu jenem Zeitpunkt hatte es noch kein Zepter oder einen Gesetzgeber im Stamme Juda gegeben. Das Wort bezieht sich vielmehr ganz offensichtlich auf eine Person und nicht auf einen Ort. Soweit mir bekannt ist, geben alle Versionen des Alten Testaments das Orginalwort „Shiloh" unverändert wieder, ohne es also zu übersetzen. Nur die syrische „Pshitta" (im Arabischen „al-Bassita" genannt) hat es in „Der, dem es gehört" übersetzt. Man kann sehr leicht erkennen, daß der Übersetzer das Wort als eine Zusammensetzung aus „sh", einer Kurzform von „asher" = „er, dies" und aus „loh", (dem Arabischen „lahu") = „ihm gehört" verstanden hat. Folgerichtig wird in der „Pshitta" der ganze Satz wie folgt wiedergegeben: „Bis daß der, dem es gehört, komme..." usw. Das Personalpronomen „es" mag sich dabei auf das Zepter und den Gesetzgeber, jeweils einzeln oder auch zusammen, beziehen oder auf den „Gehorsam" in der vierten Zeile des Verses, der ja in einer poetischen Sprache gehalten ist. Gemäß dieser sehr interessanten Version würde die Bedeutung der Weissagung offensichtlich folgende sein :

> „Der königliche und prophetische Charakter
> wird von Juda nicht weichen,
> bis daß der kommt, dem es gehört,
> denn ihm werden die Völker Gehorsam leisten."

Es ist jedoch wahrscheinlicher, daß das Wort „Shiloh" vom Verb „shalah" abzuleiten ist, demzufolge die Bedeutung „friedlich, ruhig, still und vertrauenswürdig" ist.

Man wird aber wohl davon ausgehen können, daß irgendeinem frühen Abschreiber bzw. Kopisten bei der linken Seite des Endbuchstabens „het" „currente calamo" ein Schreibfehler unterlaufen ist und er den Buchstaben „hi " geschrieben hat; denn beide Buchstaben sind bis auf einen winzigen Unterschied an der linken Seite sehr ähnlich. Wenn bezüglich des hebräischen Manuskriptes tatsächlich ein solcher Fehler gemacht wurde — sei es nun absichtlich oder nicht —, dann stammt das Wort von „shalah" = „senden, anvertrauen"; das Partizip der Vergangenheit hierzu wäre dann „shaluh", was „jemand, der gesandt wurde; Apostel, Bote" bedeutet.

Es scheint jedoch keinen vernünftigen Grund zu geben, das „het" absichtlich in „hi" zu ändern, weil das „yod" in der vorliegenden Form „Shiloh" erhalten ist und diese Form kein „vaw" hat, was aber beim Partizip „Shaluh" notwendig wäre. Darüberhinaus glaube ich, daß die Septuaginta das „Shiloh" unverändert beibehalten hat. Die einzig mögliche Änderung bestünde deshalb im Verändern des letzten Buchstabens „het“ in „hi“. Wenn dies tatsächlich so ist, dann erhält das Wort die Form „Shiluah“, was genau dem „Gesandten des Yah“ entspricht, eben demselben Titel, der allein dem Muhammad gegeben wurde, nämlich „Rasūlullāh“, d.h. „der Gesandte Allahs“. Daneben ist mir bekannt, daß der Ausdruck „Shiluah“ ein bei Scheidungen gebräuchlicher Fachausdruck ist, weil nämlich die geschiedene Frau fort „gesandt“ wird.

Außer den drei erwähnten Deutungen dieses im Singular gebrauchten Wortes kann ich mir keine weitere Interpretation vorstellen.

Ich brauche natürlich nicht zu betonen, daß sowohl die Juden als auch die Christen glauben, daß dieser Gnadenbeweis sich auf eine der überzeugendsten Messiasprophezeiungen bezieht. Kein Muslim kann leugnen, daß Jesus, der Prophet von Nazareth, ein Christ oder Messias ist, denn der Koran erwähnt ausdrücklich diesen Titel. Und aus den jüdischen Schriften wissen wir, daß jeder König der Israeliten und jeder Hohepriester mit dem heiligen Salböl, welches aus Olivenöl und verschiedenen Gewürzen hergestellt wurde, gesalbt wurde *(2. Mose, Kapitel 30, Verse 23-33)*. Sogar der Zaradushti Cyrus, König von Persien, wird Gottes Christ (=Gesalbten) Cyrus, usw. *(Jesaja, Kapitel 45, Vers 1-7)*

Es ist fast überflüssig, hier zu erwähnen, daß Cyrus und Jesus Messias genannt werden, obwohl sie nicht die heilige Salbung erhielten.

Was nun Jesus betrifft, könnten die Juden seine Messiasfunktion niemals anerkennen, selbst wenn sie seine Prophetische Mission zur Kenntnis nähmen. Denn bei dem Mann, den sie kreuzigten, fanden sie keinerlei Kennzeichen der Eigenschaften des von ihnen erwarteten Messias. Die Juden erwarten einen Messias mit Schwert und weltlicher Macht, einen Eroberer, der das Königreich Davids wiedererrichten und vergrößern würde, einen Messias, der die zerstreuten Israeliten im Lande Kanaan wieder vereinen und viele Völker unterjochen würde; aber niemals könnten sie einem solchen Prediger auf dem Ölberg oder jemandem, der in einer Krippe geboren wurde, zujubeln.

Um zu zeigen, daß diese sehr frühe Prophezeihung in der Praxjs ihre buchstäbliche Erfüllung gefunden hat, können die nun folgenden Argumente aufgeführt werden:

Die Kommentatoren sind sich darüber einig, daß die allegorischen Ausdrücke „das Zepter“ und „der Gesetzgeber“ die königliche Autorität und die Prophetenschaft umschreiben. ohne uns lange dabei aufzuhalten, die Wurzel und Ableitung des zweiten singularischen Wortes „yigha“ zu erforschen, können wir eine seiner beiden Bedeutungen „Gehorsam“ bzw. „Erwartung“ wählen.

Wir wollen nun die erste Interpretation des Wortes „Shiloh“ aufgreifen, jene in der Pshitta-Version :

„Er, dem es gehört“. Das heißt praktisch nichts anderes als „der Besitzer des Zepters und des Gesetzes“ bzw. „er, der die souveräne und legislative Autorität besitzt und dem die Völker gehorchen.“

Wer kann nun dieser mächtige Fürst und bedeutende Gesetzgeber sein? Moses sicherlich nicht, denn er war ja der eigentliche Gründer der 12 Stämme Israels, und vor ihm hatte es zu keiner Zeit im Stamme Juda einen König oder Propheten gegeben. Zweifellos kann auch David es nicht sein, denn er war der erste König und Prophet aus dem Stamme Juda. Und Jesus Christus kann es offensichlich auch nicht sein, denn er selbst verwarf den Gedanken, daß der von den Israeliten erwartete Messias ein Sohn Davids sei *(Matthäus, Kapitel 22, Vers 44-45; Markus, Kapitel 12, Vers 35-37; Lukas, Kapitel 20, Vers 41-44*). Er hat auch kein geschriebenes Gesetz hinterlassen und träumte nie davon, nach dem königlichen Zepter zu greifen; vielmehr empfahl er den Juden, dem Kaiser gegenüber loyal zu sein und ihm ihre Hochachtung entgegenzubringen. Als es einmal geschah, daß die Menge ihn zum König machen wollte, floh er und verbarg sich. Seine Botschaft stand auf der Tafel seines Herzens geschrieben, und er verkündete diese „frohe Botschaft“ nicht „in scripto“, sondern mündlich. In dieser Prophezeihung tauchten auch weder die Fragen nach der Erlösung von der Erbsünde durch das Blut eines Gekreuzigten noch nach der Herrschaft eines Gottesmannes über die menschlichen Herzen auf. Jesus hob auch nicht das mosaische Gesetz auf, sondern erklärte ausdrücklich, daß er gekommen sei, um es zu erfüllen;er war auch nicht der letzte Prophet, denn Paulus sprach ja nach ihm von vielen Propheten in der Kirche.

Muhammad dagegen kam mit militärischer Macht und mit dem Koran, um das alte, jüdische abgenutzte Zepter sowie das unpraktikabel gewordene und veraltete Gesetz der Opferungen, das Gesetz einer korrupten Priesterschaft durch ein anderes zu ersetzen. Er verkündete die vollkommen reine Religion des einen wahren Gottes und stellte äußerst praktische Gebote und Regeln für Moral und Verhaltensweise der Menschheit auf. Er setzte die islamische Religion ein, die viele Völker und Menschen, die dem Allmächtigen kein anderes Wesen gleichsetzen, zu einer wirklichen Bruderschaft vereinte. Alle Muslime folgen dem Gesandten Allahs und lieben und schätzen ihn als den Gründer ihrer Religion; aber niemals beten sie ihn an oder legen ihm göttliche Ehren und Eigenschaften bei. Er vernichtete endgültig die letzten, noch übriggebliebenen jüdischen Fürstentümer von Quaraida und Khaibar und zerstörte all ihre Burgen und Festungen.

Die zweite Interpretation des Tetragramms „Shilh“, ausgesprochen: „Shiloh“, ist gleichermaßen wichtig und spricht ebenfalls für Muhammad. Wie oben dargelegt, bedeutet das Wort „friedlich, ruhig, still und vertrauenswürdig“ usw.. Die aramäische Form dieses Wortes ist „Shiya“, vom selben Stamm „shala“ oder „shla“. Im Arabischen kommt dieses Verb nicht vor

In der Geschichte der Propheten aus Arabien ist es eine wohlbekannte Tatsache, daß Muhammad bereits vor seiner Berufung zum Propheten einen äußerst ruhigen, friedlichen, vertrauenswürdigen, kontemplativen und anziehenden Charakter besaß; deshalb erhielt er von den Mekkanern auch den Beinamen „Muhammad al-Amin“. Als die Mekkaner dem Muhammad diesen Titel „Amin“ gaben, hatten sie nicht die geringste Ahnung vom „Shiloh“, im Gegenteil, das Unwissen der heidnischen Araber wurde von Gott verursacht, um die ungläubigen Juden, die die Schriften besaßen und ihren Inhalt kannten, zu verwirren. Das arabische Verbum „amana“ wie auch das hebräische „aman“ in der Bedeutung „sicher, beständig, fest sein“ zeigt, daß „amin“ genau gleichbedeutend mit „Shiloh“ ist und alle Eigenschaften, die es beinhaltet, zum Ausdruck bringt.

Bevor Muhammad von Gott dazu berufen wurde, die Religion des Islam zu predigen und den Götzendienst abzuschaffen — was er erfolgreich durchführte —, war er der friedfertigste und vertrauensvollste Mann in Mekka; er war weder ein Krieger noch ein Gesetzgeber. Als er mit der prophetischen Mission betraut wurde, wurde er jedoch der ausdrucksvollste Redner und der heldenhafteste Araber. Er kämpfte gegen die Ungläubigen mit dem Schwert in der Hand, nicht zu seinem eigenen persönlichen Vorteil, sondern zum Ruhme Allahs und um Seiner Religion willen — für den Islam. Gott zeigte ihm den Schlüssel zu den Reichtümern dieser Welt, aber er nahm sie nicht in Anspruch: und als er starb, war er praktisch ein armer Mann. Kein anderer Diener Gottes,weder ein König noch ein Prophet, hat soch einen bewundernswerten, großartigen und beträchtlichen Dienst für Gott und die Menschen geleistet wie Muhammad: für Gott, indem er den Götzendienst in einem großen Teil der Erde ausrottete, und für die Menschen, indem er ihnen eine perfekte Religion und die besten Gesetze für ihre Führung und Sicherheit vermittelte. Er übernahm von den Juden das Zepter und das Gesetz; dem Zepter gab er Stärke, dem Gesetz Vollendung.

Wenn Muhammad die Erlaubnis erhielte, heutzutage nochmals in Mekka oder Medina zu erscheinen, würden ihm die Muslime die gleiche Zuneigung und den gleichen „Gehorsam“ entgegenbringen, wie er es während seines Lebens auf Erden dort schon einmal erlebt hatte. Und mit einem tiefen Gefühl der

Freude würde er erleben, daß das hinterlassene heilige Buch noch genau dasselbe und ohne jede kleinste Verändeung ist, und daß es in derselben Weise gelesen und rezitiert wird, wie er und seine Gefährten es taten. Es würde ihm Freude bereiten, sie zu ihrer Treue gegenüber der Religion und der Einheit Gottes sowie zu der Tatsache, daß sie ihn nicht zu einem Gott oder zum Sohn Gottes erhoben haben, zu beglückwünschen.

Was nun die dritte Auslegung des Namens „Shiloh" angeht, so habe ich bereits darauf hingewiesen, daß es sich möglicherweise um eine Verfälschung von „Shaluah" handelt; in diesem Falle würde es sich unbestreitbar um den im Koran so oft wiederholten, arabischen Titil des Propheten handeln, nämlich „Rasūl", was genau dasselbe wie „Shaluah" bedeutet: „ein Apostel" oder „Gesandter". Das hebräische „Shaluah Elohim" ist exakt das arabische „Rasūlu-llāh"; dieser Begriff wird täglich fünfmal vom Gebetsrufer vom Minarett der Moscheen in aller Welt ausgerufen.

Im Koran werden mehrere Propheten, und zwar besonders jene, denen eine heilige Schrift offenbart wurde, „rasūl" genannt; außer im Testament Jakobs stoßen wir dagegen im Alten Testament nirgends auf das Wort Shiloh oder Shaluah. Unter welchem Gesichtspunkt wir nun auch die Prophezeiung Jakobs zu studieren und zu untersuchen versuchen, wir müssen wegen ihrer tatsächlichen Erfüllung in Muhammad zugeben,daß die Juden das Kommen eines anderen Shiloh vergebens erwarten, und daß die Christen hartnäckig an ihrem Irrglauben festhalten, daß Jesus mit dem Shiloh gemeint war.

Es sind darüberhinaus noch weitere Bemerkungen zu machen, die unsere besondere Aufmerksamkeit verdienen. Zunächst einmal ist es ganz offenkundig, daß sowohl das Zepter als auch der Gesetzgeber solange im Stamme Juda bleiben müssen, bis daß der Shiloh erscheinen wird. Der jüdischen Behauptung zufoge ist der Shiloh noch nicht gekommen. Daraus würde dann aber folgen, daß sowohl das königliche Zepter als auch die prophetische Sukzession noch existieren und zu diesem Stamm gehören. Beides gibt es aber bereits seit über 13 Jahrhunderten nicht mehr.

Ferner ist zu beachten, daß auch der Stamm Juda nebst seiner königlichen Autorität und ihrer Schwester, der praktischen Sukzession, nicht mehr vorhanden ist. Für das Fortbestehen einer Stammesexestenz und der Identität dieses Stammes ist es eine unerlässliche Voraussetzung zu zeigen, daß der Stamm als Ganzes entweder in seinem eigenen Vaterland oder als Kollektiv lebt und seine eigene Sprache spricht. Bei den Juden liegt der Fall jedoch genau entgegengesetzt. Wenn jemand nachweisen will, daß er Israeli ist, wird er dabei erhebliche Schwierigkeiten haben; denn jeder wird ihn als sochen anerkennen, aber er wird nie beweisen können,zu einem der zwölf Stämme zu gehören. Die Juden sind versprengt und haben ihre eigene Sprache verloren.

Die Juden müssen sich für eine von zwei Alternativen entscheiden: entweder geben sie zu, daß der Shiloh bereits erschienen ist und ihre Ahnen ihn nicht erkannt haben, oder sie akzeptieren, daß es einen Stamm Juda, aus dem der Shiloh hervorkommen könnte nicht mehr gibt.

Als drittes schließlich möchte ich darauf hinweisen, daß der Text eindeutig entgegen des jüdisch-christlichen Glaubens beinhaltet, daß der Shiloh hinsichtlich des Stammes Juda oder eines anderen der Zwölf Stämme ein vollkommen Fremder sein soll. Dies ist so eindeutig, daß lediglich einige Minuten des Nachdenkens zur Überzeugung führen. Die Prophezeiung deutet zweifelsohne darauf hin, daß bei der Ankunft des Shiloh das Zepter und der Getzgeber aus dem Stamme Juda verschwinden werden. Dies kann aber nur dann verwirklicht werden, wenn der Shiloh hinsichtlich des Stammes Juda ein Fremder ist. Denn wenn der Shiloh ein Stammesangehöriger von Juda wäre, wie könnten dann jene beiden Elemente aufhören zu existieren? Auch die Möglichkeit, zu einem anderen der zwölf Stämme zu gehören, scheidet aus, denn Zepter und Gesetzgebung erstrecken sich auf ganz Israel und nicht nur auf einen einzigen Stamm. Durch diese Erkenntnis wird auch der christliche Anspruch widerlegt, da Jesus zumindest mütterlicherseits ein Angehöriger des Stammes Juda ist.

Ich muß mich immer wieder über diese umherziehenden und irrenden Juden wundern. Sie haben im Verlaufe von über 25 Jahrhunderten an die hundert Sprachen von denjenigen Völkern gelernt, denen sie gedient hatten. Da doch sowohl die Ismaeliten als auch die Israeliten von Abraham abstammen, welche Rolle spielt es dann für sie, ob der Shiloh vom Stamme Juda oder Zebulun, von Esau oder Isachar, von Ismael oder Isaac abstammt? Entscheidend ist doch, daß der Shiloh ein Nachkomme ihres Stammvaters Abraham ist! Befolgt das Gesetz Muhammads, werdet Muslime; dann werdet ihr in euer altes Heimatland ziehen und dort in Frieden und Sicherheit leben können!

V
Muhammad und Konstantin der Große

Die wunderbarste und vielleicht auch beweiskräftigste Prophezeiung über die göttliche Sendung des bedeutendsten Mannes und Gottesgesandten ist im siebten Kapitel des Buches Daniel enthalten und verdient ernsthaftes Studium und unvoreingenommene Betrachtung. In diesem Buch werden große Ereignisse der menschlichen Historie, die sich im Verlaufe von mehr als tausend Jahren aufeinanderfolgend abspielten, in einer Vision Daniels von vier furchtbaren Ungeheurern repräsentiert:“ Die vier Winde unter dem Himmel stürmten widereinander auf dem großen Meer.“ Das erste große Tier, das aus dem tiefen Meer heraufstieg, war ein geflügelter Löwe; das zweite erschien in Gestalt eines Bären, der drei große, lange Fetzen zwischen seinen Zähnen hielt.Dann folgte ein drittes, furchterregendes Ungeheuer, namlich ein Tiger mit vier Flügeln und vier Köpfen. Das vierte Ungeheuer, welches noch furchtbarer und grausamer als die ersten drei aussah, war ein Monster mit zehn Hörnern auf dem Kopf und eisernen Zähnen im Maul, und zwischen den Hörnern brach ein weiteres, kleines hervor, nachdem drei Hörner herausgebrochen waren. Und dieses Horn hatte menschliche Augen und ein Maul, das große Dinge gegen den Allmächtigen redete. Plötzlich erschien inmitten des Firmaments der Ewige, umgeben von strahlendem Licht. Er setzte Sich auf Seinen Thron (arab.: Kursiy) aus Feuerflammen, und Seine Räder waren aus hellscheinendem Licht.[1] Und von Ihm ging ein langer feuriger Strahl aus; Millionen von himmlischen Wesen dienten Ihm, und Zehntausende von ihnen standen vor Ihm. Das Gericht hielt eine außerordentliche Sitzung; die Bücher wurden geöffnet. Der Leib des Untiers kam im Feuer um, aber das gotteslästernde Horn blieb noch am Leben, bis ein „Bar Nasha“ das bedeutet „Sohn eines Menschen“ - in den Wolken erschien und zum Ewigen gebracht wurde, von dem er Macht, Ehre und ein Reich für alle Zeiten erhielt.

Der entsetzte Prophet wandte sich an einen der um ihn Stehenden und bat ihn, diesen wunderlichen Traum zu deuten. Der „gute Engel“ interpretierte den Traum so, daß das ganze Geheimnis, das figurativ und allegorisch verschlüsselt war, enthüllt wurde.

Daniel war ein Prinz der königlichen Familie und wurde mit drei anderen Juden zum Palast des Königs von Babylon gebracht, wo er in alle Kenntnisse

1 Das ursprüngliche Wort ist „nur“, und so wie das arabische Wort bedeutet es eher „Licht als „Feuer“, welches im Text als „ish“ erscheint.

der Chaldäer eingeführt wurde. Er lebte dort bis zur Eroberung durch die Perser und dem Niedergang des babylonischen Reiches. Er war sowohl unter Nebukadnezar als auch unter Darius als Prophet bekannt. Die Bibelrezensenten schreiben die Autorenschaft des gesamten Buches nicht Daniel zu, der mindestens zwei oder drei Jahrhunderte vor der griechischen Eroberung lebte und starb; er erwähnte dieses Buch unter dem Namen „Yavan=Ionia".

Wenn ich nicht irre, sind die ersten acht Kapitel in Chaldäisch verfaßt und die restlichen Kapitel in Hebräisch. Für diese unsere Untersuchung sind viel weniger Entstehungsdatum und Autorenschaft des Buches von Bedeutung als vielmehr die Frage nach der wirklichen Erfüllung der Prophezeiung, die in der Version der Septuaginta enthalten ist und etwa drei Jahrunderte vor dem christlichen Zeitalter prophezeit wurde.

Der Auslegung des „Engels" zufolge repräsentiert jedes der vier Tiere ein Reich. Der geflügelte Löwe deutet auf das chaldäische Reich, welches so mächtig und schnell wie ein Adler war, wenn es darum ging, sich auf einen Feind zu stürzen. Der Bär stellt das „Madai-Paris" oder das Medo-Persische Reich dar, dessen Staatsgebiet vom Adriatischen Meer bis nach Äthiopien reichte und somit die Fetzen vom Körper der drei Körper der östlichen Hemisphäre hielt. Das dritte Tier mit seinem Tigerwesen, seinen raschen Sprüngen und seiner Wildheit steht für die triumphalen Einmärsche Alexander des Großen, dessen weites Reich, nach seinem Tode in vier Königreiche aufgeteilt wurde. Der „Engel", der den Traum deutete erklärte die ersten drei Reiche zwar ausführlich, als er aber das vierte Ungeheuer deutete, legte er verstärkten Wert auf Einzelheiten denn dieser Traumabschnitt ist von starker Aussagekraft. Das letzte Untier ist ein Monster und ein gewaltiger Dämon. Es verkörpert das schreckliche Römische Reich. Die zehn Hörner sind die zehn römischen Kaiser, die die ersten Christen verfolgten. Wenn man die Kirchengeschichtsblätter der ersten drei Jahrhunderte bis zum Zeitpunkt der sogenannten Bekehrung Konstantins des Großen durchblättert, dann wird man nichts anderes zu lesen finden als die Greueltaten der berüchtigten „Zehn Verfolgungen".

Bis jetzt kann man also sagen, daß alle vier Ungeheuer „Die Macht des Finsteren", nämlich des Reich Satans und des Götzendienstes, repräsentieren.

In diesem Zusammenhang möchte ich die Aufmerksamkeit auf eine alles überstrahlende Wahrheit lenken, die im folgenden besonders wichtigen Glaubensartikel des Islam dargestellt wird: „Das Gute und das Böse sind von Allah." Man muß sich in Erinnerung rufen, daß die alten Perser an eine Zweiheit der Götter glaubten oder in anderen Worten: an das „Prinzip des Guten und des

Lichtes und an das Prinzip des Bösen und der Finsternis; ferner glaubten sie daran, daß diese zwei Daseinsformen ewige Feinde seien. Erinnern wir uns: von den vier Bestien wurde das persische Reich als ein Bär dargestellt, weniger grausam und nicht so fleischfressend wie die anderen Untiere. Und was noch hinzukommt: Insofern, als daß ein Bär sich auf seinen Hinterbeinen aufrecht fortbewegen kann, ähnelt er dem Menschen- zumindest von einer gewissen Entfernung aus.

In der gesamten christlichen und religiösen Literatur, die ich gelesen habe, bin ich nie auch nur auf eine einzige Aussage getroffen, die dem muslimischen Glaubensartikel „Allah ist der wahre Urheber von Gut und Böse" ähnelt. Im Gegenteil, dieser muslimische Glaubensaritkel steht in einem krassen Widerspruch zur christlichen Religion und hat immer wieder Anlaß zum Haß auf die Religion des Islam gegeben. Dabei hat Allah eben diese Doktrin dem Cyrus, den Er Seinen Christ nennt, explizit verkündet. Er möchte Cyrus wissen lassen, daß es neben Ihm keinen anderen Gott gibt und erklärt:

> „Ich bin der Erzeuger des Lichts und der
> Finsternis. Ich gebe Frieden und
> schaffe das Übel; Ich bin der
> Herr, Der dieses alles tut."

Es widerspricht nicht im geringsten der Idee von Allahs Güte, daß Er sowohl Urheber des Guten als auch des Bösen ist. Vielmehr würde das Leugnen dieser These im Widerspruch zum absoluten Einssein des Allmächtigen stehen. Zudem verstehen und bezeichnen wir als „Übel" bzw. „Böses" nur das, was die Geschöpfe betrifft und die Entwicklung und Verfeinerung der Schöpfung; auf Allah hat dies nicht die geringste Auswirkung.

Nach dieser kurzen Abschweifung möchte ich zu unserem Ausgangspunkt zurückkehren und mit der Feststellung fortfahren, daß alle erwähnten wilden Tiere Feinde des „heiligen Volkes Gottes", wie die früheren Israeliten und die ersten Anhänger der christlichen Lehre genannt wurden, waren. Das „heilige Volk Gottes" wurde so genannt, weil allein diese Menschen das wahre Wissen, die Schriften und die Offenbarung von Gott besaßen. Diese wilden Tiere aber verfolgten das Volk Gottes und rotteten es aus.

Die Eigenschaft und der Charakter des „Kleinen Hornes", das aus dem Kopf des vierten ungeheuers herausragte, unterschied sich von den anderen Tieren so sehr, daß Gott Selbst zu erscheinen hatte — was auch geschah — und Seinen Thron am Firmament errichten mußte, um das vierte Untier abzuurteilen und zum Untergang zu verdammen. Ferner ließ Er den Bar Nasha —„Sohn des

Menschen" — zu Sich kommen und machte ihn zum „Sultan" der Menschheit; denn die Worte „scholtana", „yaqar" und „malkutha", die „Gewalt, Ehre, Reich" hinsichtlich aller Menschen und Völker bedeuten, werden in Verbindung mit Ihm *(im Vers 14 des 7.Kapitel des Buches Daniel)* umd mit dem „heiligten Volk des Höchsten" *(Vers 27 desselben Kapitels)* aufgeführt.

Erwähnenswert ist in diesem Zusammenhang, daß die Religion, die der Sohn des Menschen lehrte und einsetzte, sehr viel heiliger als die des „Kleinen Horns" ist; denn er war ja edler als die Ungeheuer und ihnen überlegen.

Wir wollen nun versuchen, herauszufinden, wer dieses „Kleine Horn" ist. Nachdem wir die Identität des 11. Königs einwandfrei ermittelt haben, kann die Identität des Bar Nasha per se geklärt werden. Das „Kleine Horn" erscheint nach den „Zehn Verfolgungen" unter der Herrschaft der Kaiser des Römischen Reiches. Das Reich litt unter vier Rivalen; Konstantin war einer von ihnen. Jeder kämpfte um die Herrscherwürde; drei starben oder fielen im Kampf; Konstantin war es, der oberster Souverän des Riesenreiches wurde.

Die frühen christlichen Kommentatoren haben sich vergeblich bemüht, dieses seltsame „Kleine Horn" zu identifizieren; zuweilen behaupteten sie, es wäre der Anti-Christ; manchmal glaubten die Protestanten, es wäre der Papst in Rom; und sogar der Begründer des Islam wurde für das „Kleine Horn" gehalten (Gott bewahre!). Spätere Bibelrezensenten jedoch waren nicht in der Lage, das Problem des vierten Ungeheuers zu lösen. Sie wollen es als das griechische Reich und das „Kleine Horn" als Antiochus identifizieren. Einige von ihnen, z.B. Carpenter, betrachten das Medopersische Reich als zwei selbständige Reiche. Dieses Reich kann man jedoch genausowenig als zwei selbständige Reiche ansehen wie das spätere Österreich-Ungarische Reich. Die Untersuchungen, die der französische Gelehrte M. Morgan von der Scientific Mission in Susa und anderen Orten durchführte, lassen daran gar keinen Zweifel. Das vierte Ungeheuer kann daher nur für die altrömische Welt stehen.

Daß das „Kleine Horn" niemand anders als Konstantin der Große ist, kann anhand von folgenden Argumenten mit Sicherheit geltend gemacht werden:

a) Er besiegte Maximian und die beiden anderen Mitbewerber und ergriff die Macht und setzte der Christenverfolgung ein Ende. Die beste Geschichtsdarstellung jener Zeit scheint mir Gibbons „The Decline and Fall of the Roman Empire" zu sein. Bezüglich der vier Rivalen nach den zehn Verfolgungen der Kirche kann man auf niemand anderen als Konstantin und seine Gegner schließen, die genauso vor ihm fielen wie die drei Hörner vor dem „Kleinen Horn".

b) Alle vier Ungeheuer werden im Traum als irrationale Scheusale dargestellt; das „Kleine Horn" dagegen besaß einen menschlichen Mund und menschliche Augen, was bedeutet, daß es sich um ein abscheuliches Monster mit Verstand und Redefähigkeit handelt. Es erklärte das Christentum zur wahren Religion, überließ dem Papst Rom und machte Byzanz, das Konstantinopel genannt wurde, zum Sitz des Imperiums. Es gab vor, an das Christentum zu glauben, wurde aber erst kurz vor seinem Tode getauft; und sogar dies ist noch umstritten. Die Legende, daß seine Bekehrung durch die Vision des Kreuzes am Himmel verursacht wurde, ist schon vor langem als eine von vielen Fälschungen entlarvt worden, genauso wie der Bericht über Jesus Christus, der in die „Antiquities" des Josef eingefügt wurde.

Die Feindschaft der Untiere gegenüber den Gottesgläubigen war brutal und primitiv, die des rationalen Horns war teuflisch und arglistig. Diese Feindseligkeit war äußerst schädlich und nachteilig für die Religion, weil sie darauf ausgerichtet war, die Wahrheit und den Glauben zu verfälschen. Es war Konstantin, der der Gemeinde Jesu beitrat, mit dem Gesicht eines Gläubigen und dem Pelz eines Schafes; es besteht aber überhaupt kein Zweifel daran, daß er innerlich gar kein Gläubiger war. Die folgenden Ausführungen sollen zeigen, wie vergiftend und verderblich diese Feindseligkeit war:

c) Der „Horn-Kaiser" redete „große Dinge" bzw. „bedeutende Worte" (rorbhan in der chaldäischen Sprache) gegen den Allerhöchsten. Über Gott lästernde Worte zu reden, Ihm jemand anderen beizugesellen oder Ihm albernde Namen und Eigenschaften zu zusprechen wie etwa „Zeuger" oder „gezeugt", „Geburt" oder „Aussender" (der zweiten und dritten Person), „Einheit in Dreieinigkeit" oder „Fleischwerdung" — all dies bedeutet, Sein absolutes Einssein zu leugnen.

Seit dem Tag, an dem Gott Sich dem Abraham in Ur bei den Chaldäern geoffenbart hatte, bis hin zum Tage, an dem das Glaubensbekenntnis und die Richtlinien des Konzils von Nicäa verkündet und durch kaiserliches Edikt von Konstantin trotz Widerstand und Protesten von drei Vierteln der wahren Gläubigen im Jahre 325 n.Chr. aufgezwungen wurde, ist das Einssein Gottes niemals so offiziell und offen durch jene ,die wie Konstantin und seine Anhänger aus der nichtgläubigen Geistlichkeit vortäuscht, zu Gottes Volk zu gehören, entweiht worden! Im ersten Kapitel dieser Abhandlung habe ich auf die Irrlehre der Kirche bezüglich Gottes und Seiner Eigenschaften hingewiesen. Deshalb erübrigt es sich, dieses unerfreuliche Thema erneut aufzugreifen. Es schmerzt mich zutiefst, wenn ich sehe, daß ein frommer Prophet und der Heilige Geist, die beide hochstehende Geschöpfe Gottes sind, mit Gott von jenen, die es eigentlich besser wissen sollten gleichgestellt werden.

Wenn Brahman oder Osiris, Jupiter oder Vesta mit Gott gleichgesetzt würden, dann würden wir dies ohne weiteres als einen heidnischen Glauben betrachten; wenn wir jedoch sehen, daß Jesus, der Prophet aus Nazareth, und Millionen von Heiligen Geistwesen, die im Dienste des Ewigen stehen, in denselben Rang wie Gott erhoben werden, dann können wir für die, die diesen Glauben vertreten, keinen anderen Namen finden als den, den die Muslime stets gebrauchen nußten — den Beinamen „Gāwun".

Da nun dieses abscheuliche Horn, das große Worte spricht und Lästerungen gegen Gott äußert, ein König ist — wie der Engel es dem Daniel geoffenbart hatte —, und da dieser König der elfte in der Reihe der in Rom regierenden Cäsaren ist und Gottes Volk verfolgt, kann es sich nur um Konstantin handeln; denn durch sein Edikt wurde der Trinitätsglaube verkündet, ein Glaube, den das Alte Testament als lebendiges Dokument als Gotteslästerung verdammt, und den sowohl Juden als auch Muslime verabscheuen. Wenn es jemand anders als Konstantin gewesen ist, dann stellt sich die Frage, wer dieser jemand gewesen sein soll. Er war bereits da und ist schon gegangen; es ist ausgeschlossen, daß ein Hochstapler oder der Antichrist nach ihm erschien, ohne daß wir es wüßten und ihn identifizieren könnten. Wenn wir nicht zugeben, daß das fragliche Horn bereits in Person erschienen ist, wie sollen wir dann die vier Untiere erklären, das erste, das zweifellos das Chaldäische Reich ist, das zweite, das das Medopersische Reich ist, usw.? Wenn das vierte Ungeheuer nicht für das Römische Reich steht, wie können wir dann das dritte mit seinen vier Köpfen als das Imperium von Alexander, das nach seinem Tode gevierteilt wurde, interpretieren? Gibt es irgendeine andere Macht, die dem Griechischen Reich vor dem Römischen Reich mnit seinen zehn Potentaten, die die Gottesgläubigen verfolgten, folgte?

Spitzfindigkeiten und Illusionen helfen uns nicht weiter. Bei dem „Kleinen Horn" handelt es sich zweifelsohne um Konstantin, selbst wenn wir die Prophezeiung des Daniel leugnen wollen. Es ist gleichgültig, ob das siebente Kapitel des Buches Daniel ein Prophet, ein Priester oder ein Zauberer schrieb. Sicher ist, daß die vor etwa 24 Jahrhunderten vorausgesagten und genau dargelegten Ereignisse auch wirklich eingetroffen sind und sich in Konstantin, dem Großen, dem die Römische Kirche im Gegensatz zur griechischen stets wohlweislich die Seligsprechung verweigerte, erfüllte.

d) Das „Kleine Horn", das im Vergleich mit den anderen zu einer schrecklichen Form auswuchs, redet nicht nur lästernde Worte gegen den Allerhöchsten, sondern führt auch Krieg gegen die „Heiligen des Allerhöchsten und überwältigt sie" *(Buch Daniel, Kapitel 7, Vers 25)*. In den Augen eines jüdischen Propheten waren diejenigen, die an den einen Gott glaubten, ein eigenes und ein heiliges Volk. Nun ist es aber unbestreitbar, daß Konstantin jene Christen, die gleich den Juden an das absolute Einssein Gottes glaubten und die Trinitätslehre mutig als falsche und irrige Vorstellung von der Gottheit erklärten, verfolgte. Mehr als eintausend Geistliche wurden zum Konzil von Nicäa (dem heutigen Izmid) einberufen, aber nur 318 von ihnen billigten die Entscheidung des Konzils, und selbst diese 318 splitterten sich in drei gegensätzliche Parteien auf. Ihre gotteslästernden Ausdrücke wie„Homosie", „Wesenseinheit" und andere Begriffe, die den Propheten Israels vollkommen fremd waren, waren typisch für das „sprechende Horn".

Die Christen, die unter den heidnischen Herrschern Rom Verfolgung und Märtyrertum erlitten, weil sei an einen Gott und Seinen Diener Jesus glaubten, mußten nun durch das Edikt des „Christen" Konstantin sogar noch schmerzlichere Torturen auf sich nehmen, weil sie sich weigerten, den Diener Jesus als mit Gott, Seinem Herren und Schöpfer, wesensgleich und ewig zu verherrlichen. Die Kirchenältesten und Geistlichen des Arianischen Glaubensbekenntnisses, d.h. die „Qashishi" und „Mshamshani", wie sie von den früheren Judenchristen genannt wurden, wurden ihrer Ämter enthoben oder verbannt, ihre religiösen Schriften verboten und ihre Kirchen beschlagnahmt und den trinitarischen Bischöfen und Priestern übergeben. Jedes beliebige Geschichtswerk über die frühchristliche Kirche gibt umfasend darüber Auskunft, welchen Dienst Konstantin der Sache des Trinitarischen Glaubensbekenntnisses leistete und wie die Opponenten tyrannisiert wurden. In jeder Provinz wurden den geistlichen Autoritäten unbarmherzige Verbände zur Verfügung gestellt. Konstantin personifizierte ein Regime des Terrors und gnadenlosen Krieges gegen die Unitarier. Dies dauerte im Osten dreieinhalb Jahrhundert bis zu dem Zeitpunkt, da die Muslime die Religion Allahs einführten und über das Gebiet, das von den vier Ungeheuern unterdrückt und verwüstet worden war, Macht und Herrschaft erlangten.

e) Dem „Sprechenden Horn" wird vorgeworfen, beabsichtigt zu haben, „das Gesetz und die Zeit" ändern zu wollen. Dies ist ein schwerwiegender Vorwurf gegen das Horn. Seine Gotteslästerungen oder „großen Worte gegen den Allerhöchsten" mögen eindrucksvoll ein oder nicht. Jedoch die festgelegten Feiertage oder religiösen Feste zu änern, zerstört mit Sicherheit die Religion als Ganzes. Die beiden ersten mosaischen Gesetze, die das absolute Einssein Gottes betreffen — „Du sollst keine anderen Götter haben neben Mir" — sowie das strikte Verbot, Bilder und Statuen zum Zwecke der Anbetung herzustellen, wurden durch Konstantins Edikt unmittelbar verletzt und abgeändert.

Zu verkünden, daß die Gottheit sich aus drei Personen zusammensetzt, und zu bezeugen, daß der Ewige und Allmächtige gezeugt und von der Jungfrau Maria geboren wurde, ist die größte Beleidigung des göttlichen Gesetzes und der verabscheuenswürdigste Götzendienst. Ein goldenes Kalb oder hölzernes Bild zum Anbetungsobjekt zu machen, ist schon abscheulich genug, aber einen Sterblichen anzubeten, ihn zu Gott (!) zu erklären, und auch noch das Brot und den Wein der Eucharistie als ,,den Körper und das Blut Gottes ,,zu verehren, das ist eine ruchlose Gotteslästerung.

Was könnte mit einem aufrechten Juden und mit einem Propheten wie Daniel, der von Kind auf das mosaische Gesetz peinlich genau beachtete, unvereinbarer sein als die Einsetzung des Osterfestes für das Osterlamm des Passahfestes und für das Opfer des ,,Lamm Gottes" am Kreuz und täglich auf tausenden von Altaren? Die Abschaffung des Sabbat-Tages war eine direkte Verletzung des vierten Gebotes des Dekalogs, und das ersatzweise Einsetzen des Sonntages als Ruhetag war sowohl willkürlich als auch mit Nachteilen verbunden. Es ist zwar wahr, daß der Koran den Sabbat-Tag abgeschafft hat, aber dies geschah nicht, weil der Freitag ein hochheiliger Tag wäre, sondern lediglich deshalb, weil die Juden den Sabbat dadurch in den Schmutz zogen, indem sie erklärten, daß Gott nach sechs Tagen Arbeit am siebten Tage ausruhte, gerade so, als ob Er ein Mensch wäre und ermüden könnte. Muhammad hätte jeden Tag oder jeden Gegenstand abgeschafft, selbst wenn er bzw. es heilig oder geweiht gewesen wäre, wenn es sich um ein Anbetungsobjekt mit der Absicht gehandelt hätte, Gottes Größe und Herrlichkeit herabzusetzen oder zu entwürdigen. Und genau darum handelt es sich bei der Abschaffung des Sabbats durch das Dekret Konstantins: der Sonntag wurde als Ruhetag eingeführt, weil an diesem Tage angeblich Jesus von den Toten auferstanden sein soll. Jesus selbst hielt den Sabbat genau ein und maßregelte die jüdischen Führer wegen ihrer Einwände gegen sein charitatives Verhalten am Sabbat.

f) Das ,,Horn" durfte gegen die Heiligen des Höchsten etwa dreieinhalb Jahrhunderte lang Krieg führen; es machte sie allerdings nur ,,schwach" und ,,matt", konnte sie aber nicht vollkommen auslöschen bzw. ausrotten. Die Arier, die nur an einen einzigen Gott glaubten, setzten sich zuweilen heftig zur Wehr, wie z.B. unter der Herrschaft des Konstantius (des Sohnes Konstantins), Julians und anderer, die sich toleranter zeigten, und kämpften für ihren Glauben.

Der nächste wichtige Punkt in Daniels wunderbarem Traum ist das Identifizieren des ,,Bar Nasha" oder Menschensohnes, der das Horn zerstörte; dies wird unsere Aufgabe im nächsten Kapitel sein.

VI
Muhammad ist der Menschensohn

Im vorausgegangen Kapitel prüften und kommentierten wir die wunderbare Vision des Propheten Daniel *(Daniel, Kapitel 7)*. Wir sahen, wie die vier Ungeheuer, die die vier aufeinanderfolgenden Königreiche darstellten, Mächte der Finsternis waren und die Juden sowie die erste Kirche Jesu, welche von wahren Gläubigen an den Einen Gott gegründet worden war, verfolgten. Wir wiesen ferner darauf hin, daß jene Mächte heidnischer Art waren und allegorisch als grausame Scheusale beschrieben wurden. Außerdem sahen wir, daß das „Elfte Horn", welches Augen und einen Mund hatte und gegen den Allerhöchsten Gotteslästerungen äußerte, Seine Heiligen bekämpfte und die Feiertage sowie das Gesetz Gottes änderte, niemand anders als Konstantin der Große sein konnte, der im Jahre 325 n. Ch. seinen Reichserlaß und darin die Glaubensinhalte und Entscheidungen des Generalkonzils von Nicäa verkündete.

In diesem Kapitel wollen wir unsere Untersuchung beharrlich mit dem glorreichen BARNASHA fortsetzen, dem Menschensohn, der vor dem Allerhöchsten über den Wolken erschien, dem die „Sultaneh" (Scholtana im Originaltext bedeutet „Herrschaft" oder „Reich"), Ehre und Reich für immer gegeben wurden und der beauftragt wurde, das schreckliche Horn zu vernichten und unschädlich zu machen.

Wir wollen nun also daran gehen, die Identität dieses „Barnasha" nachzuweisen.

Bevor wir herausfinden, wer dieser Menschensohn ist, ist es von größter Wichtigkeit, die folgenden Punkte und Anmerkungen zu betrachten:

a) Wenn ein jüdicher Prophet weissagt, daß „alle Völker und Menschen auf der Erde ihm" (d.h. dem Barnasha) „dienen sollen", oder von „den Menschen der Heiligen des Allerhöchsten" spricht, dann müssen wir davon ausgehen, daß er damit diejenigen Völker meint, die im ersten Buch Mose, Kapitel 15, Verse 18-21 erwähnt werden, und nicht etwa die englische, französische oder chinesische Nation.

b) Unter dem Begriff „die Menschen der Heiligen des Allerhöchsten" sind zunächst die Juden und dann die Christen zu verstehen, die das absolute Einssein Gottes bekannten und dafür kämpften und darunter zu leiden hatten, bis der Barnasha erschien und das Horn zerstörte.

c) Die Chaldäer, Medo-Perser, Griechen und Römer sind die Menschen und Völker, die den heiligen Gottes nach der Zerstörung des Horn zu dienen habendie vier Völker, die durch die vier Untiere dargestellt wurden und in das Heilige Land eindrangen und es zertraten.

Vom Adriatischen Meer bis zur Chinesischen Mauer wurden die verschiedenen Völker entweder als Muslime gehuldigt oder dienten den Muslimen als Ungläubige, denn die Muslime sind die einzig wahren Gläubigen, die an den Einen Gott glauben.

d) Es ist bemerkenswert, sich der bedeutsamen Tatsache bewußt zu werden, daß Gott den Gegnern Seiner Religion oft erlaubt, Seine Anhänger zu unterjochen und zu verfolgen. Dafür gibt es zwei Gründe: Erstens will Gott Sein Volk für dessen Lethargie, Zurückhaltung und Sünden bestrafen. Und zweitens will Er den Glauben, die Geduld und die Unzerstörbarkeit Seines Gesetzes und Seiner Religion unter Beweis stellen und auf diese Weise den Ungläubigen erlauben, in ihrem Unglauben zu verharren und mit ihren Freveltaten fortzufahren, bis das Maß ihrer Missetaten voll ist. Wenn das reine Fortbestehen Seines Volkes jedoch gefährdet ist, greift Gott zu gegebener Zeit Selbst zu ihren Gunsten ein. Es war für alle Muslime eine schreckliche und äußerst kritische Zeit, als sich die verbündeten Mächte während jener furchtbaren Jahre des Waffenstillstandes in Konstantinopel aufhielten. Die Griechen und ihre Verbündeten trafen umfassende Vorbereitungen, um die große Moschee „Aya Sophia" in Besitz zu nehmen; der griechische Patriarch von Konstantinopel reiste nach London und führte einen kostbaren, alten Priesterrock mit sich, der mit Edelsteinen und Perlen besetzt war, und überreichte ihn dem Erzbischof von Canterbury, der seinerseits energisch für die Restauration Konstantinopels und des Gebäudes St.Sophia durch die Griechen eintrat.

Am Vorabend des Gedenktages der nächtlichen Himmelsreise des Propheten Muhammad — „al-miradj" genannt — war das Gotteshaus von einer großen Menge demütiger Gläubiger überfüllt, die Allah, den Allmächtigen, bis zur Morgendämmerung inständig anflehten, die Türkei und insbesondere das Heilige Haus von jenen zu befreien, die „es wie früher mit widerwärtigen Götzen und Bildnissen ausstatten würden". Hinsichtlich jenes Priesterrockes oder — mantels verfaßte ich einen Artikel für die türkische Zeitung „Aqshām" und wies die tatsächliche Kirchenspaltung zwischen der griechisch-orthodoxen und der protestantischen anglikanischen Kirche nach. Ich führte darin aus, daß der Priesterrock nicht als Pallium für das Ankleiden und nicht als Anerkennung des anglikanischen Systems zu verstehen war und daß sich keine Wiedervereinigung zwischen den beiden Kirchen vollziehen konnte, ohne daß eine der beiden Parteien bestimmte Glaubensinhalte als häretisch und irrig von sich zu weisen und aufzugeben hätte. Ferner wies ich darauf hin, daß das Geschenk des Priesterrockes eine diplomatische Bestechung seitens der Griechen und ihrer Kirche darstellte. Ich schloß den Artikel mit folgenden Worten ab: „Alles hängt von der Würde und dem Wunderbaren ab, was dieses Bakschisch des Priesterrockes bewirken sollte!"

Das Ergebniss ist bekannt genug, als daß ich es hier nochmals erwähnen müßte. Es reicht vollkommen zu erwähnen, daß der Patriarch in England starb und Gott, der Allmächtige, Der den Barnasha sandte, um das Horn zu zerstören und die römischen Legionen aus dem Osten zu vertreiben, den Mustapha Kamal erhöhte, der sein Land errettete und den Islam wieder zu Ehren brachte!

Es ist besonders zu erwähnen, daß bis zur Ankunft Jesu Christi die Juden das auserwählte Volk Gottes waren. Aus der Sicht der Muslime können weder die Juden noch die Christen von sich behaupten, daß der Titel „die Menschen der Heiligen des Allerhöchsten" auf sie zutrifft, weil die ersteren Jesu ohne Ausnahme ablehnnen, während die letzteren Jesus beschimpfen, indem sie ihn vergöttlichen. Zudem sind beide gleichermaßen diees Titels unwürdig, weil sie den letzten Propheten, der die Prophetenreihe zum Abschluß brachte, nicht anerkennen. Wir können zu dem Nachweis übergehen, daß der Barnasha — der Sohn des Menschen — der zu den „Ancient of Days" kam und die Macht hatte, das Monster zu vernichten, niemand anderes als Muhammad ist, dessen Name wörtlich „der Gepriesene und der Berühmte" bedeutet. Welche andere Person auch immer man ersinnen wollte, um diesen einzigartigen Ruhm und diese Erhabenheit, die ihm im göttlichen Gericht gegeben wurden, dem erhabenen Apostel Allahs zu nehmen man würde sich nur lächerlich machen. Die Gründe hierfür sind folgende:

1. Wir wissen, daß weder das Judentum noch das Christentum für ihren Glauben und ihr System eine bestimmte Bezeichnung haben. Ich will damit sagen, daß weder die Juden noch die Christen für die Doktrinen und Formen ihres Glaubens und ihrer Anbetung einen speziellen Namen haben. Die Ausdrücke „Judentum" und „Christentum" sind auch nicht von Gott oder den Gründern dieser Religionen eingeführt oder gar gutgeheißen worden. ES IST DOCH WOHL EINLEUCHTEND, DASS EINE WAHRE RELIGION NICHT EINFACH NACH IHREM ZWEITEN GRÜNDER BENANNT WERDEN KANN; DENN DER EIGENTLICHE URHEBER UND BEGRÜNDER EINER WAHRHAFTEN RELIGION IST JA SCHLIEßLICH GOTT UND NICHT IRGENDEIN PROPHET.

Der Name für die Vorschriften, Doktrinen, Formen und Praktiken der Anbetung wie sie Muhammad von Allah geoffenbart wurden, ist „Islam", was soviel bedeutet wie mit Ihm und unter den Menschen „Frieden zu haben". Muhammadanertum ist auf gar keinen Fall die richtige Bezeichnung für die Religion des Islam. Muhammad, Abraham und all die anderen Propheten waren Muslime und nicht etwa Muhammadaner! Judentum bedeutet, daß es sich um die Religion des Juda handelt; aber wer war den Juda? Sicher kein Jude! Und gleichermaßen war Christus kein Christ oder Jesuit! Wie aber lauteten dann die Namen für diese beiden eigenständigen Religionen? Es gibt einfach keine!

Dann ist da noch dieses seltsame, aus dem Lateinischen stammende Wort „Religion", was soviel bedeuten soll wie „die Götter fürchten". Heutzutage benutzt man dieses Wort, um einen „Modus des Glaubens und der Anbetung" zum Ausdruck zu bringen. Welches Wort wird nun aber als Äquivalent für das Wort „Religion" in der Bibel verwendet? Welchen Begriff benutzen Moses oder Jesus, um die Bedeutung von Religion wiederzugeben? Selbstverständlich machen weder die Bibel noch deren Autoren auch nicht im entferntesten Gebrauch von diesem Wort.

Der biblische Begriff, der im Traumbild des Daniel genannt wird, ist genau derselbe, wie ihn der Koran im Bezug auf den Islam wiederholt verwendet, nämlich „din", was „Richten" bedeutet. Gott auf Seinem „Kursiy" oder Tron ist der „Dayyana" oder der „Richter". Lesen wir die Beschreibung dieser himmlischen Gerichtssitzung: „Die Stühle wurden gesetzt, und die Bücher wurden geöffnet, und die „dina" — das Gericht — wurde gehalten". Unter den Büchern ist die „aufbewahrte Tafel" zu verstehen, auf der die Gebote Gottes stehen, die der Koran wiedergibt und die Muhammad von dem Engel Gabriel durch Offenbarung übermittelt wurden; zu den erwähnten Büchern sind aber auch die Bücher zu zählen, in denen alle Taten der Menschen aufgezeichnet sind. Die auf dieser „aufbewahrten Tafel" stehenden Gesetze und Gebote Gottes und die gottlosen Machenschaften des Horns waren die Grundlage dafür, daß der große „Dayyana" — der Richter — das Horn zum Tode verurteilte und Muhammad zum „Adon" ernannte, d.h. zum „Befehlshaber" oder „Herrscher", und ihm mit der Vernichtung des Monsters beauftragte.

Die Ausdrucksweise bei Daniel entspricht genau der des Koran. Die Religion des Islam wird „dinu-l-islam" genannt. Und gemäß der Gebote und Gesetze dieses „dina" zerstörte der „Barnasha" die Religion des Teufels und dessen Statthalter, das Horn. Wie sollte es da noch möglich sein, daß jemand anders als Muhammad gemeint ist, wenn vom Erscheinen des „Menschensohns" vor dem Allerhöchsten gesprochen wird? Der Islam ist ohne Zweifel „Stiften von Frieden", denn er besitzt ein authentisches Geseztbuch, anhand dessen Gerechtigkeit ausgeübt und Vergehen bestraft, die Wahrheit erkannt und die Lüge verworfen werden können; und was das Wichtigste ist: in diesem Gesetzbuch sind klar und deutlich das Einssein Gottes, die ewige Belohnung für gute Taten und die ewige Verdammnis für gottlose Handlungen dargelegt und genau bestimmt. Im Englischen wird ein Magistrat mit „Friedensrichter" tituliert; mit anderen Worten ist er jemand, der „Frieden schafft". Das ist nichts anderes als eine Imitation des muslimischen Richters, der Streitigkeiten beilegt, Gerichtsfälle entscheidet, Schuldige bestraft, Unschuldige freispricht und somit für Frieden sorgt. Das ist Islam, und so lautet das Gesetz des Koran. Ganz anders ist es beim Christentum und dem Evangelium, welches einem Christen streng untersagt, einen Richter anzurufen, so unschuldig und unterdrückt er auch sein mag *(Matth., Kapitel 5, Verse 25-26 und Verse 38-48)*.

2. Der Menschensohn oder Barnasha ist mit Bestimmtheit Muhammad. Denn er lebte nach Konstantin und nicht vor ihm wie Jesus und all die anderen Propheten. Das Trinitätsregime im Osten, das durch das Horn symbolisiert und von uns korrekt als Konstantin der Große identifiziert wird, durfte die Unitarier bekämpfen und sie für eine Zeitspanne bezwingen, die in der figurativen Prophetensprache mit einer „Zeit, Zeiten und einer halben Zeit" umschrieben wird. Diese Zeitspanne steht für dreieinhalb Jahrhunderte, an deren Ende sowohl aller Macht der Götzendiener als auch der Vorherrschaft und Tyrannei der Trinitaner als Ganzes ein Ende gesetzt wurde.Nichts ist absurder als die Behauptung, daß der Barnasha über den Wolken Juda, der Maccabäer, und daß das Horn Antiochus war. Wenn ich mich richtig erinnere, behauptet man, daß Antiochus nach der Schändung des Jerusalemer Tempels nur noch dreieinhalb Jahre lebte — oder dreieinhalb Tage —.

Hierzu ist erstens zu sagen, daß wir wissen, daß Antiochus der Nachfolger von Alexander dem Großen und König von Syrien war und konsequenterweise einer der vier Köpfe des geflügelten Tigers und nicht das elfte Horn vom vierten Ungeheuer, wie es im Traumbild dargestellt wird, war. Im achten Kapitel das Buches Daniel deutet der Erzengel Gabriel den Widder mit den zwei Hörnern als die Könige von Medien und Persien und den Ziegenbock als den König von Griechenland. Es wird ausdrücklich erklärt, daß das Griechische Reich unmittelbar dem Persischen folgt, und in vier Königreiche aufgeteilt wird, so wie es im ersten Traumbild dargestellt worden war.

Zweitens ist zu bemerken, daß das Horn mit der Fähigkeit zu sprechen darauf hinweist, daß die Person, die das Gesetz und die Festtage mißachtete und sogar abänderte, kein Heide sein kann, sondern Gott kannte und Ihm die ihm ebenso bekannten beiden anderen Geschöpfe absichtlich gleichstellte und somit den Glauben verfälschte. Es war aber nicht Antiochus, der den jüdischen

Glauben durch das Einführen einer Trinität bzw Vielheit der Götter entstellte; auch änderte er das mosaische Gesetz und dessen Feiertage nicht ab. Drittens ist es geradezu kindisch, lokalen und belanglosen Ereignissen, die sich zwischen einem unbedeutenden König in Syrien und einem kleinen jüdischen Fürsten abspielten, eine derartige Bedeutung und Wichtigkeit zuzuschreiben, als könne Erstgenannter mit dem glorreichen Mann verglichen werden, dem unter der Anwesenheit des Allmächtigen von Millionen Engeln Huldigungen entgegengebracht wurde.

Darüberhinaus beschreibt die prophetische Vision den Barnasha als den bedeutendsten und nobelsten Menschen; niemand außer Muhammad wird im Alten Testament mit solcher Ehre und solchem Gandeur bedacht.

Genauso sinnlos ist es, diese dem Menschensohn zugeteilte göttliche Ehre für Jesus Christus in Anspruch zu nehmen. Es gibt zwei Hauptgründe, Jesus von dieser Ehre auszuschließen:

a) Wenn er nur ein Mensch und Prophet ist — ob wir nun sein Wirken als Erfolg oder als Mißerfolg ansehen —, dann bleibt er zweifellos weit hinter Muhammad zurück. Wenn man aber glaubt, daß er der dritte von den Dreien in der Trinität sei, dann kann man ihn keinesfalls als Menschen betrachten. Man gerät in ein Dilemma, aus dem man nicht mehr herauskommt; denn in beiden genannten Fällen kann ja Jesus nicht der Barnasha sein.

Wenn Jesus den Auftrag gehabt hätte, das vierte Ungeheuer zu vernichten, dann hätte er die römischen Legionen aus Palästina vertrieben und seine Heimat und sein Volk gerettet anstatt Cäsar den Tribut zu entrichten bzw. die Kopfsteuer zu zahlen; sicher hätte er sich auch nicht einer Bastonade bzw. Geißelung durch den römischen Gouverneur Pilatus unterzogen.

4. Außer Muhammad hat es auf Erden nie einen Propheten aus einem Herschergeschlecht gegeben. Er entstammt einer Dynastie, die über den langen Zeitraum von etwa 2.500 Jahren herrschte, absolut unabhängig war und sich niemals einem frenden Joch unterwarf. Ferner hat man auf Erden sicher keinen anderen Menschen gesehen, der seinem Volk im besonderen und der Welt im allgemeinen in materieller und moralischer Hinsicht mehr gedient hätte als Muhammad. Es ist einfach nicht möglich, sich einen anderen, so würdevollen und so angesehenen Mann wie Muhammad vorzustellen, auf den die in der prophetischen Vision geschilderte, großartige Lobpreisung und Ehre zuträfen.

Wir wollen einmal den bedeutenden Propheten Daniel mit dem Barnasha, den er mit Ehrfurcht und Verwunderung betrachtete, vergleichen. Daniel war ein Sklave, bzw. ein Gefangener, obschon er in den Rang eines Ministers am Hofe von Babylon und Susa erhoben wurde; er betete einen Engel an, was aber verboten wurde. Wie würde seine Position in der Anwesenheit des Allmächtigen im Vergleich zu Muhammad aussehen, der als Sultan der Propheten gekrönt wurde, als Führer der Menschheit und als Gegenstand der Huldigung und Bewunderung durch Engel? Es wundert einen gar nicht, daß der Prophet David den Muhammad im Psalter „Mein Herr" nennt.

5. Es erstaunt auch nicht, daß Muhammad auf seiner Nachtreise zum Himmel vom Allmächtigen mit höchsten Ehren empfangen und mit der Macht ausgestattet wurde, die Götzendienerei und das gotteslästernde Horn zu vernichten und aus Ländern zu vertreiben, die ihm und seinem Volk als immerwährendes Erbe von Gott gegeben worden waren.

6. Nach meinem unmaßgeblichen Glauben besteht eine weitere, äußerst erstaunliche Besonderheit in der prophetischen Vision des Daniel darin, daß das Bild eines Barnasha über den Wolken und seiner Vorführung vor den Allmächtigen mit dem Mi'radj, der Nachtreise des Propheten Muhammad übereinstimmt; mit anderen Worten: dieser zweite Teil der Vision des Daniel muß als Mi'radj gedeutet werden! Es gibt in der Tat verschiedene Hinweise sowohl in der Ausdrucksweise des Daniel als auch im heiligen „Hadith" — den Überlieferungen des Gesandten Allahs —, welche mich zu diesem Glauben bringen. Der Koran erklärt, daß Gott Seinen Diener während der Nachtreise von der heiligen Moschee in Mekka zum Ahnentempel in Jerusalem brachte. Er segnete die Umgebung jenes Tempels, der damals in Ruinen lag, und offenbarte ihm Seine Zeichen *(Sure 17)*. Der Heilige Prophet erzählte, daß er am Jerusalemer Tempel in seiner Eigenschaft als Imam fungierte und Gebete mit allen Propheten, die ihm folgten, verrichtete. Er berichtet weiter, daß er von Jerusalem in Begleitung von Propheten und Engeln in den Siebenten Himmel erhoben und vor den Ewigen gebracht wurde. Die Bescheidenheit des Propheten hielt ihn davor zurück, all das zu berichten, was er sah und hörte und vom Herrn der Heerscharen erhielt; dafür berichtete Daniel Gottes Richterspruch. Es scheint, als ob das Geistwesen, das Daniel den Traum erklärte, gar kein Engel war — wenngleich ich diesen Begriff oben mehrmals unbesonnen benutzt habe —, sondern der Geist oder die Seele eines Propheten; denn Daniel nennt ihn „Qaddisch" (in der Maskulin-Form) und „Qaddush" *(Daniel, Kapitel 4, Vers 10 bzw. Kapitel 8, Vers 13)*; beides bedeutet soviel wie Heiliger oder Heiliger Mann -ein oft verwandter Ausdruck für Propheten bzw. Heilige. Wie froh müssen die heiligen Seelen der Propheten und Märtyter, die von jenen vier Ungeheuern verfolgt worden waren, gewesen sein, als die nun das vom Allmächtigen verkündete Todesurteil über das trinitarische Regime des

Konstantin vernahmen und sahen, wie das Siegel des Propheten beauftragt wurde, das sprechende Horn zu töten und zu vernichten! Man muß sich ins Gedächnis rufen, daß diese Vision ebenso in jener Nacht gesehen wurde, in der die Reise des Barnasha von Mekka zum Himmel stattfand!

Als Muslime müssen wir aufgrund des Zeugnisses von Daniel zugeben, daß Muhammads Reise körperlicher Natur war — ein Vorgang, der für den Allmächtigen durchaus möglich ist. Es muß ein physikalisches Gesetz geben, demzufolge ein Körper nicht der Masse, zu der er gehört, oder dem Gesetz der Gravitation, sondern dem Gesetz der Geschwindigkeit unterworfen ist. Ein menschlicher Körper kann der Erde, zu der er gehört, nicht entfliehen, es sei denn, eine höhere Kraft der Geschwindigkeit würde ihn von der Kraft der Gravitation befreien. Es muß also in der Physik ein weiteres Gesetz geben, demzufolge ein leichter Körper einen dickflüssigen durchdringen kann und ein solcher Körper wiederum einen noch dichteren oder härteren Körper, und zwar mittels einer höheren Kraft, eben der erwähnten Kraft der Geschwindigkeit, durchdringen kann. Es ist nicht erforderlich, bei dieser subtilen Frage ins Detail zu gehen, es genügt zu sagen, daß das Gewicht eines Festkörpers, in Bewegung oder leicht angestoßen, ohne die Kraft der Geschwindigkeit im Grunde keine Bedeutung hat.

Wir kennen die Geschwindigkeit, mit der sich das Licht von der Sonne oder einem anderen Stern aus bewegt. Wenn wir ein Geschoß mit einer bestimmten Geschwindgkeit abfeuern, dann wissen wir, daß es eine Eisenplatte von vielen Zentimetern Dicke durchbohrt und durchdringt. Im Vergleich hierzu könnte natürlich ein Engel, der sich ja mit einer viel höheren Geschwindigkeit als der des Lichtes von der Sonne oder der eines Gedankens fortbewegen kann, die Körper von Jesus, Muhammad und Elia mit einer erstaunlichen Leichtigkeit und Schnelligkeit transportieren und das Gesetz der Gravitation der Erde, der sie unterworfen sind, aufheben.

Paulus erwähnt ebenfalls eine Vision, die er vierzehn Jahre zuvor gehabt habe; eine Vision, in der ein Mann in den dritten Himmel und dann in das Paradies erhoben worden sei, wo er Worte und Dinge gehört bzw. gesehen habe, die man nicht beschreiben könne. Die Kirchen und ihre Kommentatoren haben geglaubt, daß dieser Mann Paulus selbst gewesen sei. Obwohl die Ausdrucksweise des Berichtes in einer Art gehalten ist, die uns zu der Auffassung gelangen läßt, daß Paulus selbst jener Mann gewesesn sei, muß man es dennoch würdigen, daß er es ein Geheimnis bleiben ließ; sonst müßte man ihn ja für einen überheblichen Menschen halten *(vgl. 2. Brief des Paulus an die Korinther, Kapitel 12, Verse 1-4)*. Wenn der Koran uns auch lehrt, daß die

Apostel Jesu Christi alle heilige und inspirierte Menschen waren, so kann man sich dennoch nicht auf ihre Schriften berufen, weil die sich streitenden und disputierenden Kirchen diese Schriften durch Einschiebungen verfälscht haben. Das Evangelium des Barnabas erklärt zudem, daß Paulus später in irrige Ansichten verfiel und viele Gläubige in die Irre führte.

Daß Paulus die Identität der von ihm in der Vision gesehenen Person nicht preisgab und daß die Worte, die diese Person im Paradies gehört hatte, „unsaussprechlich sind und von keinem Menschen gesagt werden dürfen", zeigte, daß er nicht selbst die Person war, die in den Himmel entrückt worden war. Zu behaupten, daß Paulus sich aus Gründen der Bescheidenheit nicht selbst loben wollte, ist einfach eine falsche Darstellung des Paulus'. Er rühmt sich, Petrus hart zurecht gewiesen zu haben, und seine Epistel sind voller Selbstdarstellungen, die einen sicherlich zu der Überzeugung bringen, daß Paulus keineswegs demütig oder bescheiden war.

Darüberhinaus wissen wir aus seinen Briefen an die Galater und an die Römer, was für ein voreingenommener Jude er gegen Hagar und ihren Sohn Ismail war.

Die glorreiche Person, die er in seiner Vision sah, kann niemand anders als die Person, die auch Daniel gesehen hatte, sein! Es war Muhammad, den er sah; er wagte es jedoch nicht, die Worte zu berichten, die der Allmächtige zu ihm gesprochen hatte, weil er sich einerseits vor den Juden fürchtete und andererseits sich insofern widersprochen hätte, als er sich so sehr mit dem Kreuz und dem Gekreuzigten gerühmt hatte. Ich bin ziemlich sicher, daß es dem Paulus vergönnt war, denselben Barnasha zu sehen, den Daniel etwa sechs Jahrhunderte zuvor gesehen hatte, „der Engel Satans, der mich mit Fäusten schlage, als daß ich mich nicht überhebe" *(2. Brief des Paulus an die Korinther, Kapitel 12, Vers 7).* verbat ihm jedoch, die Wahrheit zu berichten. Paulus selbst gesteht ein, daß „der Engel des Satans", wie er ihn nennt, es ihm untersagte, das Geheimnis über Muhammad, den er in seiner Vision gesehen hatte, zu enthüllen. Wenn aber ein wahrer und rechtschaffener Diener Gottes war, warum wurde er dann der Macht „des Engels des Teufels" übergeben, der ihn laufend mit Fäusten schlug? Je mehr man über die Lehren des Paulus nachdenkt, desto weniger zweifelt man daran, daß er das Urbild Konstantins des Großen war!

Zusammenfassend sei mir erlaubt, für die Nicht-Muslime aus dieser wunderbaren Vision des Daniel eine Lehre zu ziehen. Sie sollten sich das Schicksal, das die vier Ungeheuer heimsuchte, zu Herzen nehmen, und zwar besonders hinsichtlich des Horn. Ferner sollten sich darüber nachdenken, daß allein Allah der Eine und Wahre Gott ist, daß allein die Muslime Sein absolutes Einssein getreu bekennen, daß Allah um ihr Unterdrücktsein weiß und daß sich ihr Sultan der Propheten nahe am Thron des Allerhöchsten befindet.

VII
König David nennt ihn „Mein Herr"

Die Geschichte Davids, seiner Taten und seiner prophetischen Schriften, finden wir in den beiden alttestamentlichen Büchern Samuel und Psalter.

David war der jüngste Sohn Yishais (Isai) aus den Stamme Juda. Als er noch ein junger Schäfer war, hatte er einen Bären getötet und einen Löwen in Stücke zerrissen. Als tapferer, junger Mann schleuderte er einen kleinen Stein mitten in die Stirn des schwerbewaffneten und gepanzerten Philisterriesen Goliath und rettete damit das israelische Heer. Die höchste Belohnung für die erfolgreiche Heldentat und offenbarten Heldenmut bestand in der Hand Michals, einer Tochter des Königs Saul.

David beherrschte das Harfen- und Flötenspiel und war auch ein guter Sänger. Seine Flucht vor seinem mißgünstigen Schwieger vater, seine Taten und Abenteuer als Räuber sind wohlbekannt. Beim Tode Sauls rief ihn das Volk, die Zügel des Königreichs in die Hand zu nehmen, wozu ihn der Prophet Samuel ja schon lange vorher gesalbt hatte. David regierte etwa sieben Jahre in Hebron.

Von den Jebusitern eroberte er Jerusalem, das er zur Hauptstadt seines Königreiches machte. Die beiden Hügel bzw. Berge Jerusalems wurden „Moriah" und „Sion" genannt. Diese beiden Worte haben dieselbe Bedeutung und Wichtigkeit wie das berühmte „Marwa" und „Safa" in Mekka; diese Wörter bedeuten jeweils „der Platz der Vision des Herrn" und „der Fels" oder „Stein". Davids Kriege, seine äußerst schwerwiegenden Schwierigkeiten in der Familie, sein sündiges Verhalten gegenüber seinem treuen Soldaten Uria und dessen Frau Bath-Seba blieben nicht ungestraft. Er regierte vierzig Jahre lang; sein Lebensweg war gepflastert mit Kriegen und Kummer in der Familie. Es gibt einige widersprüchliche Berichte über ihn, was zweifellos den beiden gegensätzlichen Quellen zuzuschreiben ist.

Das Verbrechen Davids bezüglich Uria und dessen Ehefrau *(2. Samuel, Kapitel 11)* wird im Koran auch nicht mit dem geringsten Hinweis bestätigt *(siehe Sure 38)*. Es gehört zu den erhabenen Vorzügen des heiligen Koran, daß er uns lehrt, daß alle Propheten ohne Sünden geboren wurden und sündenfrei starben. Im Gegensatz zur Bibel sagt der Koran den Propheten keine Verbrechen oder Sünden nach, wie z.B. das in der Bibel erwähnte, zweifache Verbrechen des David, welches dem mosaischen Gesetz zufolge mit dem Tode vestraft wird;ganz abgesehen davon, daß ein Prophet ein auserwählter Diener Gottes, des Allmächtigen, ist, würden wir noch nicht einmal bei gewöhnlichen Menschen daran denken, ihren Namen mit solchen Verbrechen in Verbindung zu bringen.

Die Geschichte von Davids begangenem Ehebruch und von den zwei Engeln, die zu ihm gekommen waren, um ihm die Sünde vorzuhalten, ist eine kindische Lüge — wo immer sie auch niedergeschrieben sein mag. Sie ist durch hervorragende, muslimische Stellungnahmen zurückgewiesen worden. Razi sagt hierzu: „Die meisten Gelehrten und jene unter ihnen, die nach der Wahrheit gesucht haben, bezeichnen diese Anschuldigung als falsch und verwerfen sie als eine Lüge und eine mutwillige Behauptung. Die Worte „istaghfara" und „ghafarana", die im Korantext im 24. Vers der 38. Sure vorkommen, weisen zwar ohne Zweifel darauf hin, daß David eine Sünde begangen hat, denn das Wort „istaghfara" beinhaltet in der Tat ein Bitten um Schutz. David suchte göttlichen Schutz, als er erkannte, daß seine Feinde deutlich erstarkt waren. Das Wort „ghafarana" bringt die Besserung seiner Angelegenheiten zum Ausdruck; denn David, der ein bedeutender Herrscher war, konnte seine Feinde nicht mehr in ausreichendem Maße unter Kontrolle halten.

Das Alte Testament enthält keine Angaben über den Zeitpunkt, zu dem David das Geschenk der Prophetenschaft zuteil wurde. Wir können lediglich nachlesen, daß nach den beiden Sündenfällen Davids Gott den Propheten Nathan zu David sandte, um ihn zu strafen. Tatsächlich finden wir, daß David bis inshohe Alter immer Zuflucht zu anderen Propheten nahm. Gemäß den Bibel berichten kann man wohl deshalb annehmen, daß ihm das Geschenk der Prophetenschaft verliehen wurde, nachdem er seine Sünde vollkommen bereut hatte.

In einem meiner früheren Artikel wies ich darauf hin, daß nach der Teilung des Königreiches in zwei unabhängige Staaten, die oft miteinander Krieg führten, die zehn Stämme, aus denen sich das Königreich Israel zusammensetzte, sich der Dynastie Davids gegenüber immer feindselig verhielten und auch nie neben der Torah bzw. dem in Pentateuch festgelegten mosaischen Gesetz einen anderen Teil des Alten Testaments akzeptierten. Darauf deutet die Samariter-Version der ersten fünf Bücher des Alten Testaments hin. Nicht mit einem einzigen Wort oder einer einzigen Prophezeiung stoßen wir auf Davids Nachkommenschaft, wie etwa in den Diskursen so bedeutender Propheten wie Elia, Elisa und anderer, die in Samaria während der Herrschaft der gottlosen Könige Israels wirkten. Erst nach dem Untergang des Königreichs Israels und der Deportation der zehn Stämme nach Assyria begannen die Propheten von Judäa, das Kommen eines Fürsten aus dem Hause Davids vorauszusagen, der die ganze Nation bald wieder herstellen und ihre Feinde unterwerfen sollte. Es gibt mehrere dieser obskuren und unklaren Aussprüche in den Schriften oder Diskursen jener späteren Propheten, die den Kirchenvätern einen leiden schaftlichen und exotischen Triumph in die Hand gaben, obwohl sie auf Jesus Christus überhaupt nicht anwendbar sind. Zwei dieser Prophezeiungen möchte ich kurz zitieren.

Die erste läßt sich im 7. Kapitel des Propheten Jesaja, Vers 14, in dem dieser Prophet voraussagt, daß „ein junges Mädchen, das schwanger ist, einen Sohn gebären wird, den es Immauel nennen wird" finden. Das hebräische Wort „a'lmah" bedeutet nicht „Jungfrau", wie es die christlichen Theologen allgemein interpretieren und hier eine Verbindung zur Jungfrau Maria schaffen. Vielmehr bedeutet dieses Wort „eine heiratsfähige Frau, Mädchen, junges Mädchen". Das hebräische Wort für „Jungfrau" lautet „bthulah". Weiterhin sollte das Kind den Namen „Immanuel" erhalten, was „Gott ist mit uns" bedeutet. Es gibt Hunderte von hebräischen Namen, die aus der Silbe „el" und einem weiteren Nomen zusammengesetzt sind; manchmal steht diese Silbe am Anfang, manchmal am Ende solcher zusammengesetzter Namen. Weder Jesaja noch König Ahas oder sonst ein Jude dachten je daran, daß das neugeborene Kind „Gott mit uns" selbst sein würde. Sie dachten nichts weiter, als daß dies eben ein Name sei. Dagegen sagt der Text ausdrücklich, daß Ahas (der das Mädchen mit dem Kind wohl zu kennen schien) dem Jungen diesen Namen geben würde. Ahas war in Gefahr; seine Feinde bedrängten Jerusalem hart, und diese Verheißung sollte ihm ein **Zeichen** geben, nämlich eine schwangere junge Frau und nicht die Jungfrau Maria, die über 700 Jahre später leben sollte. Diese eigentlich ganz simple Verheißung eines Kindes, daß unter der Regentschaft des Ahas geboren werden sollte, ist auch vom Verfasser des Matthäus-Evangeliums mißverstanden worden *(siehe Evangelium des Matthäus, Kap.1, Vers 23)*. Der Name „Jesus" wurde vom Engel Gabriel gegeben *(Evangelium des Matthäus, Kapitel 1, Vers 21)*; niemals wurde Jesus „Immanuel" genannt. Ist es nicht geradezu skandalös, diesen Namen als Argument und als Beweis für die christliche Doktrin der „Inkarnation" zu mißbrauchen?

Die zweite seltsam anmutende Interpretation einer prophetischen Ankündigung findet sich bei Propheten Sacharja im 9. Vers des 9. Kapitels, welcher im 5. Vers des 21. Kapitels des Matthäus Evangeliums von dessen Verfasser falsch zitiert und auch völlig mißverstanden wurde. Der Prophet Sacharja verkündet: „Du, Tochter Zion, freue dich sehr; du, Tochter Jerusalem, jauchze! Siehe, dein König kommt zu dir; er ist gerecht und ein Retter und bescheiden, er reitet auf einem Esel und auf einem Füllen einer Eselin.

In diesem poetischen Abschnitt will der Dichter lediglich den männlichen Esel beschreiben, auf dem der König sitzt; er tut dies, indem er ihn als einen jungen Esel und auch dieses Füllen als den Sohn einer Eselin beschreibt. Es handelt sich nur um ein männliches Füllen bzw. einem jungen Esel.

Matthäus zitiert diesen Abschnitt nun wie folgt:

> „Saget der Tochter Zion,
> siehe, dein König kommt zu dir,
> bescheiden, er reitet auf einer Eselin
> und auf einem Füllen einer Eselin."

Ob nun der Verfasser des obigen Verses wirklich daran glaubte, daß Jesus ein Wunder vollbrachte, als er bei seinem triumphalen Einzug in Jerusalem gleichzeitig auf der Eselin und ihrem jungen Füllen ritt, ist hier nicht einmal die entscheidende Frage; nichtsdestoweniger ist es richtig zu sagen, daß die Mehrzahl der christlichen Kirchenväter diesen Glauben vertrat; und es kam ihnen niemals der Gedanke, daß dieses Schauspiel eher einem komischen Vorfall als einer königlichen und pompösen Prozession gleichen mußte. Der Evangelist Lukas dagegen war vorsichtiger und machte nicht denselben Fehler wie Matthäus. Kann man bei dieser Sachlage noch davon ausgehen, daß beide Autoren vom selben Heiligen Geist inspiriert waren?

Sacharja sagt das Kommen eines Königs in Jerusalem nach der Rückkehr der Juden aus der Gefangenschaft voraus. Obwohl er bescheiden und demütig ist und auf dem Füllen eines Esels reitet, kommt er als Retter und soll den Tempel Gottes wieder errichten. Sacharja prophezeite dies zu einer Zeit, als die Juden sich bemühten, den Tempel und die zerstörte Stadt wieder aufzubauen; ihre Nachbarvölker waren gegen sie eingestellt; der Wiederaufbau wurde so lange verhindert, bis Darius, der König von Persien, hierzu die Erlaubnis gab. Obwohl es seit dem sechsten Jahrhundert vor Christi Geburt keinen jüdischen König gegeben hatte, hatten die Juden ungeachtet dessen autonome Regierungen unter ausländischen Souveräns. Die in der Prophezeiung versprochene Rettung ist **materieller Art** und als mit **sofortiger** Wirkung zu verstehen und **nicht** als eine Rettung, die erst 520 Jahre später kommen würde, wenn Jesus von Nazareth gleichzeitig auf zwei Eseln in Jerusalem einreiten würde, in ein Jerusalem, das bereits eine große und reiche Stadt mit einem prächtigen Tempel geworden ist, um sowohl von den Juden selbst als auch von deren römischen Besetzern gefangen genommen und gekreuzigt zu werden, wie es uns die hier aufgeführten Evangelien weismachen wollen! Darin kann doch kein Trost für die Juden liegen, die in einer zerstörten Stadt von Feinden umgeben waren. Folglich müssen wir unter dem Begriff „König" eine großen Führer der Juden verstehen Zerobabel etwa oder Esra oder Nehemia.

Diese beiden Beispiele sollen hauptsächlich meinen muslimischen Lesern, die vielleicht nicht so sehr mit den jüdischen Schriften vertraut sind, zeigen, wie sich die Christen von ihren Priestern und Mönchen durch dumme Interpretationen und Deutungen der jeweiligen Prophezeiungen in die Irre führen ließen.

Nun komme ich zu Davids folgender Prophezeiung:

> „YAHWAH sprach zu meinem ADON,
> setze dich zu meiner Rechten,
> bis ich deine Feinde zum Schemel deiner
> Füße lege."

Es handelt sich bei diesem Vers Davids um den 1. Vers des 110. Psalms, der auch von Matthäus *(im 22. Kapitel, Vers 44)*, Markus *(im 12. Kapitel, Vers 36)* und Lukas (im 20. Kapitel, Vers 42) zitiert wird. Die beiden Namen YAHWAH und ADON im ersten Distichon werden in allen Sprachen wie folgt wiedergegeben: „Der Herr sprach zu meinem Herrn." Es liegt auf der Hand, nicht wahr: Wenn es sich beim ersten Hernn um Gott handelt, dann handelt es sich natürlich auch beim zweiten Herrn um Gott;nichts ist für einen christlichen Priester oder Pastor ein zweckdienlicheres und geeigneteres Argument als das, daß der Sprecher Gott und auch der Angesprochene Gott seien; demzufolge kennt David also zwei Götter Dies ist doch wohl eine logische Schlußfolgerung — oder ? Welcher dieser beiden „Domini" ist nun nur „der Herr" Davids? Wenn David „Dominus meus dixit Domino meo" geschrieben hätte, dann hätte er sich selbst lächerlich gemacht, denn in dem Fall hätte er sich ja selbst eingestehen müssen, daß er der Sklave oder der Diener zweier Herren sei, ohne überhaupt ihre Namen zu erwähnen. Das Eingeständnis würde sogar noch über die Existens zweier Herren hinausgehen; es würde bedeuten, daß Davids zweiter Herr Zuflucht bei seinem ersten Herrn genommen hätte, der ihn aufgefordert hätte, sich zu seiner Rechten zu setzen, bis er seine Feinde zum Schemel seiner Füße legen würde. Diese Überlegung würde uns so weit führen, einzugestehen, daß man im Interesse des richtigen Verständnisses einer Religion die Bibel oder den Koran im Originaltext kennen müßte anstatt sich auf eine Übersetzung zu stützen und zu berufen.

Ich habe deshalb im Psalmzitat absichtlich die hebräischen Originalnamen Yahwah und Adon belassen, um jede Zweideutigkeit und jedes Mißverständnis zu vermeiden und die Bedeutung zu erhalten, die dieses Worte haben. Solche heiligen Namen einer religiösen Schrift sollten vom Originaltext nicht abgeändert werden, es sei denn, man kann für sie völlig äquivalente Wörter in der Sprache finden, in die man sie übersetzen möchte.

Das Tetragramm YHWH pflegte man Jehova auszusprechen, heutzutage spricht man es normalerweise Jahwa. Es handelt sich hierbei um einen Eigennamen Gottes, des Allmächtigen, der von den Juden für so heilig gehalten wird, daß sie ihn beim Lesen ihrer Schriften niemals aussprechen, sondern beim Lesen stattdessen das Wort „Adonī" verwenden. Ein anderer Name Gottes, nämlich „Elohim" wird immer ausgesprochen, „Jahwa" dagegen nie. Warum die Juden diesen Unterschied zwischen diesen beiden Namen desselben Gottes machen, das ist ein eigenes Gebiet und gehört wirklich nicht zu unserem Themenkreis. Ich möchte nebenbei lediglich erwähnen, daß im Gegensatz zu Elohim der Name Jahwa nie mit Pronominalsuffixen gebraucht wird und für die Juden ein spezieller Name für die Gottheit als eine Art Nationalgott des Volkes Israel zu sein scheint. Tatsache ist jedenfalls, daß „Elohim" der älteste Name ist, der allen Semiten bekannt war; und um der Konzeption des wahren Gottes einen besonderen Charakter zu geben, wird dieses Tetragramm oft zusammen mit Elohim auf Gott angewandt. Die arabische Form „Rabb Allah" entspricht der hebräischen Form „Yahwah Elohim".
Das andere Wort, „Ādōn", bedeutet so viel wie „Befehlshaber, Herr, Gebieter", dasselbe wie die arabischen bzw. türkischen Wörter „Amīr, „Sayyid" und „Āghā". „Ādōn" steht als Gegenbegriff zu „Soldat, Sklave und Besitz". Der erste Teil des Distichons aus dem oben erwähnten Psalmzitat muß also wiedergegeben werden mit: „Gott sagte zu meinem Herrn."

David war in seiner Eigenschaft als Monarch selbst der Herr und Befehlshaber eines jeden Israeli und Beherrscher des Königreichs. Wessen „Diener" war er aber dann? Als ein mächtiger Souverän konnte David tatsächlich kein Sklave oder Diener irgendeines lebenden Menschen sein. Andererseits ist es auch unvorstellbar, daß er irgendeinen verstorbenen Propheten oder Heiligen, wie etwa Abraham oder Jakob, als „seinen Herrn" bezeichnen würde, denn für sie galt der gebräuchliche und angemessene Ausdruck „Vater". Gleichermaßen ist es unvorstellbar, daß David den Begriff „mein Herr" auf irgendeinen seiner eigenen Nachkommen anwenden würde; hier fände vielmehr der gebräuchliche Ausdruck „Sohn seinen Platz. Neben Gott bleibt also kein vorstellbares Wesen, welches Davids Herr sein könnte, es sei denn, der vortrefflichste und bedeutendste Mann der Menschheit überhaupt. Es ist auch durchaus verständlich, daß es aus der sicht Gottes und von seiner Wahl her einen Menschen geben muß, der von allen Menschen am vortrefflichsten, am meisten gepriesen und am beliebtesten ist. Die Seher und die Propheten wußten von altersher natürlich um diesen heiligen Charakter und nannten deshalb, wie auch David es tat, eine solche Persönlichkeit „mein Herr".

Die jüdischen Rabbiner und Kommentatoren des Alten Testaments verstanden unter dem Ausdruck „mein Herr" natürlich den Messias, welcher unmittelbar von David abstammen sollte, und beantworteten deshalb auch die von Jesus Christus an sie gerichtete diesbezügliche Frage in der von Matthäus *(Kapitel 22)* und den anderen Synoptikern überlieferten Form. Jesus wies die Juden jedoch rundweg ab, indem er folgende, weitere Frage an sie richtete: „Wie könnte David ihn denn ‚mein Herr' nennen, wenn es wirklich sein Sohn wäre?" Diese Frage des Meisters ließ die Zuhörer verstummen, denn hierauf konnten sie keine Antwort finden. Die Evangelisten brechen die Diskussion über diese wichtige Frage abrupt ab. Hier aber einfach ohne weitere Erklärung abzubrechen, wird weder dem Meister noch seinen Berichterstattern gerecht. Auch wenn man die Frage des Gottseins von Jesus und sogar seines Status als Prophet beiseite läßt, so war Jesus doch zumindest als Lehrer verpflichtet, das von ihm angesprochene Problem zu lösen, als er erkannte, daß die Jünger und anderen Zuhörer nicht in der Lage waren zu begreifen, **wer** der „Herr" sein könnte!

Durch seine Bemerkung, daß der „Herr" bzw. der „Adon" doch nicht ein Sohn Davids sein könnte, schließt Jesus diesen Titel auch für sich aus. Dieses Zugeständnis ist schlüssig und sollte die religiösen Lehrer der Christen dahin bringen, Christus auf seinen ihm angemessenen Status eines hervorragenden, frommen Dieners Gottes zurückzuführen und auf den extravaganten göttlichen Charakter, der ihm zu seinem eigenen Mißfallen und Verdruß angedichtet wurde, zu verzichten.

Ich kann mir keinen Lehrer vorstellen, der bemerkt, daß seine Schüler seine Frage nicht beantworten können, und trotzdem schweigt, es sei denn, es wäre genauso unwissend und selbst nicht in der Lage, eine Antwort zu geben. Jesus aber war sicher nicht unwissend oder gar ein übelwollender Lehrer. Er war vielmehr ein Prophet mit einer brennenden Liebe zu Gott und zu den Menschen. Er ließ kein Problem ungelöst und keine Frage unbeantwortet. Die von den Kirchen benutzten Evangelien geben keine Auskunft über die Antwort, die Jesus auf die Frage gab: „Wer war der Herr Davids?" Das Evangelium des Barnabas aber tut es. Dieses Evangelium wird von den Kirchen nicht anerkannt, denn seine Ausdrucksweise entspricht eher den offenbarten Schriften und ist sehr bezeichnend und sehr deutlich, was den Sendungscharakter Jesu Christi angeht. Was aber am meisten ins Gewicht fällt: es gibt exakt die Worte Jesu über Muhammad wieder. Ein Exemplar dieses Evangeliums kann man sich leicht besorgen. Man wird dort die eigene Antwort von Jesus finden, die besagt, daß der Bund zwischen Gott und Abraham durch Ismail geschlossen wurde und daß „der ruhmreichste oder meistgepriesene" unter den Menschen ein Nachkomme aus dem Geschlecht Ismails sei und nicht aus dem Geschlecht Isaaks und damit auch nicht aus dem Geschlecht Davids. Mehrmals wird über Jesus berichtet, daß er von Muhammad gesprochen habe, dessen Geist oder Seele er im Himmel gesehen habe. So Gott will, werde ich später Gelegenheit haben, über dieses Evangelium zu schreiben.

Zweifellos hatte Daniel, der in einer wunderbaren Vision den bedeutenden „Barnasha", der ja Muhammad war, gesehen hatte, das gleiche prophetische Auge wie David. Es war auch dieser ruhmreichste und meistgepriesene unter den Menschen, den der Prophet Hiob als einen Erlöser von der Macht des Teufels sah *(Buch Hiob, Kapitel 19, Vers 25)*.

Ist es möglich, daß Muhammad der ist, den David „mein Herr" oder „mein Adon" nennt? Wir wollen sehen.

Die Argumente, die für Muhammad, der „Sayyidu-mursalīn" also „Adon der Gesandten" genannt wird, sprechen, sind schlüssig;sie sind so einleuchtend und in den Worten des Alten Testaments so klar, daß man erstaunt sein muß über die Ignoranz und Halsstarrigkeit jener, die nicht verstehen und nicht gehorchen wollen.

1. Der bedeutendste Prophet und Adon in den Augen Gottes und der Menschen ist zum einen kein großer Eroberer und kein Vernichter der Menschheit und zum anderen auch kein heiliger Einsiedler, der sein Leben in einer Höhle oder Klosterzelle verbringt, um über Gott zu meditieren und auf diese Weise nur sich selbst zum Seelenheil zu führen; der bedeutendste Prophet und Adon in den Augen Gottes und der Menschen ist vielmehr jemand, der den Menschen mehr Gutes und Nutzen erweist und sie dadurch zum Licht der Erkenntnis über den Einen wahren Gott bringt und dadurch auch die Macht des Teufels und seiner abscheulichen Götzenbilder und gottlosen Institutionen zerstört.

Es war Muhammad, der „den Kopf der Schlange zertrat" [1], und hierin liegt der Grund, daß der Koran den Teufel ganz richtig „Iblīs", d.h. „den Zertretenen", nennt. Er säubert das Heiligtum der Ka'aba und ganz Arabien von Götzendienern und brachte zu den unwissenden arabischen Götzendienern Licht, Religion, Freude und Macht; diese wiederum sandten dieses Licht in alle Himmelsrichtungen in alle Gegenden der Erde. Die Bemühungen und Erfolge

1 siehe „Islamic Review" für Oktober 1926, mein Artikel „Why the Qur-ān calls the Devil 'Iblīs'".

Muhammads im Dienste Gottes sind unvergleichbar und unerreicht.

Die Propheten, Heiligen und Märtyrer bilden die Armee Gottes gegen die Macht des Teufels; und allein Muhammad ist fraglos ihr Oberbefehlshaber. Er allein ist gewiß der Adon und Herr, nicht nur von David, sondern von allen Propheten, denn er hat Palestina
und all die Länder, die Abraham besucht hatte, von Götzendienerei und fremder Unterdrückung gereinigt.

2. Da Jesus zugibt, daß er selbst nicht der „Herr" Davids sei und auch nicht von David abstamme, bleibt unter den Propheten nur Muhammad, der der Adon oder Herr Davids sein kann. Und wenn wir die lobenswerte, religiöse Revolution, die der edle Sohn Ismails in die Welt brachte, mit dem vergleichen, was all die tausend Propheten zusammen erreicht haben, dann kommen wir zwangsläufig zu dem Schluß, daß allein Muhammad den verdienstlichen Titel „Adon" verdient.

3. Wie konnte David wissen, daß „Jahwa zu Adon sprach: 'Setze dich zu meiner Rechten, bis ich deine Feinde zum Schemel deiner Füße lege'"? Und **wann** hörte David dieses Wort Gottes? Christus selbst gab die Antwort, daß nämlich „David dies im Geist schrieb". Er sah den Adon Muhammad, wie ihn auch Daniel gesehen hatte *(Daniel, Kapitel 7)* sowie Paulus *(2. Brief des Paulus an die Korinther, Kapitel 12)* und viele andere. Dieses Mysterium „Setze dich zu meiner Rechten" bleibt natürlich ein Geheimnis. Wir haben jedoch Grund zu der Annahme, daß diese öffentliche Auszeichnung mit der Ehre, zur Rechten des Thrones Gottes sitzen zu dürfen, und damit der Erhebung zur Würde des „Adon" nicht nur der Propheten, sondern aller Geschöpfe, in der berühmten Nacht des Mi'rādj Muhammads in das Paradies zugestanden wurde.

4. Der einzige, prinzipielle Einwand gegen Muhammads göttliche Sendung und seinem Vorrecht ist sein Verdammen der Trinitätsdoktrin. Das Alte Testamend kennt jedoch neben Allah keinen anderen Gott, und der Herr Davids saß nicht zur Rechten eines dreifachen Gottes, sondern zur Rechten des Einen Allah. Unter den Propheten, die an Allah glaubten und Ihm dienten, gab es keinen so bedeutenden Propheten, der einen solch gewaltigen Dienst für Allah und die Menschheit leistete, wie Muhammad; der Friede und der Segen Allahs seien mit ihm!

VIII
Der Herr und der Apostel des Bundes

Das letzte Buch des jüdischen, kanonischen Bibelkodexes trägt den Namen „Maleachi"; bei diesem Namen scheint es sich eher um einen Nachnamen als einen Vornamen zu handeln. Die korrekte Schreibeweise ist Mālākhī, was soviel wie „mein Engel" oder „mein Bote" bedeutet. Das hebräische Wort „māl'akh" steht wie das arabische „malak" oder griechische „anghelos", von dem das englische Wort „angel" abgeleitet ist, für „einen Boten", für jemanden, der beauftragt ist, einem anderen eine Botschaft oder eine Neuigkeit mitzuteilen.

Wer dieses Maleachi konkret ist, in welchem Zeitabschnitt der jüdischen Geschichte er lebte und Prophet war, kann weder dem Buch Maleachi selbst noch irgendeinem anderen Teil des Alten Testaments entnommen werden. Das Buch Maleachi beginnt mit den Worten: „Die 'missa' des Wortes Jahwes, dem El von Israel, durch den Boten „Mālākhī", was man wie folgt übersetzen kann: „Die Predigt des Wortes Jahwes, des Gottes von Israel, durch den Boten Maleachi." Das Buch besteht aus vier kurzen Kapiteln.

Die Weissagung richtet sich nicht an einen König und seine Höflinge, sondern an ein Volk, das sich bereits in Jerusalem mit dem Tempel und seinen Gottesdiensten angesiedelt hatte. Die Opfer und Oblaten sind von äußerst geringer, ja von äußerst schlechter Qualität; die auf den Altären geopferten Schafe und Rinder sind nicht die besten; es sind blinde, lahme und magere Tiere. Der Zehnte wird nicht regelmäßig bezahlt, und wenn er überhaupt bezahlt wird, dann besteht er aus geringwertigem Material. Auch die Priester können selbstverständlich ihre Zeit und Energie nicht der Durchführung ihrer heiligen Pflichten widmen. Denn sie können die Rindersteaks und die gebratenen Hammelkoteletts der mageren, alten und verkrüppelten Opfertiere nicht kauen. Von den kärglichen Zehnten oder denn unzureichenden Gehältern können sie nicht leben. Jahwe verfährt mit seinem unbelehrbaren Volk wie immer; bald droht Er ihnen, bald stellt Er Verheißungen in Aussicht, und zuweilen beklagt Er Sich.

Diese Predigt oder Weissagung scheint vom Propheten Maleachi etwa zu Beginn des vierten vorchristlichen Jahrhunderts übermittelt worden zu sein, als das Volks Israel Gottes überdrüssig war und zu sagen pflegte: „Des Herrn Tisch ist ein Gegenstand des Abscheus, und Seine Speise ist nichtswürdig" *(Maleachi, Kapitel 1, Vers 12)*. Und: „Wer Böses tut, der gefällt dem Herrn, und über solche ist Er erfreut" oder „Wo ist der Gott, Der da strafe?" *(Maleachi, Kapitel 2, Vers 17)*.

Das Buch Maleachi ist ungeachtet dessen, daß seine Entstehung in die Zeit „post captivitatem" fällt, dennoch in einem offensichtlich guten Hebräisch geschrieben. Zu behaupten, daß uns diese „misa" oder Predigt in der ursprünglichen Fassung und ohne Verfälschung überliefert wurde, kommt dem Eingeständnis gleich, die Sprache nicht zu kennen. Denn es gibt einige verstümmelte Sätze, so daß es ziemlich unmöglich ist, den genauen Sinn, den sie enthalten, wiederzugeben.

Der Gegenstand unserer Betrachtung in diesem Kapitel ist die berühmte Prophezeiung, die der erste Vers im dritten Kapitel des Buches Maleachi enthält. Die Prophezeiung lautet wie folgt:

> „Siehe, Ich will Meinen Boten senden,
> der von Mir her den Weg bereiten soll;
> und bald wird der Adon, den ihr sucht,
> zu seinem Tempel kommen, und der Apostel
> des Bundes, dessen ihr begehret, siehe,
> er kommt, spricht der Herr der Heerscharen"
> *(Maleachi, Kapitel 3, Vers 1)*.

Dies ist eine wohlbekannte Messias-Prophezeiung. Alle christlichen Heiligen, Kirchenväter, Päpste, Patriarchen, Priester, Mönche, Nonnen und selbst die Kinder der Sonntagsschulen werden uns sagen, daß der erste, im Text erwähnte Bote Johannes der Täufer sei und der zweite Botschafter, den ihre in ihrer Muttersprache verfaßten Versionen als „Engel des Bundes" wiedergeben, Jesus Christus!

Eine eindeutige Determination des Gegenstandes dieser Prophezeiung ist von äußerster Wichtigkeit;denn die christlichen Kirchen haben stets geglaubt, daß in ihr auf zwei verschiedene Personen hingewiesen wird. Ursache dieser irrigen Annahme ist ein einmalig bemerkenswerter Fehler von Matthäus. Ein charakteristisches Merkmal des ersten Evangeliums, nämlich des Matthäus-Evangeliums, besteht darin, die Erfüllung einiger bestimmter Aussagen oder Prophezeiungen im Alten Testament, die sich mit fast jedem Ereignis im Leben Jesu Christi beschäftigen, aufzuzeigen und zu beweisen. Dabei ist Matthäus jedoch sehr nachlässig im Bemühen, sich selbst vor Widersprüchen zu schützen, und in seinen Zitaten aus den jüdischen Schriften nicht sehr gewissenhaft. In der Literatur seiner eigenen Muttersprache scheint er nicht gerade sehr bewandert zu sein. Im vorausgegangenen Kapitel dieser Abhandlung hatte ich eine

Gelegenheit benutzt, auf einen seiner Fehler hinzuweisen, nämlich auf die Geschichte mit dem Esel, auf dem Jesus ritt. [1]

Es geht hier um einen sehr wichtigen Punkt, der die Authentität und Richtigkeit der Evangelien berührt. Ist es möglich, daß der Apostel Matthäus selbst den wahren Charakter der Prophezeiung von Maleachi nicht kannte und seinem Meister ein falsches Zitat zuschreibt? Dies würde doch zwangsläufig die Frage nach der Qualität eines „göttlich inspirierten Propheten" aufwerfen. Was sollen wir z.B. vom Verfasser des zweiten Evangeliums, nämlich des Markus-Evangeliums, halten, der den in Rede stehenden Text bei Maleachi dem Propheten Jesaja zuschreibt *(Evangelium des Markus, Kapitel 1, Vers 2)*? Matthäus berichtet im elften Kapitel, Verse 1 - 15, über Jesus, daß dieser der Menge erklärt habe, das Johannes der Täufer „mehr als ein Prophet" gewesen sei, „daß er es ist, über den geschrieben steht: Siehe, Ich sende Meinen Engel vor dir her, der deinen Weg vor die bereiten soll" und daß „unter allen, die vom Weibe geboren sind, keiner größer als Johannes ist; aber der Geringste im Himmelreich ist größer als er." Dieser Berichterstattung folgt auch Lukas, bzw. kopiert er sie im Kapitel 7, Verse 18 - 28.

Die Verfälschung des Maleachi-Textes ist offenkundig; sie ist vorsätzlich unternommen worden. Der ursprüngliche Text sagt uns, daß Jahwe Zebaoth, d.h. der Gott der Heerscharen, der Sprechende ist und die Gläubigen die Angesprochenen sind dies sehen wir ohne weiteres an den Worten „den **ihr** sucht.......dessen **ihr** begehret." Gott spricht: „Siehe, Ich will Meinen Boten senden, der vor **Mir** her den Weg bereiten soll." Die Evangelien geben jedoch einen verfälschten Text wieder, da sie das Personalpronomen der ersten Person Singular tilgen und dafür „vor dir" (oder „vor deinem Angesicht", wie es im Hebräischen wörtlich heißt) zweimal einsetzen.

Im allgemeinen geht man davon aus, daß Matthäus sein Evangelium in der damaligen Volkssprache Hebräisch oder Aramäisch verfaßt hat, um den Juden zu beweisen, daß Gott zu Jesus Christus gesagt habe: „Siehe, Ich sende Meinen Boten (Engel) (so lautet es bei Matthäus, Kapitel 11, Vers 10) vor dir her, der deinen Weg vor dir bereiten soll." Sein Wunsch ist es, aufzuzeigen, daß dieser Engel oder Bote Johannes der Täufer sei. Eine Unterscheidung zwischen Johannes und Jesus wird dann Jesus überlassen, der Johannes als jemanden beschreibt, der über allen anderen Propheten steht und größer ist als die Söhne

1 = siehe I.R., Januar 1929, Seite 18

von sämtlichen Müttern, wobei aber wieder der Geringste im Himmelreich — in dem Jesus für den König gehalten wird — größer als Johannes ist.

Ich glaube keinen einzigen Augenblick daran, daß Jesus oder irgendeiner seiner Apostel die Sprache so mißbraucht haben, daß das Wort Gottes dadurch verdreht wird! vielmehr hat irgendein fantischer Mönch oder ein ungebildeter Bischof diesen Text verfälscht und dem Jesus Worte in den Mund gelegt, die ein Prophet nie sprechen würde.

Die überlieferte Vorstellung, daß der Bote, der den Auftrag hat, den Weg vor den „Adon" oder den „Boten des Bundes" her zu bereiten, ein Diener oder Untergeordneter des ihm Folgenden sei, und daraus zu schließen, daß zwei verschiedene Personen verkündet wurden, ist hinsichtlich der Bedeutung der Sendung und der Größenordnung des dem Boten zugedachten Wirkens schlicht ein Produkt der Ignoranz. Man kann sich den Boten nicht als einen Pionier oder gar einen Ingenieur mit der Aufgabe vorstellen, Straßen und Brücken zu bauen, auf denen dann eine königliche Prozession stattfinden könnte. Ich möchte deshalb dieses Thema in einer tiefergehenden, couragierten, unparteiischen und sachlichen Form abhandeln.

Wir müssen zunächst einmal als sicher annehmen, daß der Bote ein Mensch mit Körper und Seele ist und kein Engel oder übermenschliches Wesen. Dann müssen wir unsere Weisheit und unser Urteilsvermögen einsetzen, um zu verstehen, daß der Bote nicht gesandt wurde, um den Weg einem anderen Boten mit dem Namen „Adon" oder „Messenger of the Promise" zu bereiten, sondern um eine geradlinige, zuverlässige und gute Religion zu gründen und zu etablieren. Er hat den Auftrag, alle Hindernisse auf dem Weg zwischen Gott und Seinen Geschöpfen zu beseitigen und alle Spalten und Kluften auf diesem großartigen Weg auszumerzen, auf das es angenehm und leicht sei, diesen Weg unbeschwert und geschützt vor jeder erdenklichen Gefahr zu beschreiten. Der hebräische Satz „u pinna derekh" beinhaltet die Aussage, daß der Bote „die Anbetung oder die Religion in Ordnung zu bringen und klarzulegen". Das Verbum „dārākh", das die gleiche Wurzel wie das arabische „daraka" hat, bedeutet „gehen, gelangen zu, begreifen". Das Sustantiv „derekh" hat die Bedeutung „Straße, Weg, Schritt" und im metaphorischen Sinne „Anbetung und Religion". In diesem religiösen Sinn wird es in den Psalmen und von den Propheten verwendet.

Es ist klar, daß dieser hohe Bote Gottes nicht gekommen ist, um einen Weg zu bereiten oder zu verbessern, eine Religion, die nur einigen Juden von Nutzen ist, sondern un eine universale und unveränderliche Religion für alle Menschen zu etablieren. Obwohl die jüdische Religion die Existenz eines einzigen, wahren Gottes einschärft, machen sie die Konzeption eines Gottes, der nationaler Gott Israels, seiner Priesterschaft, Opferriten und Zeremonien ist, und das Nichtvorhandensein auch nur eines einzigen Glaubenssatzes bezüglich der Unsterblichkeit der menschlichen Seele, der Auferstehung der Toten, des Jüngsten Gerichts des ewigen Lebens im Pardies oder in der Hölle und viele andere Mängel für die Menschen verschiedener Sprachen, Rassen, Umweltbedingungen, Temperamente und Lebensgewohnheiten absolut untauglich und unzureichend.

Was das Christentum angeht, so hat es mit seinen bedeutungslosen sieben Sakramenten, seinem Glauben an die Erbsünde, an die Inkarnation Gottes — die aller früheren religiösen und mythologischen Literatur fremd war — und an die Dreieinigkeit individueller Götter und wegen der Tatsache, daß es nicht eine einzige Zeile in scripto von seinem angenommenen Begründer Jesus Christus besitzt, der Menschheit keinen guten Dienst erwiesen. Im Gegenteil, es hat Gruppierungen und Sekten hervorgerufen, die sich alle durch bitteren Haß und Groll untereinander auszeichnen.

Der Bote hatte somit den Auftrag, diese beiden Religionen aufzuheben und die ursprüngliche Religion Abrahams und Ismails und der anderen Propheten wieder einzuführen, und zwar mit neuen göttlichen Regeln für die gesamte Menschheit. Es mußte der kürzeste Weg und der direkte sein, um Gott zu „erreichen"; die einfachste Religion, Ihn anzubeten und der zuverlässigeste Glauben, der für immer rein und frei von Aberglauben und dümmlichen Dogmen sein sollte. Der Bote sollte eine Straße, eine Religion bereiten, die all diejenigen zusammenführt, die an den Einen Gott glauben und ihn lieben und keinen Bedarf an einer Führung durch Hunderte von selbsternannten Führern und Beschützern haben.

Vor allem aber sollte der Bote bald zu seinem Tempel kommen, ob es sich dabei nun um den Tempel in Jerusalem oder um die Moschee in Mekka handelt; er sollte in jener Gegend alle Götzendienerei ausrotten, nicht nur durch das Zerstören von Götzenstatuen und — bildern, sondern auch durch ständiges Lehren des Glaubens an den einen und wahren Allah, was die früheren Götzenanbeter betrifft. Die Erfüllung dieser gewaltigen Aufgabe, den neuen Pfad, eine universale Religion zu schaffen, die lehrt, daß es zwischen Gott und dem Menschen keinen absoluten Mittler gibt, weder Priester noch Heiliger noch Sakrament, ist nur zulässig und nur durch einen Apostel geleistet worden, dessen Name Muhammad al-Mustapha ist!

2. Johannes der Täufer ist nicht der von Maleachi prophezeite Gesandte. Die Berichte der vier Evangelisten über ihn sind sehr widersprüchlich;das Einzige, worin sie alle übereinstimmen, ist, daß er keineswegs den Weg bereitete; denn er war nicht mit einer heiligen Schrift ausgestattet; weder gründete er eine neue Religion noch refomierte er die alte.

Es wird über ihn berichtet, daß er als junger Mann seine Eltern und sein Elternhaus verließ; er lebte in der Wüste und ernährte sich von Honig und Heuschrecken. Dieses Leben führte er, bis er etwa 30 Jahre alt war und sich den Menschen an den Ufern des Jordanflusses zeigte und diejenigen reuigen Sünder taufte, die ihm ihre Sünden beichteten.

Wärend Matthäus nichts über Johannes' Beziehung zu Jesus weiß oder keinen Wert darauf legte, darüber zu berichten, gibt Lukas, der sein Evangelium **nicht** aufgrund einer Offenbarung, sondern anhand von Aufzeichnungen der Jünger des Meisters verfaßte, über die Verehrung Auskunft, die Johannes dem Jesus schon entgegenbrachte, als beide sich noch im Leib ihrer Mütter befanden *(Evangelium des Lukas, Kapitel 1, Vers 39-46)*.Johannes tauft Jesus in den Fluten des Jordanflusses wie jeden anderen auch; hierbei soll er gesagt haben, daß er „nicht genug" war, sich „zu bücken und die Riemen seiner Schuhe aufzulösen" *(Evangelium des Markus, Kapitel 1, Vers 7)*, nämlich der Schuhe Jesu. Einem Bericht des vierten Evangeliums zufolge, soll Johannes ausgerufen haben, daß Jesus „das Lamm Gottes" sei, „welches der Welt Sünde trägt"*(Evangelium des Johannes, Kapitel 1, Vers 29)*.

Daß Johannes Jesus kannte und ihn als Christus erkannte, ist so gut wie sicher. Als er jedoch im Gefängnis saß, sandte er trotz alledem seine Schüler zu Jesus und ließ ihn fragen: „Bist du es, der da kommen soll, oder sollen wir auf einen anderen warten?" (Evangelium des Matthäus, Kapitel 11, Vers 3, u.a.). Der Täufer wurde im Gefängnis zum Märtyrer, weil er einen ungläubigen Edoniten, König Herodes den Tetrarcher, dafür maßregelte, daß er die Frau seines eigenen Bruders geheiratet hatte. Den Erzählungen der Evangelisten zufolge endete auf diese Weise das Leben eines sehr keuschen und heiligen Propheten.

Es ist seltsam, daß die Juden Johannes nicht als einen Propheten empfingen. Und noch seltsamer ist es, daß das Evangelium des Barnabas den Täufer überhaupt nicht erwähnt. Mehr noch, es führt die Worte, die Johannes über Christus geäußert haben soll, als Worte Christi über Muhammad, dem Gesandten Allahs, an!

Der Koran erwähnt die wunderbare Geburt des Johannes unter dem Namen Yahya, nimmt aber keinen Bezug auf dessen Mission als Täufer.

Die Beschreibung der Predigt von Johannes finden wir im dritten Kapitel des Matthäus-Evangeliums. Demzufolge scheint er das Nahen des Himmelreiches und das Kommen eines bedeutenden Gesandten und das Propheten Gottes angekündigt zu haben, der die Gläubigen taufen würde, nicht mit **Wasser**, „sondern mit Feuer und dem Heiligen Geist".

Wenn nun Johannes, der Täufer, der Gesandte wäre, den Gott berufen hätte, den Weg vor Jesus Christus zu bereiten, und wenn er Jesu Herold und Untergeordneter wäre, dann ergäbe es keinen Sinn und wäre ohne jede Weisheit, daß Johannes die Menschenmassen im Wasser eines Flusses oder eines Weihers taufen und und sich selbst mit einem halben Dutzend Schüler umgeben sollte. Er hätte doch Jesus unverzüglich folgen und bei ihm bleiben müssen, nachdem er ihn gesehen und erkannt hatte Er tat aber nichts dergleichen Ein Muslim spricht von einem Propheten ganz selbstverständlich immer mit höchsten Respekt und tiefster Verehrung, und man wird mir nicht zumuten wollen, noch mehr dazu zu sagen, wie es ein Ernest Renan oder irgendein anderer Kritiker tun würde. Aber zu behaupten, daß ein Prophet, den sie als einen Derwisch der Wildnis, gekleidet in Tierfellen, beschreiben, der hervorkommt und seinen „Adon" und den „Engel des Bundes" sieht, ihm **dann** nicht folgt und ihm nicht den Weg bahnt, das ist lächerlich und unglaublich. Zu denken und zu glauben, daß ein von Gott gesandter Prophet den Weg bereiten, die Religion reinigen und klar machen soll für den Kommenden und seinem Superior, und ihn dann als jemanden zu beschreiben, der sein Leben lang unter Tieren in der Wüste lebt, bedeutet so viel, wie uns zu erzählen, daß er Chausseen, Fußwege oder Bahnstrecken bauen wollte, und zwar nicht für Menschen, sondern für wilde Tiere und Geister.

3. Johannes der Täufer war auch weder der Prophet Elia oder Elias, wie Chritus gesagt haben soll. Der Prophet Maleachi spricht im vierten Kapitel, Vers 5 und 6, vom Kommen des Elia, was der Prophezeiung zufolge vor dem Tage der Auferstehung und nicht vor dem Erscheinen des hier erwähnten Gesandten eintreten soll. Selbst wenn Christus gesagt hätte, daß Johannes Elia wäre, würden die Menschen ihn nicht kennen. Was Jesus zum Ausdruck bringen wollte, war, daß beide Gemeinsames hatten hinsichtlich ihres asketischen Lebens, ihres Eifers für Gott und ihres Mutes beim Schelten und Ermahnen der Könige und heuchlerischen religiösen Führer.

Ich kann nicht fortfahren, diese unhaltbare Theorie der Kirchen, daß Johannes der Gesandte sei, „den Weg zu bereiten", zu erörtern. Aber ich muß noch hinzufügen, daß dieser Täufer nicht ein Jota vom mosaischen Gesetz abgeändert noch ein i-Tüpfelchen hinzugefügt hat. Und was das Taufen anbetrifft, so handelt es sich hier um die alte jüdische ma'muditha oder Ablution. Waschung bzw. Ablution kann aber nicht als eine „Religion" angesehen werden oder als „Weg", dessen Platz durch die berühmte und mysteriöse, kirchliche Einrichtung des Taufsakramentes eingenommen wurde!

4. Wenn ich sagte, daß Jesus Christus mit der Prophezeiung Maleachis nicht gemeint ist, würde es so aussehen, als ob ich ein „argumentum ad absurdum" führte, weil niemand meiner Aussage widersprechen oder einen Einwand erheben wird. Die Kirchen haben ja stets geglaubt, daß der „Gesandte des Weges" Johannes der Täufer und nicht Jesus war. Die Juden glauben jedoch an keinen von beiden. Aber da die prophezeite Person ein und dieselbe ist und nicht **zwei**, muß ich auch um des guten Gewissens wegen erklären, daß Jesus diese Person nicht ist und sein kann. Wenn Jesus ein Gott gewesen wäre, was ja über ihn nun allen Ernstes behauptet wird,dann hätte er nicht damit beschäftigt sein können, den Weg vor dem Angesicht Jahwe Zebaoths zu bereiten Wenn Jesus Jahwe Zebaoth gewesen wäre, der diese Prophezeiung abgab, wer soll dann **der** Jahwe Zebaoth gewesen sein, vor **dessen Angesicht** der Weg zu bereiten war? Wenn er aber ein normaler Mensch aus Fleisch und Blut war und ein Diener des Herrn der Heerscharen, dann ist die Behauptung sowieso hinfällig. Denn Jesus als normaler Mensch und Prophet könnte nicht der Begründer der trinitarischen Kirchen sein. Welche Forn der christlichen Religion wir auch betrachten mögen, die Orthodoxen, Katholiken, Protestanten, Salvationisten, Quäker oder irgendeine andere der zahllosen Sekten und Gemeinschaften, keine von ihnen kann „der Weg", „die Religion" sein, auf die Malechi hingewiesen hat ; und Jesus ist **nicht** ihr Begründer bzw. Wegbereiter. So lange wir das absolute Einssein Gottes leugnen, befinden wir uns im Irrtum, und Jesus kann nicht unser Freund sein oder uns helfen.

5. Die Person, auf die in der Prophezeiung hingewiesen wird, hat drei Qualifikationen, nämlich Gesandter der Religion, Oberbefehlshaber und Gesandter des Bundes. Ferner wird sie durch drei Dinge beschrieben und kenntlich gemacht, nämlich „er wird bald zu seiner Moschee oder seinem Tempel kommen, er wird von Menschen erwartet und begehrt, und er ist in bedeutendem Ausmaß beliebt."Wer kann nun dieser glorreiche Mann, dieser großartige Wohltäter der Menscheheit und dieser heldenhafte Befehlshaber, der edle Dienste um Allahs und Seiner Religion willen verrichtete, anders sein als Muhammad? Gottes Friede und Segen mögen auf ihm ruhen!

Er brachte der Welt ein unerreichtes, heiliges Buch, den Koran, und die äußerst verständliche, einfache und nützliche Religion des Islam; er war der Weg zur

Rechtleitung und Bekehrung von abermillionen Menschen in den heidnischen Nationen in allen Teilen der Welt; er führte sie zu einer universalen und vereinenden Brüderlichkeit, die das wahre und offizielle „Königreich Allahs“ auf Erden, von dem Jesus und Johannes der Täufer gesprochen hatten, bildet. Es ist sinnlos und kindisch, Jesus oder Johannes der mit dem bedeutsamen Gesandten Allahs vergleichen zu wollen, wo wir doch genau wissen, daß keiner der beiden weder versuchte, auch nur einen einzigen Heiden zu bekehren, noch Erfolg darin hatte, die Juden davon zu überzeugen, ihre Sendung anzuerkennen.

IX
Wahre Propheten predigen nur den Islam

Kein Volk ist in der Geschichte so bekannt wie das israelische, das innerhalb von weniger als 400 Jahren von unzähligen falschen Propheten heimgesucht wurde, ganz zu schweigen von den vielen Zauberern, Wahrsagern und den verschiedenen Medizinmännern und Magiern. Es gab zwei Gruppen von falschen Propheten: die jenigen, welche sich zur Religion und Torah (dem Gesetz) Jahwes bekannten und vortäuschten, in Seinem Namen zu prophezeien, und jene, die unter dem Schutz eines Götzen anbetenden, israelischen Herrschers im Namen Baals oder eines anderen Götzen der heidnischen Nachbarvölker prophezeiten. Zur ersten Gruppe gehörten einige Betrüger, die Zeitgenossen wahrer Propheten wie Micha und Jeremia waren, während zur zweiten Gruppe solche gehörten, die dem Elia viele Schwierigkeiten bereiteten und die Ermordung wahrer Propheten und Gläubigen während der Herrschaft Ahabs und seiner Frau Jezebel herbeiführten. Die größte Gefahr für den wahren Glauben und die wahre Religion stellten die Pseudo-Propheten dar, die die Gottesdienste im Tempel und in den Misphas hielten und vortäuschten, Weissagungen von Gott den Menschen zu übermitteln. Es gibt möglicherweise keinen Propheten, der durch die Hand dieser Betrüger mehr Verfolgung und Not erlitt wie der Prophet Jeremia.

Als Jeremia ein junger Mann war, begann er seine prophetische Mission etwa im letzten Viertel des siebenten vorchristlichen Jahrhunderts, als für das Königtum Juda die große Gefahr bestand, von den Armeen der Chaldäer angegriffen zu werden. Die Juden hatten eine Allianz mit dem ägyptischen Pharao geschlossen; als dieser von den Truppen Nebukadnezars jedoch vernichtend geschlagen worden war, war auch Jerusalems Untergang nur noch eine Frage der Zeit. In jenen kritischen Tagen, in denen sich das Schicksal des Restes vom Volk Gottes entscheiden mußte, empfahl der Prophet Jeremia dem König und den Führern der Juden eindringlich, sich dem König von Babylon zu unterwerfen und ihm zu dienen, um Jerusalem davor zu bewahren, in Schutt und Asche gelegt zu werden, und um die Einwohner vor der Verschleppung in die Gefangenschaft zu bewahren. Er brachte all seine vielsagenden und feurigen Predigten zu Gehör der Könige, Priester und Ältesten des Volkes, aber es war alles nutzlos. Er überbrachte Botschaften über Botschaften von Gott, die besagten, daß die einzige Möglichkeit, das Land und das Volk vor der drohenden Vernichtung zu retten, darin lag, sich den Chaldäern zu unterwerfen; aber niemand wollte auf seine Warnungen hören.

Nebukadnezar kam, nahm die Stadt ein und nahm den König, die Prinzen und viele andere gefangen und erbeutete den Tempelschatz einschließlich der goldenen und silbernen Gefäße. Zwei andere Prinzen wurden vom babylonischen Herrscher bestimmt, als seine Lehnsmänner in Jerusalem zu herrschen. Einer von ihnen revoltierte gegen seinen Herrn in Babylon, anstatt sich weise und loyal ihm gegenüber zu verhalten. Jeremia ermahnte den König unablässig, loyal zu bleiben und die ägyptische Politik aufzugeben. Die falschen Propheten jedoch setzten ihre aufhetzenden Reden im Tempel fort und sprachen: „So spricht der Herr der Heerscharen: Siehe, Ich habe das Joch des Königs von Babylon gebrochen, und nach Abluf von zwei Jahren werden alle jüdischen Gefangenen sowie die Gefäße des Gotteshauses nach Jerusalem zurückgebracht sein."

Jeremia hing sich ein wollenes Joch um seinen Hals, ging zum Tempel und sagte zu den Leuten, daß es Gott gefallen habe, auf diese Weise das Joch des babylonischen Monarchen auf den Nacken aller Juden zu legen. Ein Gegenprophet schlug ihm ins Gesicht, brach das Joch von Jeremias Hals in Stücke und wiederholte die Tiraden der falschen Propheten. Jeremia wurde in eine tiefe Schlammgrube geworfen und bekam jeden Tag nur ein Gerstenbrot zu essen, bis eine Hungersnot die von den Chaldäern belagerte Stadt heimsuchte. Wie es Jeremia vorausgesagt hatte, starb der Pseudo-Prophet Hananja. Die Stadtmauer wurde gestürmt, und die siegreiche Armee drang in die Stadt ein. Der flüchtende König Zedekia und sein Gefolge wurden gefangen und zum König von Babylon gebracht; nur die Armen wurden zurückgelassen, um das Land zu kultivieren. Auf Anordnung Nebukadnezars durfte Jeremia in Jerusalem bleiben; der neu ernannte Gouverneur Gedalja bekam den Auftrag, nach Jeremia zu sehen und ihn zu schützen. Gedalja wurde jedoch von den rebellischen Juden ermordert, die danach nach Ägypten flohen und Jeremia mit sich schleppten. Aber selbst in Ägypten prophezeite er gegen die Flüchtlinge und die Ägypter. Wahrscheinlich ist er auch in Ägypten gestorben.

Seine uns in der jetzt vorliegenden Form bekannten Aufzeichnungen sind ganz anderer Art als der Text der Septuaginta; die Vorlage, von der der griechische Text von den alexandrinischen Übersetzern geschrieben wurde, hatte offensichtlich eine andere Kapitelanordnung.

Die Bibelkritiker vermuten, daß Jeremia der Verfasser oder zumindest der Textbearbeiter des fünften Buches des Pentateuchs, des Deuteronomius war. Ich bin auch dieser Ansicht. Jeremia war ein Levit und sowohl Priester als auch Prophet. Es gibt im Deuteronomium viele Lehren Jeremias, die in den anderen Schriften des Alten Testaments nicht erwähnt werden. Eine dieser Lehren möchte ich zum jetzigen Gegenstand meiner Diskussion nehmen; ich betrachte sie als eine Perle oder goldenen Text des Alten Testaments; sie muß als sehr wertvoll und heilig angesehen werden.

Nach dieser ausführlichen Erklärung möchte ich nun zum eigentlichen Thema kommen, das ich für dieses Kapitel ausgewählt habe: Wie kann man einen wahren, einen echten Propheten von einem falschen unterscheiden? Jeremia hat uns eine vollkommen zufriedenstellende Antwort gegeben, nämlich

„Der Prophet, der den Islam verkündet".

In Kapitel 13, Vers 1-5, und im Kapitel 18, Vers 20-22, des Deuteronomiums gibt uns Gott, der Allmächtige, eine Hinweise hinsichtlich falscher Propheten, die im Namen des Herrn in einer so hinterhältigen Weise prophezeien, daß sie Sein Volk in die Irre führen könnten. Darüberhinaus nennt uns Gott den besten Weg, die Perfidie der Hochstapler herauszufinden, nämlich die Erfüllung ihrer Voraussagen abzuwarten und sie dann zu töten, wenn ihr Schwindel herausgekommen ist. Aber es ist nur zu bekannt, daß unwissende Menschen nicht gut zwischen echten und falschen Propheten unterscheiden können, genauso wie auch heutzutage viele nicht in der Lage sind, definitiv zu erkennen, wer von den beiden, einem römisch-katholischen Priester oder einem calvinistischen Pfarrer, der wahre Anhänger von Jesus Christus ist!

Auch ein falscher Prophet sagt Ereignisse voraus, tut Wunderdinge und verrichtet ähnliche religiöse Dinge — zumindest dem Anschein nach —, wie sie auch ein echter Prophet verrichtet. Der Wettstreit zwischen dem Propheten Moses und den ägyptischen Magiern ist ein treffendes Beispiel hierfür.

Jeremia ist es also. der uns den Weg zeigt, die Glaubwürdigkeit und Echtheit eines Propheten zu prüfen; und dieser Weg ist das Zeichen des Islam. Man lese das ganze Kapitel 28 von Jeremia und reflektiere und denke über den neunten Vers nach:

„Der Prophet aber, der den Islam
(Shālōm) ankündigt, beim Kommen
des Wortes des Propheten; der
Prophet wird erkannt werden, daß
er von Gott wahrhaftig gesandt
wurde" *(Jeremia, Kapitel 28, Vers 9).*

Diese Übersetzung ist wortwörtlich. Das urtextliche Verb „naba", das gewöhnlich mit „ankündigen, prophezeien", und das Nomen „nābi", das gewöhnlich mit „Prophet" übersetzt werden, haben den Eindruck vermittelt, als ob ein Prophet jemand sei, der zukünftige Dinge voraussagt oder Dinge aus der Vergangenheit berichtet, und zwar mittels göttlicher Offenbarung.

Diese Definition ist aber nur teilweise richtig. Die vollständige Definition des Wortes „Prophet" muß lauten: „Jemand, der Weissagungen oder Botschaften von Gott empfängt und sie wahrheitsgetreu an die Person oder die Menschen weitergibt, für die sie bestimmt sind". Es ist einleuchtend, daß eine göttliche Botschaft nicht unbedingt die Ankündigung eines zukünftigen Ereignisses oder das Berichten eines Vorfalls in der Vergangenheit enthält. Das Wort „Prophezeiung" muß ebenfalls nicht unbedingt bedeuten, vergangene oder zukünftige Ereignisse zu enthüllen, sondern es heißt ganz einfach, die Botschaft Gottes zu predigen oder zu verbreiten. Somit ist das Prophezeien das übermitteln bzw. Mitteilen eines **neuen** orakelhaften Ausspruchs, dessen Charakter oder Wesen immaterieller Art ist.

Die Worte eines Propheten zu lesen bedeutet hinsichtlich einer Prophezeiung nicht mehr oder weniger als „übermittle ein Prophet eine Weissagung", indem er eine Predigt oder öffentliche Rede aus eigenem Antrieb hielte. Im Koran weist Gott Seinen geliebten Diener Muhammad an zu erklären: „Ich bin ein Mensch, wie auch ihr es seid; nur daß zu mir göttliche Offenbarungen kommen" usw., auch daß wir uns davor hüten mögen, irgendeinem Propheten zuzuschreiben, daß alles, was er weiß und sagt, von Offenbarungen herrührt. Die göttlichen Offenbarungen pflegten in verschiedenen Zeitabständen zu kommen, zwischen denen die Propheten bei ihrem persönlichen Umgang und Wissen Fehlern und Irrtümern unterworfen waren. Gott beruft keinen Propheten, damit dieser Geisteswissenschaften, Physik, Mathematik oder irgendeine andere positive Wissenschaft lehre. Es wäre ungerechtfertigt, wenn wir einem Propheten wegen eines sprachlichen Fehlers oder eines Fehlers, den er als Mensch begeht, Vorwürfe machen wollten.

Ein Prophet kann daher nur auf den Prüfstand gestellt werden, insofern er **offiziell und formal die Botschaft übermittelt**, die er von seinem Herrn empfangen hat. Seine privaten Belange, seine Familienangelegenheiten und seine persönlichen Kenntnisse und Fertigkeiten interessieren uns nicht so sehr wie seine **Sendung** und sein **Amt**. Um herauszufinden, ob ein Prophet echt oder ein Betrüger ist, wäre es unfair, etwas gegen seinen Charakter als Prophet hervorzubringen, nur weil über ihn berichtet wird, daß er zu seiner Mutter ein wenig schroff oder grob war, oder weil er an eine wörtliche Inspiration und an die Autorenschaft des Moses hinsichtlich des Pentateuch glaubte. Bei diesen Beispielen denke ich an Jesus Christus und viele andere in der Geschichte Israels bezüglich anderer Punkte.

Propheten Sinnlichkeit, Grobheit oder Unwissenheit in Bezug auf Wissenschaften bzw. andere persönliche, moralische Schwächen vorzuwerfen, ist schlichtweg „mala fides“ und böser Wille. Sie waren Menschen wie wir und denselben natürlichen Neigungen und Leidenschaften unterworfen. Sie waren lediglich vor Todsünden und vor der Verfälschung der Botschaft, die sie zu übermitteln hatten, geschützt. Wir müssen äußerst vorsichtig sein, die Propheten Gottes zu hoch in unserer Vorstellung zu erheben, damit Gott uns nicht zürnt. Sie sind alle Seine Geschöpfe und Diener; sie erfüllten ihre Aufgabe und kehrten zu Ihm zurück. In dem Moment, in dem wir Gott vergessen und unsere Liebe und Bewunderung auf die Person irgendeines Propheten Gottes konzentrieren, laufen wir Gefahr, der Sünde des Polytheismus zu verfallen!

Nachdem ich bisher den Charakter und die Bedeutung der Propheten und des Prophetentums dargestellt habe, werde ich nun versuchen, nachzuweisen, daß ein Prophet nur echt sein kann, wenn er, wie es Jeremia ausdrückt, die Religion des Islam lehrt und propagiert.

Um die Bedeutung und Wichtigkeit des von uns nun zu betrachtenden Anschnittes besser zu verstehen, sollten wir zunächst einen Blick auf den folgenden Vers werfen, in dem Jeremia seinem Gegenpropheten Hananja sagt: „Die Propheten, die von altersher vor mir und vor dir gewesen sind, haben wider viele Länder und wider große Königreiche Krieg, Unglück und Pestilenz geweissagt.“ Dann fährt Jeremia fort:

> “Der Prophet, der vom Islam weissagt,
> den Propheten wird man erkennen, daß
> ihn der Herr wahrhaftig gesandt hat,
> wenn sein Wort erfüllt wird.“
> *(Jeremia, Kapitel 28, Vers 9)*.

Gegen den Wortlaut der Übersetzung dieses Verses können keine Einwände erhoben werden, es sei denn, was den Ausdruck “ l shālōm“ betrifft, den ich mit „vom Islam“ wiedergegeben habe. Die Präposition „l“ vor dem Wort „shālōm“ bedeutet „vom“ oder „Über“ und stellt das nachfolgende Subjekt in den Akkusativ und nicht in den Dativ, was der Fall wäre, wenn das vorausgehende Verb „kommen“, „gehen“ oder „geben“ hieße.

Es ist eine von den Gelehrten der semitischen Sprachen einmütig zugegebene Tatsache, daß „shālōm“, das syrische „shlāmā“ sowie das arabische „salām“

und „Islām“ vom selben semitischen Stamm „shālām“ abgeleitet werden und auch dieselbe Bedeutung haben. Das Verb „shālām“ bedeutet „sich unterwerfen, sich anvertrauen“ und auch „Frieden schließen“ und daraus folgend „sicher, gesund und ausgeglichen sein“. Kein religiöses System in der ganzen Welt ist jemals mit einem besseren und umfassenderen, würdevolleren und hehreren Namen bedacht worden als mit dem Namen „Islam“. Die wahre Religion des Wahren Gottes kann nicht nach dem Namen eines Seiner Diener oder nach dem Namen eines Volkes oder eines Landes benannt werden.

Es sind in der Tat diese Heiligkeit und Unantastbarkeit des Wortes „Islam“, das seine Gegner mit Ehrfurcht, Furcht und Ehrerbietung erfüllt, selbst wenn die Muslime schwach und in Not sind. Es ist der Name und Titel einer Religion, die eine absolute Unterordnung und Ergebung des eigenen Willens und des Selbst unter das Höchste Wesen lehrt und fordert, einer Religion, die Frieden und Ausgeglichenheit im Herzen bewirkt, unabhängig von den Widerwärtigkeiten und auftretenden Schicksalsschlägen, die uns bedrohen mögen, und ihre Gegner ehrfürchtig werden läßt. [1]

Es sind der feste und unerschütterliche Glaube an das Einssein Allahs und das unentwegte Vertrauen in Seine Barmherzigkeit und Gerechtigkeit, die einen Muslim von Nicht-Muslimen unterscheiden und abheben. Und es sind dieser feste Glaube an Allah und die aufrichtige Zuneigung zu Seinem Heiligen Koran und Seinem Gesandten, die die christlichen Missionare stets verzweifelt attackierten, was jedoch ohne Erfolg blieb. Deshalb sagt Jeremia, daß „der Prophet, der vom Islam als seiner Religion prophezeit, predigt und spricht, sofort als jemand erkannt werden wird, der wahrhaftig vom Herrn gesandt wurde“. Wir wollen daher folgende Punkte genau betrachten:

1. Der Prophet Jeremia ist vor Christus der einzige Prophet, der das Wort „Shālōm“ in Verbindung mit einer Religion gebraucht. Er ist der einzige Prophet, der dieses Wort mit der Absicht benutzt, die Glaubwürdigkeit eines Gesandten von Gott festzulegen bzw. nachzuweisen. Der koranischen Offenbarung zufolge sind Abraham, Ismail, Isaak, Jakob, Moses und alle anderen Propheten

1 = Es ist interessant und bezeichnend zu vermerken, wie die Beobachtungen des gelehrten Professors mit denen des deutschen Exkaisers übereinstimmen, der anläßlich der Feierlichkeiten zu seinem 7o. Geburtstag in Doom, Holland, in seiner Ansprache geäußert haben soll: „Und versteht dies — wann auch immer die Muslime auf den Gedanken kommen sollten, daß es Allahs Anweisung ist, Ordnung in eine niedergehende westliche Welt zu bringen und sich Seinem Willen unterzuordnen, dann werden sie — im Vertrauen auf Gott — über das gottlose Europa kommen wie eine Flutwelle, gegen die selbst der roteste Bolschewist trotz größter Kampfbegierde hilflos sein wird.“ (Evening Standard, London, 26. Januar 1929)

weder die Erfüllung einer Prophezeiung noch das Vollbringen eines Wunders ausreichten, um die Echtheit eines Propheten nachzuweisen; daß vielmehr die Loyalität zur Religion und ihr striktes Befolgen als bester und ausschlaggebender Beweis anzusehen sind; und das Wort „Shālōm" für die Religion des Friedens benutzt wurde. Ich wiederhole meine Behauptung, daß das Wort „Shālōm" hier nur Islam bedeutet. Diejenigen, die dieser Interpretation nicht folgen können, fordere ich auf, neben den Wörtern „Islām" und „Salām" ein arabisches Wort als Ädquivalent für „Shālōm" anzuführen und auch im Hebräischen neben „Shālōm" ein anderes Wort zu finden, das die gleiche Bedeutung wie „Islām" zum Ausdruck bringt. Es ist einfach nicht möglich, ein solches, anderes Äquivalent beizubringen. Deshalb bleibt uns nichts anderes übrig als zuzugeben, daß „Shālōm" dasselbe ist wie „Salām" oder „Friede" im abstrakten und „Islām" als Religion und Glaube im konkreten Sinn.

4. Der Koran erinnert uns in der zweiten Sure ausdrücklich daran, daß Abraham sowie seine Söhne und Enkel Muslime waren; daß sie weder Juden noch Christen waren;daß sie den Glauben an den einen Gott und das Ihn-Anbeten allen Menschen predigten und kundtaten, bei denen sie sich gerade jeweils aufhielten. Wir müssen somit eingestehen, daß nicht nur die Juden, sondern auch verschiedene andere Völker, die von den anderen Söhnen Abrahams abstammten, sowie viele Stämme, die von jenen bekehrt und aufgenommen worden waren, Muslime waren;d.h., sie glaubten an Allah und unterwarfen sich Seinem Willen. Es handelt sich hierbei um die Nachkommen von Esau, um die Edomiter, die Midianiter und zahlreiche andere Völker, die in Arabien wohnten, Gott kannten und Ihn wie die Israeliten anbeteten. Diese Völker hatten auch ihre eigenen Propheten und religiösen Führer wie Job, Jethro (der Schwiegervater vom Propheten Moses), Balaam, Hud und viele andere. Doch wie die Juden verfielen auch sie der Götzendienerei, bis der Fürst der Propheten das Götzentum vollkommen ausrottete.

Etwa im fünften vorchristlichen Jahrhundert stellten die Juden den größten Teil ihrer kanonischen Bücher des Alten Testaments fertig, als die Erinnerungen an die Eroberung des Landes Kanaan durch Joshua und an den Tempel sowie Jerusalem Salomos zu Eregnissen geworden waren, die während der letzen Epochen ihrer erstaunlichen Geschichte schon in Bergessenheit geraten waren. Ein nationalistischer und judäischer Geist der Sorge und Zurückgezogenheit machte sich unter dem kleinen Rest der Israeliten breit; dominant war der Glaube an das Kommen eines großen Retters, der den verloren gegangenen Thron Davids und dessen Krone wieder einsetzen sollte. Die alte Bedeutung des Wortes „Shalom" als Name der Religion Abrahams, allen verschiedenartigen Völkern, die von ihm abstammten, gemeinsam, war nicht mehr bekannt. Im Hinblick darauf betrachte ich diese Prophezeiung Jeremias als einen der goldenen Texte in den hebräischen, heiligen Schriften.

X
Der Islam ist das Reich Gottes auf Erden

Bei näherer Betrachtung jener wunderbaren Vision des Propheten Daniel *(kapitel 7)* sahen wir [1], wie Muhammad von unzähligen Himmelswesen begleitet und in die unmittelbare, prachtvolle Gegenwart des Ewigen gebracht wurde; wie er Worte der Hochachtung und Ehrerbietung vernahm, wie sie vor ihm noch niemand gehört hatte *(2. Brief des Paulus an die Korinther, Kapitel 12)*; wie ihm der Rang eines Sultans der Propheten verliehen und die Macht gegeben wurde, das „vierte Ungeheuer" und das „gotteslästernde Horn" zu vernichten, Weiter sahen wir, wie er autorisiert war, das Reich Gottes auf Erden zu errichten und zu proklamieren; wie all das, was sich der menschliche Geist an höchsten Ehren, die der Allmächtige Seinem geliebten Diener und angesehensten Propheten gewährt, nur vorstellen kann, ausschließlich Muhammad zugeschrieben werden kann. Man sollte nicht vergessen, daß unter allen Propheten und Gesandten Allahs allein Muhammad wie ein Turm über den anderen erscheint; sein großartiges und ehrenwertes Werk, das er vollbrachte, steht wie ein permanetes Monument seines Ansehens und seiner Größe. Man kann den Wert und die Bedeutung des Islam als ein einzigartiges Bollwerk gegen Götzendienst und Polytheismus nur richtig einschätzen, wenn man das absolute Einssein Gottes ernsthaft anerkennt. Wenn wir uns vollkommen darüber im klaren sind, daß Allah derselbe Gott ist, Den auch Adam und Abraham kannten und Den auch Moses und Jesus anbeteten, dann haben wir auch keine Schweirigkeiten mehr, den Islam als die einzig wahre Religion und Muhammad als den „Fürsten" aller Propheten und als Diener Gottes anzuerkennen. Wir können die Erhabenheit Allahs nicht dadurch vergrößern,daß wir Ihn uns zum einen als einen „Vater", zum anderen als einen „Sohn" und schließlich als einen „Heiligen Geist" vorstellen oder meinen, Er verkörpere drei Personen, die sich untereinander mit den drei Personalpronomen des Singulars ich, du und er anreden bzw. bezeichnen können. Durch solch ein Vorgehen geht uns die wahre Konzeption des absolut Seienden vollkommen verloren, und wir lassen dadurch davon ab, an den wahren Gott zu glauben.

Genausowenig können wir den heiligen Dingen der Religion auch nur ein einziges Jota dadurch hinzufügen, daß wir einige sinnlose Sakramente oder Mysterien institutionalisieren; noch können wir irgendwelche geistige Nahrung für uns gewinnen, indem wir vom Leichnam eines Propheten oder einer

1 = siehe Artikel 5und 6, die im " Islamic Review" im November und Dezember 1928 erschienen sind.

„fleischgewordenen Gottheit" etwas zu uns nehmen; durch solch ein Verhalten gehen wir der Idee einer wahren und realen Religion restlos verlustig und hören gänzlich auf, an die Religion zu glauben. Auch könnten wir nicht im geringsten die Würde Muhammads steigern, wenn wir uns ihn als einen Sohn Gottes oder als eine fleischgewordene Gottheit vorstellten; in diesem Fall würden wir uns vom wirklichen, historischen Propheten aus Mekka ganz und gar entfernen und unbewußt in den Abgrund des Polytheismus fallen. Die Größe Muhammads besteht darin, daß er eine so brauchbare und einfache, aber dendoch wahrhafte Religion etablierte, die in der praktischen Anwendbarkeit ihrer Regeln und Grundsätze so präzise und entschieden ist, daß es für einen wahren Muslim nie möglich war und ist, irgendeinen Glauben oder ein anderes Bekenntnis anzunehmen als das, welches mit den Worten bezeugt wird: „Ich glaube, daß es keinen Gott außer Allah gibt und daß Muhammad der Gesandte Allahs ist." Und dieses kurze Glaubensbekenntnis wird bis zum Jüngsten Tag der Glaube eines jeden sein, der wahrhaftig an Allah glaubt.

Der großartige Vernichter des „elften Horns", das Konstantin den Großen und die Trinitarische Kirche personifizierte, war nicht ein „Bar Allaha (Sohn Gottes)", sondern ein „Bar Nasha (Menschensohn)", und es war niemand anders als Muhammad, der das Reich Gottes auf Erden wirklich gründete und etablierte. Es ist jenes Reich Gottes, das wir nun untersuchen und erklären wollen. Rufen wir uns in Erinnerung : Es war während der göttlichen Gerichtssitzung des Sultans der Propheten, wie es bei Daniel geschildert wird, in der verkündet wurde:

> „Das Reich, die Herrschaft und die Macht
> des Reiches unter dem ganzen Himmel werden
> dem heiligen Volk des Allerhöchsten gegeben
> werden; sein Reich wird ein ewiges sein,
> und alle Herrscher werden ihm dienen und gehorchen. „
> *(Buch des Propheten Daniel, Kapitel 7, Verse 22 und 27)*

Die Worte dieser prophetischen Textstlle, daß das Reich Gottes aus „dem heiligen Volk des Allerhöchsten" besteht unddaß alle anderen Herrscher oder Mächte diesem Volk dienen und gehorchen werden, weisen eindeutig darauf hin,daß im Islam Religion und Politik eine Einheit darstellen und nicht voneinander zu trennen sind. Der Islam ist nicht nur die Religion Gottes, sondern auch Sein irdisches Reich. Um eine klare und wahre Vorstellung hinsichtlich des Charakters und der Beschaffenheit des „Reiches Gottes auf Erden" geben zu können, ist es notwendig, einen Blick auf die Geschichte der islamischen Religion zu werfen, und zwar bevor sie durch Gott Selbst unter Seinem

Propheten Muhammad vollendet, abgeschlossen und formal etabliert worden war.

1. Der Islam vor Muhammad war nicht das Reich Gottes auf Erden, sondern lediglich Gottes wahre Religion.

Diejenigen, die glauben, daß die wahre Religion Allahs nur dem Abraham geoffenbart worden sei und allein vom Volk Israel bewahrt würde, müssen äußert ungebildete Forscher der alttestamentlichen Literatur sein und eine vollkommen falsche Vorstellung vom Charakter dieser Religion haben. Abraham selbst gab dem König und Imam [1] von Jerusalem den zehnten und wurde von ihm gesegnet *(1. Buch Mose, Kapitel 14, Verse 19 und 20)*. Der Schwiegervater von Moses war ebenfalls ein Imam und ein Prophet Allahs; Hiob, Balaam, Ad, Hud, Luqman und viele andere Propheten waren gleichermaßen keineswegs Juden. Die verschiedenen Stämme und Nationen wie die Ismailiten, Moabiter, Ammoniten, Eoniter und andere, die von den Söhnen Abrahams und Lots abstammten, kannten Gott, den Allmächtigen, obwohl sie genauso wie die Israeliten in Götzendienst und Unwissenheit verfielen. Das Licht des Islam verlöschte jedoch nie ganz noch nahm das Götzentum seinen Platz ein. Götzen oder Götzenbilder, welche sowohl von den Juden als auch von ihren verbrüderten Nationen als „heilig" und als Hausgötter angesehen und üblicherweise im Hebräischen „Traphim" genannt wurden *(1. Buch Mose, Kapitel 31)*, hatten meiner bescheidenen Meinung nach denselben Charakter wie die Bilder und Abgötter, welche die orthodoxen und katholischen Christen in ihren Häusern und Kirchen haben und anbeten.

In jenen alten Zeiten der Ungebildetheit waren die Götzen eine Art „Personalausweis" oder Reisepaß. Ist es nicht erstaunlich zu finden, daß Rahel, die Ehefrau Jakobs und Tochter Labans, den „traphim" ihres Vaters gestohlen haben soll *(1. Buch Mose, Kapitel 31)*? Dabei waren doch sowohl Laban als auch ihr Ehemann Muslime; und am selben Tag errichteten sie den Stein „Mispha" und weihten ihn Gott!

Als der Prophet Moses für ein paar Tage auf dem umnebelten Gipfel des Berges Sinai verschwand, schufen sich die Juden in der Wüste, von den Wundern bei Tage und bei Nacht berauscht — tagsüber überschattete eine wundersame Volke ihr Lager, nachts erleuchtete es eine Feuersäule; ferner wurden sie mit „Manna"

1 = Im Hebräischen werden diese alten Imame „Kohen" genannt und von den Christen als „Priester" interpretiert. Ein jüdischer Priester kann jedoch niemals einem christlichen sakramentalen Priester gleichgesetzt werden.

und Salwai“ gespeist —, ein goldenes Kalb und beteten es an. Die Geschichte dieses eigensinnigen Volkes vom Tode des Josua an bis hin zur Salbung König Sauls — also eine Zeitspanne von mehr als vier Jahrhunderten — ist gefüllt von einer Reihe skandalöser Rückfälle in die Götzendienerei. Erst nach Abschluß der Offenbarung und der Fertigstellung des Kanons ihrer heiligen Schriften im dritten vorchristlichen Jahrhundert ließen die Juden davon ab, Götzen anzubeten, und blieben seitdem Monotheisten. Ihr Glaube an den einzigen Gott macht sie zwar zu Unitariern, läßt es aber dennoch nicht als berechtigt erscheinen, sie „Muslime“ zu nennen, denn sie lehnten halsstarrig sowohl die Personen als auch die Offenbarung von Jesus und Muhammad ab. Nur durch das Sich-unterwerfen unter den Willen Gottes kann der Mensch Frieden erlangen und Muslim werden, anderenfalls gleicht der Glaube ohne Gehorsam und Unterwerfung dem der Teufel, die ja auch an die Existenz Gottes glauben und bei dem bloßen Gedanken an Ihn schon zittern.

Da wir keine Aufzeichnungen von anderen Völkern, denen die Gunst göttlicher Offenbarung, Propheten und des Imams von Gott zuteil wurde, besitzen, sollten wir uns mit der Erklärung zufrieden geben, daß es die Religion des Islam bei Israel und den anderen alten, arabischen Völkern gab, manchmal stärker leuchtend, meistens jedoch wie ein glimmernder Docht oder wie ein schwacher Funke, der in einem dunklen Raum schimmert. Es war eine Religion, die von Völkern bezeugt, aber schnell von ihnen wieder vergessen, verleugnet oder in heidnische Praktiken umgewandelt wurde. Aber gleichwohl gab es immer einzelne Personen und Familien, die Gott liebten und Ihn anbeteten.

Es hat den Anschein, als ob die Juden, und zwar besonders das einfache Volk, keine wahre Vorstellung von Gott und der Religion hatten, wie es etwa bei den Muslimen hinsichtlich Allahs und des Islam der Fall war. Immer wenn es dem Volk Israel gut ging und immer wenn es bei seinen Kriegszügen erfolgreich war, dann wurde Jahwe anerkennt und angebetet; unter widrigen Umständen jedoch wurde Er aufgegeben, und eine Gottheit eines stärkeren und erfolgreicheren Volkes wurde angenommen und ihr Götzenbild angebetet. Ein sorgfältiges Studieren der hebräischen Schriften bringt zutage, daß der gewöhnliche Jude seinen Gott zuweilen mehr oder höher und zuweilen weniger stark berücksichtigte als die Götter, an die andere Völker glaubten. Der Israeliten leichtfertige und widerholt stattfindende Rückfall in die Götzendienerei ist Beweis dafür, daß sie fast dieselbe Vorstellung von ihrem El oder Jahwe hatten wie die Assyrer von ihrem eigenen Ashur, die Babylonier von Mardukh und die Phönizier von ihrem Ba'äl. Mit Ausnahme der Propheten und Sophīs erreichten die Muslime der Torah, das Israel des mosaischen Gesetzes, nie einen annähernd ähnlichen Höhepunkt hinsichtlich der Heiligkeit ihrer Religion bzw. der wahren Konzeption ihrer Gottheit. Der Glaube an Allah und ein festes Überzeugtsein von einem künftigen Leben sowie das Glauben daran waren weder in der Gesinnung noch in den Herzen jener Menschen verwurzelt.

Welch einen Gegensatz gibt es also zwischen den Muslimen des Koran, den Gläubigen des muhammedanischen [1] Gesetzes, und den Muslimen der Torah bzw. des mosaischen Gesetzes Hat man jemals gesehen und nachgewiesen, daß ein Muslim seine Moschee, seinen Imam und den Koran aufgegeben, irgendeine andere Religion angenommen und sich dazu bekannt hätte, daß Allah nicht ihr Gott sei? Niemals Es ist so gut wie ausgeschlossen, daß eine muslimische Gemeinschaft, so lange sie über Allahs Buch, die Moschee und den Imam verfügt, in Götzendienerei oder auch nur ins Christentum verfallen könnte.

Natürlich kenne ich die gewissen, sogenannten Tartar-Familien, die in Rußland den orthodox-christlichen Glauben angenommen hatten. Aber ich kann meinen Lesern anhand authentischer Quellen versichern, daß es sich bei diesen „Tartaren“ um jene Mongolen hanelte, die lange nach der Unterwerfung Rußlands und der Errichtung des „Altin Ordu“ durch Batu Khan entweder Heiden waren oder später den Islam angenommen hatten und wohl gezwungen oder überredet worden waren, der russischen Kirche beizutreten. In diesem Zusammenhang sollte man nicht vergessen, daß dies alles geschah, nachdem die muslimische Macht der „Goldenen Horde“ („Altin Ordu“) während der schrecklichen Invasion Timur Langs (Tamerlane) zusammengebrochen war. Dagegen haben muslimische Händler und Kaufleute sowohl in China als auch in Schwarzafrika ihre heilige Religion immer verbreitet; und die Millionen chinesischer und schwarzafrikanischer Muslime sind das Ergebnis dieser unbezahlten und nicht offiziellen Missionsarbeit der Muslime. Aus dem oben Geschilderten wird klar ersichtlich, daß sich die wahre Religion Gottes vor Muhammad nur im Anfangsstadium befunden hatte und daß sie unter den Juden unentwickelt geblieben war, obwohl sie im Leben der wahrhaftigen Diener Jahwas brilliant aufgeleuchtet war. Unter der Führung der gottesfürchtigen Richter und frommen Könige Israels gab es immer eine theokratische Regierung, und so lange die Weissagungen der Propheten bejahend aufgenommen und ihre Anordnungen

1 = Der Ausdruck „muhammedanisch“ wird hier ausnahmsweise nur benutzt, um eine Unterscheidung zum mosaischen Gesetz vornehmen zu können;beide Gesetze sind natürlich von Allah.

ordnungsgemäß ausgeführt wurden, gedeihten sowohl die Religion als auch die Nation.

Die wahre Religion Gottes nahm jedoch nie so die Gestalt eines Gottesreiches an wie es unter der koranischen Regierungsform geschah. Allah in Seiner allumfassenden Weisheit hatte angeordnet, daß vier große Mächte der Finsternis aufeinander folgen sollten, bevor sich Sein eigenes Reich etablieren sollte. Die großen, ehemaligen Zivilisationen und Reiche der Assyro- Chaldäer, der Medo-Perser, der Griechen und der Römer mußten erst erscheinen und blühen, die gottgläubigen Menschen verfolgen und unterdrücken sowie all das Böse und all die Gottlosigkeit, die der Teufel nur ersinnen konnte, begehen. Der Ganze Ruhm dieser großen Reiche bestand darin, daß sie den Teufel anbeteten; dieser „Ruhm" war auch Grund dafür, daß der „Fürst der Finsternis" Jesus Christus den höchsten Rang versprach, wenn er ihm nur folgen und ihn anbeten würde.

2. Christus und seine Jünger verkündeten das Gottesreich

Sie waren in der Tat die Vorboten des Gottesreiches auf Erden. Den Inbegriff und das Wesen der Lehre Jesu finden wir in jenem berühmten Satz seines Gebetes: „Dein Reich komme!" **Zwanzig Jahrhunderte lang haben die Christen aller Konfessionen und Glaubensschattierungen dieses Bittgebet „Dein Reich komme!" gesprochen und immer wieder wiederholt, und Gott allein weiß, wie lange sie dieses Bittgebet noch sprechen werden und das Kommen des Reiches vergebens erhoffen.** Diese Hoffnung der Christen auf das Kommen des Gottesreiches entspricht der Hoffnung des Judentums auf das Kommen des Messias. Beide Erwartungen weisen eine unüberlegte und unbesonnene Einbildung auf, und was daran so verwundert ist, daß sie sich so beharrlich an diese Zukunftshoffnung klammern. Wenn man einen christlichen Priester oder Pfarrer fragt, wie er über das Gottesreich denkt, wird er uns alles mögliche an Illusionen und sinnlosen Dingen erzählen. Er wird versichern, daß dieses Reich die Kirche ist, der er angehört, wenn sie die Oberhand gewinnen und alle anderen, häretischen Kirchen verdrängt haben wird. Ein anderer Pfarrer oder Priester wiederum wird eine flammende Rede über das „Tausendjährige Reich Christi" halten. Ein Mitglied der Heilsarmee oder ein Quäker wird vielleicht sagen, daß seinem Glauben gemäß das Reich Gottes aus den neugeborenen und sündenfreien Christen, die durch das Blut des Opferlammes gewaschen und gereinigt sind, bestehen wird. Und es ließen sich noch viele weitere Beispiele aufzählen.

Unter dem Reich Gottes haben wir nicht eine triumphierende katholische Kirche oder einen reformierten und sündenfreien Puritanerstaat zu verstehen. Es ist keine visionäre „Königsherrschaft ein s tausendjährigen Reiches Christi". Es ist auch kein Reich, das aus himmlischen Wesen besteht und die verstorbenen Seelen von Propheten und heiligen Gläubigen unter der Herrschaft eines göttlichen Lammes einschließt; mit Engeln als Polizisten und Gendarmen; mit Cherubinen als Statthalter und Richter; mit Seraphim als Offiziere und Kommandeure; oder mit Erzengeln als Päpsten, Patriarchen, Bischöfe und evangelische Prediger. Das Reich Gottes auf Erden ist **eine Religion,** eine starke Gemeinschaft von Gläubigen, die an den Einen Gott glauben und mit **Glauben und Schwert** versehen sind, um für die Existenz und absolute Unabhängigkeit dieser Religion gegen das Reich der Finsternis zu streiten und um sie zu erhalten; um gegen all diejenigen zu kämpfen, die nicht daran glauben, daß Gott Einer ist, oder die glauben, daß Er einen Sohn, einen Vater, eine Mutter oder einen Teilhaben an Seiner Macht habe.

Das griechische Wort „euangelion", im Englischen mit „gospel" wiedergegeben, bedeutet so viel wie „das Verkünden einer guten Botschaft". Dieses Evangelium verkündete das Herannahen des Gottesreiches, unter dessen Bürgern der **Geringste größer** als Johannes der Täufer sei. Er selbst und die Apostel nach ihm predigten und verkündeten den Juden das Reich und forderten sie auf, zu glauben und Buße zu tun, um einen Platz in ihm zu erhalten. Jesus hat das mosaische Gesetz garnicht aufgehoben oder geändert, er hat es vielmehr in einem so geistigen Sinn interpretiert, daß es als nicht mehr gültiges Gesetz übrigblieb. Wenn er erklärte, daß der Haß Ursache eines Mordes und sinnliche Begierde Ursache des außerehelichen Geschlechtsverkehrs, Geiz und Heuchelei genauso abscheuliche Sünden wie Götzendienerei und Barmherzigkeit und Nächstenliebe willkommener als Brandopfer und als das strikte Befolgen des Sabbats seien, dann setzte er praktisch die toten Buchstaben des mosaischen Gesetzes zugunsten ihres geistigen Inhalts außer Kraft. Diese mehrfach gefälschten Pseudo-Evangelien enthalten häufig wiederholte Parabeln und Hinweise Christi auf das Gottesreich und auf Bar Nasha oder den Menschensohn, aber sie sind derart verfälscht und verdreht, daß sie die zu bedauernden Christen erfolgreich zu dem Irrglauben geführt haben, daß Jesus mit dem „Reich Gottes" nur seine Kirche gemeint hatte und er selbst der „Menschensohn" gewesen sei.

So Allah will, werden wir diese wichtigen Punkte noch intensiv ausdiskutieren; im Moment gebe ich mich aber damit zufrieden zu bemerken, daß es der Islam war, von dem Jesus verkündete, daß er das Reich Gottes ist, und das Muhammad der Menschensohn ist dazu auserwählt, das Ungeheuer zu vernichten und das mächtige Reich des Volkes der Heiligen des Allmächtigen zu errichten.

Die Religion Gottes war bis zu Jesus Christus hauptsächlich dem Volke Israel anvertraut; sie war mehr sachlich orientiert und hatte einen mehr nationalen Charakter. Ihre Rechtsgelehrten, Priester und Schriftgelehrten entstellten diese Religion durch eine plumpe, abergläubische Literatur über die Traditionen ihrer Vorfahren. Christus verdammte diese Traditionen und rügte die Juden und ihre Führer öffentlich als „Heuchler" und „die Kinder des Teufels". Zwar hatte der Dämon der Götzendienerei Israel verlassen, später ergriffen jedoch sieben Dämone Besitz von diesem Volk *(Evangelium des Matthäus, Kapitel 12, Verse 43 - 45; Evangelium des Lukas, Kapitel 11, Verse 24 - 26).*

Christus reformierte die alte Religion und gab ihr neues Leben und einen neuen Geist;er erklärte deutlicher die Unsterblichkeit der menschlichen Seele, die Auferstehung und das Leben im Jenseits; er verkündete öffentlich, daß der von den Juden erwartete Messias kein Jude und auch nicht der Sohn Davids, sondern ein Nachkomme Ismails mit dem Namen Ahmad sei und daß er durch die Kraft des Wortes Gottes und mit dem Schwert das Reich Gottes auf Erden errichten würde. Die Religion des Islam erhielt folglich neues Leben, neues Licht und neuen Geist, und ihre Anhänger wurden ermahnt, bescheiden zu sein und Nachsicht und Geduld zu üben. Sie wurden schon im voraus über Verfolgungen, Leiden, Martyrium und Gefangennahmen in Kenntnis gesetzt. Die frühen „Nassāra", wie der Koran diejenigen nennt, die an das Evangelium von Jesus Christus glaubten, erlitten unter den römischen Herrschern zehn furchtbare Verfolgungen. Danach kam Konstantin der Große und proklamierte Freiheit für die Kirche; nach den Beschlüssen und dem trinitarischen Glaubensbekenntnis des Konzils von Nicäa im Jahre 325 n. Chr. waren die unitarischen Muslime [1] jedoch den Trinitariern mit einer Reihe neuer und sogar noch grausamerer Verfolgungen ausgesetzt, bis daß Muhammad (der Frieden und der Segen seien mit ihm!) erschien.

3. Art und Beschaffenheit des Königreiches Gottes

An jedem Ort der Welt, an dem Muslime leben, ertönt jeden Tag von den Minaretten und Moscheen fünfmal laut eine großartige, islamische Hymne. Dieser Hymne lassen die Gläubigen eine äußerst andächtige Anbetung Allahs

1 = Jesus Christus hat seine Anhänger nie ermächtigt, sich selbst „Christen" zu nennen. Für die ersten Unitarier gibt es keine bessere Bezeichnung als „Muslime". (Anmerkung des Verfassers).

folgen. Diese großartige, muslimische Hymne wird Adhān (Gebetsruf) genannt. Dies ist aber noch nicht alles: jede Handlung, jedes Vorhaben und jedes Geschäft, wie wichtig oder wie unbedeutend es auch sein mag, wird mit den Worten „bismillāh" (= im Namen Allahs) begonnen und mit den Worten „al hamdu lillāh" (= gepriesen sei Allah!) beendet. Die Bande des Glaubens, die einen Muslim an seinen himmlischen König binden, sind so stark, und die Beziehungen zwischen dem Souverän und Seinem Untertan ist so eng, daß den Muslim nichts, wie stark und verführerisch auch immer es sein mag, von Allah trennen kann. Der Koran verkündet: „...Wir sind ihm näher als 'ḥablu-l-warīd' (= die Halsader)" *(Sure 5o, Vers 16)*.

Niemals hat es einen in der Gunst sehr hoch stehenden Höfling gegeben, der in seiner Liebe und Ergebenheit, seinem Gehorsam und Respekt gegenüber seinem gütigen Monarchen je mit einem Muslim gegenüber seinen Herrgott auch nur im entferntesten in Vergleich hätte treten können. Allah ist der König der Himmel und der Erde, Er ist der Gott und der Herr im allgemeinen und der König und Herr eines jeden Muslim im besonderen;denn nur ein Muslim dankt seinem allmächtigen König und preist Ihn für alles, was geschieht und was ihm widerfährt, sowohl im Glück als auch im Unglück.

Etwa dreihundert Millionen Muslime haben mehr oder weniger dieselben Gefühle des Glaubens und des Vertrauens in Allah.

Somit ist es offensichtlich, daß die Natur des Islam in sich das einzig wahre und wirkliche theokratische Königreich auf Erden birgt. Allah brauchte zu den Muslimen keine weiteren Gesandten oder Propheten mehr zu senden, um ihnen Seine Orakelsprüche und Botschaften zu übermmitteln, wie er es bei Israel und den anderen jüdischen Völkern zu tun pflegte; denn Sein Wille wurde voll und ganz im heiligen Koran geoffenbart und ist dem Geist Seiner gläubigen Geschöpfe auferlegt.

Hinsichtlich der Zusammensetzung und des Aufbaus des Königreiches Gottes sollen hinter alia folgende Punkte erwähnt werden:

a) Alle Muslime bilden eine nationale Gemeinschaft, eine Familie, eine brüderliche Kongregation. Ich möchte meinen Lesern nicht die Lektüre der verschiedenen Belegstellen hierzu in Koran und Hadithen (= Überlieferungen vom Propheten Muhammad) vorenthalten. Wir dürfen die muslimische Gemeinschaft nicht danach beurteilen, wie sie sich uns heute darstellt, sondern danach, wie sie zur Zeit Muhammads und seiner ersten Nachfolger war. Jedes Mitglied dieser Gemeinschaft ist ein redlicher Arbeiter, ein unerschrockener Soldat und ein leidenschaftlicher, gläubiger Frommer. Jede ehrliche Frucht mühseliger

Arbeit gehört von Rechts wegen dem, der sie verdient hat; davon abgesehen ist es aber einem wahren Muslim nach dem Gesetz nicht möglich, exzessiv reich zu werden. Eine der fünf [1] obligatorischen, frommen Praktiken im Islam ist das pflichtgemäße Almosengeben, das aus der Sadaqa, dem freiwilligen Almosen, und aus der Zakāt, dem vorgeschriebenen Almosen besteht. Zur Zeit des Propheten und der ersten vier Kalifen gab es keinen Muslim, der als außerordentlich reich bekannt war. Das Staatsvermögen kam in die allgemeine Schatzkammer, die „baitu-l-māl" genannt wurde, und kein Muslim litt unter Not und Armut.

Der Name „Muslim" an sich bedeutet wörtlich „Friedensstifter". Neben einem guten Muslim wird man kein anderes menschliches Wesen finden, das ein beflissenerer, gastfreundlicherer, hilfreicherer und friedlicherer Bürger wäre. Sobald aber seine Religion, seine Ehre und sein Besitz angegriffen werden, wird der Muslim zu einem ernstzunehmenden Gegner. Der Koran ist in diesem Punkt sehr präzise: „,...wā la ta 'tadū — und übertretet nicht (indem ihr den Kampf zuerst beginnt)".[2] Der sogenannte Heilige Krieg ist kein Angriffskrieg, sondern dient der Verteidigung. Obwohl die diebischen und räuberischen Stämme, die halb barbarischen Nomadenmuslime einige religiöse Vorstellungen haben und an die Existenz Allahs glauben, liegt es hauptsächlich am Mangel von Wissen und religiöser Schulung, daß sie so lasterhaft und verdorben sind. Sie bilden eine Ausnahme. Niemand kann ohne religiöse Schulung und Erziehung ein guter Muslim werden.

b) Der Beschreibung des Propheten Daniel zufolge sind die Bürger des Königreiches Gottes „die Menschen der Heiligen". Im original-chaldäischen oder aramäischen Text werden sie beschrieben als „a'mma d'qaddīshid' i'lionin", ein Epitheton, das nur eines Fürsten der Propheten und seiner noblen Schar von Muhādschirūn (Auswanderern) und Ansar (Helfern), die die Götzendienerei in einem großen Teil Asiens und Afrikas ausrotteten und ds römische Ungeheuer vernichteten, würdig ist.

Alle Muslime, die an Allah glauben, an Seine Engel, Bücher und Propheten, den Tag der Auferstehung und des Jüngsten Gerichts und daran, daß alles Gute und alles Böse von Allah ist, und ihren religiösen Aufgaben entsprechend ihrer Fähigkeit und ihres guten Willens nachkommen, sind Heilige und gesegnete Bürger dieses Königreiches. Es gibt keine größere religiöse Ungebildetheit als der Glaube, daß es eine Person gäbe, die Heiliger Geist genannt wird

1 = Der Dschihad, der sogenannte „Heilige Krieg", ist auch eine obligatorische Praxis der Frömmigkeit. Somit gibt es nicht vier, sondern fünf.

2 = Anmerkung des Übersetzers: Koran, Sure 2, Vers 190

und die Herzen derer erfüllt, die im Namen dreier Götter, von denen jeder der Dritte oder die Dreiheit des Dritten ist, getauft sind und somit die Gläubigen in ihren Absurditäten sanktioniert. Ein Muslim glaubt, daß es nicht einen einzigen Heiligen Geist gibt, sondern unzählige heilige Geistwesen, die alle von dem Einen Allah erschaffen und Seine Diener sind. Die Muslime werden von ihren Sünden nicht durch die Taufe oder durch Waschungen gereinigt ihre Seelen werden gereinigt und geläutert durch das Licht des Glaubens und durch das Feuer der Hingabe und Beherztheit, diesen Glauben zu verteidigen und ihr ihn zu kämpfen. Johannes der Täufer oder vielleicht Christus selbst (dem Barnabas-Evangelium zufolge) sagte: „Ich taufe euch zur Buße mit Wasser, aber der, der nach mir kommt, ist stärker als ich; er wird euch mit Feuer und dem Heiligen Geist taufen.“ [1] Muhammad taufte die halbbarbarischen Nomaden und Heiden durch dieses Feuer und durch diesen Geist und machte aus ihnen eine Armee von heroischen Heiligen, die die alte, schwächer gewordene Synagoge und die zugrundegegangene Kirche in ein dauerhaftes und starkes Königreich Allahs im Gelobten Land und anderswo umwandelten.

4. Die Beständigkeit und die Erhabenheit des Königreiches Allahs

sind dem Daniel durch einen Engel zweifach versichert worden. Es wird ausgeführt, daß „alle Völker unter dem Himmel dem heiligen Volk des Allerhöchsten dienen werden“. Es bedarf keines besonderen Beweises für die Feststellungen, daß alle christlichen Mächte einen gewissen Respekt und sogar eine gewisse Ehrerbietung wenn nötig nicht nur gegenüber muslimischen Mächten und muslimischen heiligen Plätzen und Moscheen, sondern auch gegenüber den örtlichen Institutionen ihrer muslimischen Bürger. Das Geheimnis dieses „Dienstes“ liegt im folgenden:

Erstens flößen Muslime stets durch ihr würdevolles Verhalten, ihre Verbundenheit mit ihrer Religion und ihr Befolgen gerechter Gesetze und ihre Friedfertigkeit Respekt ein; und zweitens praktizieren die christlichen Regierungen im Umgang mit den Muslimen in der Regel Gerechtigkeit und behindern sie nicht in der Ausübung ihrer Gesetze und ihrer Religion.

Um unsere Betrachtung auf andere Aspekte dieser göttlichen Religion und dieses göttlichen Königreiches wie die muslimischen Kalifen, Sultane usw. auszudehnen, reicht uns hier nicht der Platz. Es mag der Hinweis genugen, daß die muslimischen Herrscher denselben koranischen Gesetzesbestimmungen unter-

1 = siehe Evangelium des Matthäus, 3. Kapitel, Vers 11 (Anmerkung des Übersetzers).

worfen sind wie ihre ihnen untergebenen Mitbürger, daß Gerechtigkeit und Bescheidenheit die beste Sicherheit für das Gedeihen und die Beständigkeit eines jeden Staates gewähren, ob er nun muslimisch oder nichtmuslimisch sei, und daß der Geist und die Grundsätze des Buches von Allah die beste Führung für jede Gesetzgebung und Zivilisation sind.

MUHAMMAD IM NEUEN TESTAMENT

I

Islam und Ahmadiyat wurden von Engeln verkündet

Hinsichtlich der Geburt von Jesus Christus (der Friede und der Segen Allahs seien mit ihm!) haben zwei Evangelisten über zwei außergewöhnliche Ereignisse berichtet. Der Evangelist Matthäus hat uns einen Bericht über die wundersame Pilgerreise der Weisen aus dem Morgenland hinterlassen; die Weisen hatte ein Stern von Persien bis zur Krippe in Bethlehem geführt, wo der neugeborene Jesus lag, den sie „anbeteten" und dem sie wertvolle Geschenke, nämlich Gold, Myrrhe und Weihrauch überbrachten. Das knappe Material in diesem historischen Ereignis oder dieser erfundenen Geschichte der „Weisen" aus dem Osten ist in sich eine plausible Legende, die über ein halbes Dutzend Wunder enthält, die nur die christliche Kirche schaffen und an sie glauben konnte. Die Kirche hat die wirklichen Namen der Weisen aus dem Morgenland bewahrt; die Weisen waren „von Gott inspiriert" und wußten, daß das kleine Kind von Bethlehem Gott, Lamm und König war, weshalb sie ihm Weihrauch in seiner Eigenschaft als Gott, Myrrhe für seine Beerdigung in seiner Eigenschaft als Opferlamm und Gold für seine königliche Schatzkammer darbrachten. Daß die zoroastrischen Magier oder astrologischen Chaldäer die gesamte Strecke nach Jerusalem durch astrale Wahrsagung und Führung überbrückten und dort den Stern verloren, daß ferner der jüdische Regierungssouverän Herodes und die Bewohner Jerusalems aufgrund der Nachricht über die Geburt eines neuen Königs erschraken und zitterten, daß weiterhin nur ein einziger inkohärenter Vers aus der Schrift des Propheten Micha *(Kapitel 5, Vers 1)* das Problem der Bestimmung des Geburtsortes lösen könnte, und daß schließlich die Astrologen von Gott in einem Traum angewiesen wurden, nicht zu Herodes zurückzukehren, das alles sind in der Tat einige wundersame Mirakel, die nur der christliche Aberglaube für bare Münze nehmen kann. Das königliche Gefolge der Pilger begibt sich nach Bethlehem, nur einige Meilen von Jerusalem entfernt, und siehe da, der alte Stern, der sie geführt hatte, erscheint wieder und führt sie weiter, bis er genau an dem Platz anhält, an dem das Kind geboren worden war. Die erstaunliche Geschwindigkeit, mit welcher die lange Reise von Persien bis nach Bethlehem bewältigt wurde, während das Baby noch im Stall lag *(Evangelium des Lukas, Kapitel 2, Vers 4-7)* unterstreicht die Bedeutung des Wunders.

Ein weiteres Wunder in Verbindung mit der Geburt Christi ist die Tatsache oder vielmehr die Fiktion, daß nach all jenen Beratungen und Überlegungen am Hofe des Herodes und in den gebildeten Schichten Jerusalems niemand die Adresse der heiligen Familie kannte und diese mystifizierte Unwissenheit schließlich zu dem von Herodes angeordneten Massaker unter Hunderten von Kindern in Bethlehem und seinen Ororten führte. Das letzte, aber nicht geringste Wunder, auf das diese Geschichte anspielt, ist die Erfüllung einer anderen Prophezeiung des Jeramia *(Kapitel 31, Vers 15)*, in der Rahel als eine um das Abschlachten der Ephraimiten bei Ramah — und nicht bei Bethlehem — weinende und klagende Frau dargestellt wird, und dies zudem etwa siebenhundert Jahre zuvor, als die Nachkommen von Rahel nach Assyrien deportiert wurden, während sie selbst schon tot war, lange bevor ihr Gatte Jakob nach Ägypten gezogen war.

Der Evangelist Matthäus, der als einziger unter all den alten Archivaren und Historikern von diesem Ereignis wußte, berichtet uns nichts über die Eindrücke des Königs Kaspar und seiner Astrologen nach ihrem Besuch und ihrer Pilgerreise zur Krippe von Bethlehem. Waren sie davon überzeugt, daß der Sohn der Maria wirklich ein König war, oder waren sie es nicht? Wenn sie davon überzeugt gewesen wären, warum verfolgte Persien dann die Christen, bis sie im siebenten Jahrhundert zum Islam übertraten? Ist es denn nicht wahr, daß die Perser erst vom muslimischen Heer, das der zweite Kalif Umar gesandt hatte, Aufklärung und Einzelheiten über Jesus von Nazareth erfuhren, und nicht von ihren Magiern?

Es ist nicht meine Absicht, einfach in Abrede zu stellen, daß der Besuch einiger Weisen aus dem Morgenland zur Krippe Jesu ich möchte vielmehr den Hang oder den Wunsch der Kirche aufzeigen, schlichte Ereignisse aus dem Leben Jesu Christi aufzubauschen und in sie etwas Übernatürliches hineinzuinterpretieren.

Das andere, gleichermaßen wundersame Ereignis im Zusammenhang mit diesem Diskurs wird vom Evangelisten Lukas *(Evangelium des Lukas, Kapitel 2, Verse 1 - 20)* berichtet. Einige Hirten hüteten auf einem Felde in der Nähe von Bethlehem ihre Herde gerade in der Nacht, in der Jesus in einem Stall geboren wurde. Ein Engel verkündete die Geburt des „Heilands", und plötzlich erscheint am Himmel eine große Anzahl von Engeln, die laut folgenden Choral singen:

> „Ehre sei Gott in der Höhe,
> und Friede auf Erden,

und den Menschen ein Wohlgefallen."
(Evangelium des Lukas, Kapitel 2, Vers 14)

Dieser berühmte Choral der Engel, bekannt unter dem Namen „Gloria in excelsis Deo", der in allen priesterlichen Kirchen während des Zelebrierens der Sakramente gesungen wird, ist in dieser Fassung leider nur eine vage Übersetzung aus dem griechischen Text, der natürlich nicht als verläßlich oder glaubwürdig angesehen werden kann, weil er uns nicht die Originalworte aus der Sprache vermittelt, in der die Engel sangen und die die jüdischen Hirten verstanden. Es ist eine anerkannte Tatsache, daß die himmlichen Heerscharen ihren jubilierenden Gesang in der Sprache der Hirten anstimmten und diese Sprache nicht das Griechische, sondern das einheimische Hebräisch — oder vielmehr das Aramäische — war. Alle Namen von Allah, den Engeln, dem Paradies, den Propheten usw. sind uns in den Offenbarungsschriften in semitischen Sprachen (Hebräisch, Aramäisch und Arabisch) geoffenbart;die Vorstellung, daß die himmlichen Heerscharen zu den ungebildeten, jüdischen Hirten in den Vororten Bethlehems in Griechisch gesungen haben sollen, käme dem Glauben gleich, ein solches Engelsheer würde eine ähnliche Hymne am Himmel über den Bergen von Kurdistan in Japanisch singen, die einige kurdische Hirten dann verarbeiten sollen bzw. die sie eher in Verwirrung bringen würde.

Das Erscheinen eines Engels bei den einfachen Hirten von Bethlehem und das Verkünden der Geburt eines bedeutenden Propheten in jener Nacht sowie das Hören des Halleluja der Engel durch die Hirten ganz allein und nicht etwa durch die hochmütigen Priester und Schriftgelehrten gehört zu den unzählbaren Wundern, die in der Geschichte des Volkes Israels erwähnt werden. In dieser Geschichte gibt es auch nichts, was als so widersprüchlich angesehen werden könnte, die Erzählung als unglaubwürdig abzutun. Ein Engel kann einem Propheten oder einem frommen Diener Gottes erscheinen und ihm im Beisein anderer Menschen eine Botschaft von Allah überbringen, selbst wenn es ihnen kaum wahrnehmebar ist. Die guten Hirten hatten ein gutes Herz und guten Glauben; deshalb waren sie der göttlichen Ehre würdig. Aus religiöder Sicht ist nichts Widersprüchliches oder Unglaubhaftes an diesem wundersamen Ereignis, das der Evangelist Lukas überliefert. Der Autor dieser Erzählung drückt sich sehr präzise aus, er ist diskret und vorsichtig mit seinen Aussagen, und sein gesamtes Evangelium ist von einem sehr guten griechischen Sprachstil geprägt. Wenn man berücksichtig, daß er seine Schrift lange nach dem Tod aller Jünger verfaßte und zahlreiche Werke die sich mit Jesus und seiner Botschaft befaßten, „sehr sorgfältig" geprüft hatte, dann scheint es mehr als wahrscheinlich, daß er auch die Legende von den Weisen aus dem Morgenland kannte, obwohl er davon absah, sie in sein eigenes Werk aufzunehmen [1]. In den ersten vier Versen, mit denen das dritte Evangelium beginnt, wird ausdrücklich festgestellt, daß die Jünger, die er " die Augenzeugen und die Diener des Wortes" nennt, über ihren Herrn und seine Lehre selbst keinen Bericht geschrieben haben, sondern alles auf dem Weg der mündlichen Überlieferung ihren Anhängern und Nachfolgern weitergegeben haben. Es wird ferner ausdrücklich festgestellt, daß die Quellen, auf die der Evangelist Lukas für das Verfassen seines Evangeliums zurückgriff, aus einigen „Geschichten" bestanden, die Personen verfaßt hatten, die sie von den Jüngern und anderen Augenzeugen jener Ereignisse und Lehre gehört hatten, und daß der Autor sie sehr aufmerksam prüfte und nur solche auswählte, die er für wahr oder für glaubwürdig hielt. Es ist überdies aufgrund des eigenen Bekenntnisses vom Evangelisten Lukas ziemlich offensichtlich, denn er behauptet, daß ihm selbst keine direkte Offenbarung zuteil wurde und er seinem Buch keinerlei inspirativen Charakter beimißt, was man auch leicht seinem Vorwort entnehmen kann. Es kann ferner sicher angenommen werden, daß das erste und vierte Evangelium entweder noch nicht geschrieben waren, als Lukas seinen eigenen Bericht verfaßte, oder daß er sie nicht gesehen hatte; denn es ist unvorstellbar, daß er es sich sonst erlaubt hätte, die Evangelien der beiden Apostel Matthäus und Johannes als Gegengewicht zu seinem eigenen Evangelium wirken zu lassen oder ihnen gar zu widersprechen.

Diese kurzen Anmerkungen, die beliebig fortgesetzt werden könnten, müßten eigentlich jeden unvoreingenommenen Leser davon überzeugen, daß die sogenannten „vier Evangelien" nicht die erforderlichen Kriterien aufweisen, die für eine Schrift erforderlich wären, die als göttliche Inspiration angesehen werden soll.

Die Kirche glaubte immer, daß der Verfasser des dritten Evangeliums der Arzt Lukas gewesen sei *(der Brief des Paulus an die Kolosser, Kapitel 4, Vers 14)*, der Paulus auf dessen Missionsreisen begleitet hatte und mit ihm in Rom gefangen war *(der zweite Brief des Paulus an Timotheus, Kapitel 4. Vers 11; der Brief des Paulus an Philemon, Vers 24; usw.)*. Hier ist jedoch nicht der geignete Platz, auf die Frage nach der Autorschaft deises Evangeliums oder seiner anderen wichtigen Eigenheiten näher einzugehen. Es genügt die Feststellung, daß Lukas einige herrliche Parabeln und Lehren des heiligen Meisters berichtet, wie z.B. das Gleichnis vom barmherzigen Samariter *(Kapitel 10, Verse 25-37)*, vom habsüchtigen Reichen *(Kapitel 12, Verse 15-21)*, vom

1 = Den Lesern wird empfohlen, sehr sorgfältig das Vorwort bzw. die Einführung zu Beginn des Lukas-Evangeliums zu lesen.

selbstgerechten Pharisäer und dem Zöllner *(Kapiel 18, Verse 9-14)*, von der Ausdauer im Gebet *(Kapitel 11, Verse 1-13)*, von verlorenen Schaf, vom verlorenen Groschen und vom verlorenen Sohn *(Kapitel 15)*, vom reichen Mann und dem armen Lazarus *(Kapitel 16, Verse 19-31)*, vom Scherflein der Witwe *(Kapitel 21, Verse 1-4)*, vom bösen Weingärtner *(Kapitel 20, Verse 9-16)*, vom ungerechten Richter *(Kapitel 18, Verse 1-8)*, von der Bekehrung des Zachäus *(Kapitel 19, Verse 1-10)* und viele andere. Das Wichtigste vom Themenkreis des dritten Evangeliums ist jedoch der Choral der Engel, der den Gegenstand unserer jetzigen Studie und Betrachtung bildet.

Wie alles andere im Neuen Testament liegt uns auch dieser Choral nicht in der ursprünglichen Sprache, in der er gesungen wurde, vor, sondern nur in der griechischen Fassung; Gott allein weiß, aus welcher Quelle unser Evangelist kopierte, übersetzte oder einfach nach dem Hörensagen berichtete.

Ist es möglich, daß Jesus oder seine Jünger kein wahres und authentisches Evangelium in der geoffenbarten Sprache hinterließen? Wenn es ein solches wahres Evangelium gegeben hätte, was ist dann aus ihm geworden? Wer verlor es? Wurde es vernichtet? Und von wem und wann? Ist es überhaupt ins Griechische oder in eine andere Fremdsprache übersetzt worden? Warum hat uns nicht die Kirche den Originaltext des wirklichen Evangeliums oder dessen Übersetzung bewahrt? Wenn die Antworten auf diese Fragen negativ ausfallen, dann erlauben wir uns eine Reihe weiterer Fragen von ebensolcher Wichtigkeit: Warum schrieben diese jüdischen Jünger und Evangelisten nicht in ihrer Muttersprache, sondern ausnahmslos alle in Griechisch? Wo lernten der Fischer Shimon Kipha (Simon Petrus), Yohannan (Johannes), Ya'qūb (Jakobus) und der Zöllner Mattai (Matthäus) die griechische Sprache, um einige „heiligen Schriften“ verfassen zu können? Wenn man behauptet, der „Heilige Geist lehrte sie“, dann macht man sich ganz einfach selbst lächerlich, denn der Heilige Geist ist kein lehrer für Grammatik und Sprachen. Es wäre schon eine weitere Offenbarung erforderlich, um den Grund oder die verborgene Weisheit zu erläutern, warum der Heilige Geist einem Israeliten in Nazareth gegenüber etwas in der hebräischen Sprache offenbaren sollte, um dann zu veranlassen, daß sie vernichtet wird, und um schließlich einem halben Dutzend Juden das Griechische zu lehren und jedem von ihnen zu inspirieren, eine Teil eben dieser Offenbarung in seinem eigenen Stil zu schreiben!

Wenn man nun argumentiert, daß die Evangelien und die Briefe den Juden in der Diaspora zuliebe geschrieben wurden, die ja der griechischen Sprache mächtig waren, dann wenden wir ein: Welchen Nutzen zogen denn jene Juden in der Diaspora überhaupt aus dem Neuen Testament? Und warum hätte nicht in Anbetracht der Tatsache, daß Jerusalem der Mittelpunkt des neuen Glaubens und Jakobus, „des Herrn Bruder“*(Brief des Paulus an die Galater, Kapitel 1, Vers 19)*, der Präsident bzw. das Oberhaupt der Kirche war und in Jerusalem residierte*(Apostelgeschichte des Lukas, Kapitel 15;Brief des Paulus an die Galatar, Kapitel2, Verse 11-15 usw.)* eine Kopie für die Juden in Palästina in ihrer eigenen Sprache erstellt werden sollen?

Es wäre ein vollkommen vergebliches Unterfangen, auch nur eine einzige Parabel, Prophezeiung oder geoffenbarte Botschaft Jesu Christi in seiner Muttersprache finden zu wollen. Im Konzil zu Nicäa muß man unwiderruflich die einzige Ursache sehen, für diesen nicht wieder gut zu machenden Verlust des heiligen Evangeliums in seinem aramäischen Originaltext in verbrecherischer Weise verantwortlilch zu sein.

Der Grund, daß ich so gebührenden Wert auf die unbedingte Notwendigkeit der wortgetreuen Bewahrung der geoffenbarten Botschaft Allahs lege, ist einleuchtend: wiel nämlich nur solch ein Dokument als glaubwürdig und verbindlich angesehen werden kann. Eine Übersetzung, und sei sie noch so gewissenhaft und sachverständig gefertigt worden, kann nie genau die Aussagekraft und nie die wahre Bedeutung so beibehalten, wie sie in den Originalworten und —ausdrücken enthalten sind. Jede Version ist stets der Diskussion und Kritik ausgesetzt. Diese vier Evangelien sind zum Beispiel noch nicht einmal eine Übersetzung, sondern der bloße Originaltext in griechischer Sprache; das Schlimmste daran ist, daß sie durch spätere Interpolationen übel entstellt wurden.

Wir haben nun vor uns einen heiligen Choral, zweifelsohne in einem semitischen Dialekt gesungen, der uns aber in eine griechischen Version vorliegt. Natürlich möchten wir seine Worte in der Originalsprache, in der sie vorgetragen wurden, kennen. Ich möchte hier die besondere Aufmerksamkeit des Lesers auf den exakt äquivalenten semitischen Ausdruck lenken, der ins Griechische mit „eudokia“ übertragen und im Englischen mit „good will (=Wohlgefallen)“ wiedergegeben worden ist.

Die Hymne setzt sich aus drei Abschnitten zusammen. Gegenstand des ersten Abschnittes ist Allaha (im Aramäischen), was ins Griechische mit „theos“ übersetzt wurde. Gegenstand des zweiten Abschnittes ist Shlama (im Aramäischen), im Griechischen mit „eiriny“ wiedergegeben. Und Gegenstand des dritten Abschnittes schließlich ist im Griechischen „eudokia“, was in der Vulgata mit „bona voluntas“ und in der Pshitta (al-basit) mit „sobhra tabha“ (gesprochen sõvra tāvā) wiedergegeben wird.

Diese beiden Versionen, denen sich alle weiteren Versionen anschlossen, drückten nicht die genaue Bedeutung und den Sinn des Wortes „eudokia“ aus, und konsequenterweise bleiben der zweite und der dritte Abschnitt ohne Bedeutung und sogar ohne Sinn, wenn sie nicht gar unwahr werden. Mögen wir auch enttäuscht sein, daß wir nicht über die genauen Worte des himmlischen Chorals in ihrer ursprünglichen Form verfügen, so brauchen wir dendoch nicht die Hoffnung bei unserem Bemühen aufzugeben, den wahren Sinn, den er enthält, herauszufinden.

Wir werden deshalb fortfahren, die wahren etymologischen Bedeutungen der griechischen Wörter „eireny“ und „eudokia“ sowie den wahren Sinn und die Interpretation des Lobgesanges der Engel zu ergründen.

Die christliche Interpretation der Ausdrücke „eiriny“ und „eudokia“ ist falsch und absolut unhaltbar.

Gemäß der Interpretation dieser Hymne durch alle christlichen Kirchen und Sekten bringt der Glaube an die Göttlichkeit Jesu Christi, an die Erlösung von der Sünde und vom Höllenfeuer durch seinen Tod am Kreuz und an das Bestehen einer fortdauernden Kommunikation mit dem Heiligen Geist „Frieden“ und Ruhe in das Herz und läßt die Gläubigen auch jedem weiteren „Wohlgefalllen“, jeder weiteren Güte und jeder weiteren gegenseitigen Liebe näherkommen. Diese Interpretation wird so weit allgemein von den sakramentarischen und den evangelischen Gruppen akzeptiert. Aber sie bleiben bei diesen drei prinzipiellen Punkten nicht stehen, wenn auch sehr zurückhaltend; insofern fühlen sie untereinander keinen umfassenden Frieden, keinen Einklang, keine Eintracht und Harmonie sowie kein Wohlgefallen und keine gegenseitige Liebe.Dann trennen sie sich alle und versuchen es auf andere Weise, diesen „Frieden“ und dieses „Wohlgefallen“ zu ermitteln. Die Sakramentarier betonen nachdrücklich ihren Glauben an sieben Sakramente und viele Dogmen, die weder der gesunde Menschenverstand noch die einfache Lehre Jesu tolerieren kann. Die Kirche, die aufgrund des Blutes vom Heiland durch das mysteriös geweihte Wasser der Taufe geläutert wurde, wurde zur Braut des Lammes und seines Körpers die Kirche, die selbst der Körper des Lammes ist, ernährt ihren Körper durch mysteriös geweihtes Brot und mysteriös geweihteh Wein und verwandelte ihn in wirkliches Fleisch und Blut des Bräutigams. Die Braut- die Kirche- hat besondere Gebete für die „geheiligten Herzen“ Jesu, für Maria und Josef, für die vierzehn Stationen oder Häuser der Kreuzigung, für die Statuen und Bilder von Hunderten von Heiligen, Märtyrern und für Tausende authentischer oder fiktiver Knochen und Reliquien derselben; und sie hat eine besondere Anbetungsform aür die geweihte Hostie, die genau mit der für Gott, den Allmächtigen, übereinstimmt!

Dennoch gibt es keinen Frieden; alle Sünden, seien sie schwerwiegend oder nicht, müssen dem Priester gebeichtet weden; und es ist die Absolution, die der Sünder von diesem „geistlichen Vater" erhält, die Frieden schafft und innere Ruhe in sein Herz einziehen läßt und es mit Wohlgefallen füllt!!!

Wenn wir uns nun der evangelischen Gruppe mit ihren verschiedenen Glaubensbekenntnissen und Lehren zuwenden, dann sehen wir, daß sie versuchen, einen inneren Frieden herbeizuführen, indem die direkt zu den drei Wesenheiten der Gottheit individuell betenerst zu Jesus, dann zum Heiligen Geist, dann zum Vater -, mit geschlossenen Augen, aber mit andächtigen Gesten und Bewegungen, und indem sie die Bibel lesen sowie privat oder öffentlich andere Dinge praktizieren; und dann glauben sie, daß sie vom Heiligen Geist erfüllt und des Friedens teilhaftig sind Aber ich versichere dem Leser, daß all diese „reuigen" Christen, die durch ihre wirklichen oder gekünstelten Gebete vorgeben, „Frieden" und „Wohlgefallen" gegenüber ihrem Nächsten erlangt zu haben, statt wie ihr angeblicher Meister fromm, demütig,und friedlich zu werden, äußerst engstirnig und intolerant werden. Ob es nun ein Orthodoxer oder ein Heterodoxer sei, wenn die Christen aus der Kirche herauskommen, in der sie an des „Herrn Abendmahl teilgenommen" haben, das sie die „Institution der Eucharistie" [1] nennen, werden die derart scheinheilig fanatisch und gesellschaftsfeindlich, als ob sie lieber mit einem Hund als mit einem Muslim oder einem Juden zusammenträfen, weil letztere nicht an die Trinität und an des „Herrn Abendmahl" glauben.

Ich weiß das ganz genau, denn ich pflegte die gleichen Gefühle zu haben, als ich noch ein katholischer Priester war. Je mehr ich mich selbst für geistlich, heilig und sündenfrei hielt, desto mehr haßte ich die Häretiker, insbesondere die, die nicht an die Trinität glaubten.

Wenn die Christen, besonders ihre Priester und Pastoren, leidenschaftlich und fanatisch bei ihren seltsamen Anbetungsformen und Praktiken werden, werden die auch überaus aufgeregt, heftig und angriffslustig gegenüber ihren religiösen Gegnern Man zeige mir einen einzigen katholischen, schismatischen oder häretischen Heiligen nach dem Konzilvon Nicäa, der kein Tyrann gewesen wäre, sei es in seinen Schriften oder Predigten oder in seinen Taten gegen jene, die es als „Häretiker" ansah. Die römische Inquisition ist ein unvergängliches Zeugnis für die Erfüllung des Chorals der Engel hinsichtlich des „Friedens auf Erden und des Wohlgefallens den Menschen"!

1 = Ich vergaß, oben zu erwähnen, daß das Lukas-Evangelium gemäß der alten Pshittha-Version die Verse 17-19 des 22. Kapitels nicht enthält; auch sind diese sogenannten „essentiellen Worte" nicht in der Liturgie der Nestorianer enthalten.

Es ist ganz offensichtlich, daß wirklicher Friede nicht durch künstliche Hilfsmittel erlangt werden kann. Es gibt nur drei Wege, die den wahren und **vollkommenen** Frieden herbeiführen können; nämlich ein fester Glaube an das absolute Einssein Allahs, das vollständige Sichunterwerfen unter Seinen heiligen Willen und das Sichergeben darin und regelmäßiges Meditieren und Nachdenken über Ihn. Dcr, der seine Zuflucht zu diesen drei Wegen nimmt, ist ein wahrer und tatsächlicher Muslim, und der Frieden, den er erlangt,ist somit auch wahr und nicht erkünstelt. Er wird tolerant, aufrichtig, gerecht und mitleidsvoll; gleichzeitig wird er aber durchaus in die Lage versetzt, mit Herz und Seele alles zu verteidigen, was zur Glorie Allahs und zu seiner eigenen Ehre gehört, wenn es bedroht oder angegriffen wird. Zweifelsohne wird das Erwerben dieses **vollkommenen** Friedens nur durch eine innere Glaubensüberzeugung und ein unerschüttliches Sich- dem -SchöpferUnterwerfen vollbracht und nicht durch äußere, ostentative Praktiken und Rituale. Letzteres wird uns nur dann nutzen, wenn der Glaube echt und das Sichunterwerfen willentlich und vorbehaltlos sind.

Aber natürlich sangen die Engel nicht zu Ehren eines privaten oder individuellen Friedens, der im Grunde auf eine der vergleichsweise geringe Anzahl von Frommen beschränkt ist; auch sangen die Engel nicht zum Lobe eines imaginären Universalfriedens, welcher eine totale Entwaffnung der Nationen sowie das Aufhören von Kriegen und Feindseligkeiten bedeuten würde. Nein, keiner dieser beiden spezifischen Arten von Frieden war Gegenstand dieses Gesangs.

Der spirituelle Frieden ist der Friede des Herzens und Gewissens, der von Allah als Gnade und Segen nur den Gläubigen gewährt wird, die ihre Frömmigkeit und ihr spirituelles Leben enorm weiterentwickelt haben, Ihn lieben und vor allem jede andere Liebe der Liebe zu Ihm opfern.

Es war weder ein sozialer noch ein politischer Friede für das Volk Israel; denn der Geschichtsverlauf der letzten zwanzig Jahrhunderte beweist genau das Gegenteil. Denn die Engel konnten keinen Frieden besingen und verkünden, der nie realisiert oder erreicht werden würde. Somit sind wir angesichts der späteren historischen Tatsachen einerseits und durch die Bedeutung des Ereignisses genauso wie des Ortes, an dem diese bemerkenswerte Ankündigung sich vollzog, andererseits gezwungen, die Schlußfolgerung zu ziehen, daß dieser „Friede auf Erden" nichts anderes war als die bevorstehende Etablierung des Reichs Gottes auf Erden, nämlich der Islam. Das griechische Wort „eiriny" steht für das semitische „shalom", „shlama" und „islam". Nichts weiter!

Die bloße Erwähnung der „Menge der himmlischen Heerscharen" gibt dem

Choral einen kriegerischen oder triumphalen Charakter. Es ist in der Tat ein einzigartiger Hinweis auf die Freude seitens der Heerscharen des himmlischen Reiches zugunsten ihrer künftigen Bundesgenossen des Gottesreiches auf Erden, unter denen dea neugeborene Kind von Bethlehem der größte Evangelist und Herold war.

In dieser Artikelreihe haben wir bei verschiedenen Gelegenheiten erklärt, daß shalom in seinem konkreten und praktischen Sinn die Religion bezeichnet, die gut, fehlerfrei, sicher, gesund und der Weg des Friedens ist, im Gegensatz zu der Religion, die schlecht, lasterhaft, schädlich, zerstörend und der Weg ist, der ins Elend und in die ewige Verdammnis führt. In diesem Sinne verwendete Allah in Seiner Botschaft durch die Prophezeiung des Jesaja an Cyrus *(Prophet Jesaja, Kapitel 45)* das Wort shalom als Synonym für das Gute im Gegensatz zum Bösen. Das ist ganz genau die wörtliche, etymologische, moralische und praktische Bedeutung von Islam als der wahren Religion, dem machtvollen Reich Allahs auf Erden mit seinen ewigen und fehlerfreien Gesetzen und Anweisungen, wie sie heiligen Koran stehen.

Außer Islam, was wörtlich „Friedenschaffen" bedeutet, ist jede andere Deutung oder jede imaginäre Frieden unanwendbar auf die Bedeutung, in der „eiriny" in diesem triumphalen Engelschoral verwendet wird. In diesem islamischen Sinne des Wortes sagte Jesus Christus in seiner großartigen Bergpredigt: „Selig sind die Muslime (wörtlich: „die Friedfertigen"), denn sie werden Gottes Kinder [1] heißen." *(Evangelium des Matthäus, Kapitel 5, Vers 9)* , und es war eben der imaginäre Frieden, den Jesus Christus in Abrede stellte, als er ausrief: „Glaubt nicht, daß ich gekommen bin, um Frieden auf Erden zu bringen ich bin nicht gekommen, Frieden zu bringen, sondern das Schwert." *(Evangelium des Matthäus, Kapitel 10, Vers 34)*; oder wie Lukas berichtet: „Ich bin gekommen, daß ich ein Feuer anzünde auf Erden.....Glaubt ihr, daß ich hergekommen bin, Frieden zu bringen auf Erden? Ich sage: Nein, sondern Zwietracht." *(Evangelium des Lukas, kapitel 12, Verse 49-51)*.

Solange „eiriny" nicht im Sinn von „Religion des Islam" verstanden wird, müssen diese beiden kritischen und entgegengesetzten Aussagen Jesu ein Rätsel bleiben, wenn nicht gar ein nicht wieder gut zu machendes Unrecht, das die christliche Kirche begangen hat, indem sie diese Evangelien als das „inspirierte Wort Gottes" angenommen hat.

1 =Der Ausdruck „Gottes Kinder „wird später behandelt werden.

II

„Eudokia“ bedeutet „Ahmadiyeh“

(Evangelium des Lukas, Kapitel 2, Vers 14)

Es wohl nicht sehr schwierig, ein Meisterwerk eines bedeutenden Autors aus einer fremdsprachlichen Fassung zurückzuübersetzen,wenn er andere literarische Werke in seiner Muttersprache hinterlassen hat. In diesem Fall kann nämlich der Übersetzer die Gedankengänge, die Techniken und die Ausdrucksweisen in dessen Werken studieren und sein Bestes tun, das Buch in seine Originalsprache zurückzuübertragen.Inwieweit er dabei Erfolg hat, ist eine Frage, die nur befähigte Übersetzer entscheiden und bestimmen können. Gleichermaßen könnte, wenn es zumindest einige wenige Briefe oder sonstige Schriften von Lukas in Hebräisch gäbe, dessen Evangelium mit vergleichsweise weniger Schwierigkeiten übersetzt werden als es jetzt getan werden kann. Leider ist aber eben dies nicht der Fall. Denn es ist nichts von den alten Schriften in der Sprache Jesu, aus der Lukas den Engels-Choral übersetzt hat, vorhanden; er selbst hat auch kein anderes Werk in einer semitischen Sprache hinterlassen.

Um mich besser verstehen zu können und damit die Leser die immense Wichtigkeit dieses Punktes besser zu würdigen wissen, erlaube ich es mir, anzuzweifeln, daß selbst der hervorragendste Gelehrte in der englischen und französischen Sprache in der Lage wäre, aus einer französischen Version die Dramen Shakespeares ins Englische zurückzuübersetzen, ohne den englischen Originaltext gesehen zu haben, und auch die Anmut und Feinheit des Originals wiederzugeben.

Der bedeutende muslimische Philosoph Ibn Sina (Avicenna) schrieb in Arabisch, und einige seiner Werke wurden später vom Lateinischen ins Arabische zurückübersetzt, weil die Urschriften verlorengegangen waren. Sind diese Reproduktionen etwa genau identisch mit den Texten des muslimischen Aristoteles? Ganz gewiß nicht!

In einem früheren Abschnitt dieser Abhandlung [1], in dem es um „eiriny“ ging, erörterten wir bis zu einem gewissen Umfang den Punkt Übersetzungen; dabei fiel es uns nicht sehr schwer, das äquivalente hebräische Wort „shalom“ zu finden, weil beide in der Septuaginta und in den hebräischen Texten

1 = Vide Islamic Review für November 1929

identisch sind. Nach meinem besten Wissen erscheint in der Septuaginta das griechische zusammengesetzte Wort „eudokia" jedoch nicht, und es ist überaus schwierig, dafür einen äquivalenten oder synonomen Ausdruck im Original zu finden. St. Barnabas erwähnt in seinem Evangelium weder diesen Engels-Choral noch die Geschichte von den Hirten; auch die anderen Synoptiker oder Briefe im Neuen Testament tun dies nicht.

Die Griechen in der heutigen Zeit verwenden oft „eudokia" und „eudoxia" für ihre weiblichen Eigennamen; und diese Substantive sind beide aus zwei Elementen zusammengesetzt: „eu" und „dokea" aus dem später „doxa" abgeleitet wurde, was „Ruhm" oder „Lobpreis" und ähnliches bedeutet.

Um das ursprüngliche semitische Wort in dem Choral, den die frommen Hirten hörten und über den sie berichteten, das dann der Evangelist Lukas mit „eudokia" wiedergegeben hat, herauszufinden, sind wir gezwungen, es direkt von seiner griechischen Wurzel und Ableitung zu untersuchen und zurückzuverfolgen. Bevor wir dies jedoch tun, ist es notwendig, die unrichtigen Versionen, die die wahre Bedeutung von „eudokia" verwischen und seinen prophetischen Bezug auf Ahmad bzw. Muhammad verhehlen, der Kritik zu unterziehen und zu enthüllen.

Es gibt zwei Hauptversionen des Neuen Testamentes, die als Quelle den griechischen Text haben; da ist einmal eine in der sogenannten „syrischen" Sprache und zum anderen eine in Latein. Beide tragen den gleichen bezeichnenden Titel „Simplex" oder „Schlichte", was beides die „Pshittha" und die „Vulgata" kennzeichnen. Es gibt viel neues Informationsmaterial über diese zwei berühmten alten Versionen, das die gelehrtesten, christlichen Historiker und die dogmatischsten Theologen in eine peinliche Lage bringen muß. Für den Moment mag es jedoch genügen zu sagen, daß die aramäische [1] Version, die Pshittha genannt wird, älter ist als die lateinische Vulgata. Es ist allgemein bekannt, daß die Kirche von Rom während der ersten vier Jahrhunderte keine Schriften oder Liturgien in Latein hatte, sondern nur solche in Griechisch. Vor dem Konzil in Nicäa im Jahre 325 n.Chr. war der Kanon der neutestamentlichen Bücher noch nicht vollständig, geschweige denn festgeschrieben. Es gab Dutzende von Evangelien und Briefen, die die Namen diverser Apostel und anderer Gefährten Jesu trugen und von verschiedenen christlichen Gemeinden für heilig gehalten wurden, vom Konzil zu Nicäa dann aber als gefälscht verworfen wurden.

1 = Die Pshittha-Version des Alten Testamentes gebraucht nie die Worte „Syrien" oder „syrisch", sondern verwendet vielmehr die Worte „Aram" und „aramäisch".

Da der Sitz oder das Zentrum der syrischen Sprache und Lehren Orhai, d.h. Edessa, war und niemals Antiochien, wurden hier auch die Bücher des Neuen Testamentes nach der weltbekannten Versammlung in Nicäa aus dem Griechischen übersetzt.

Eine gründliche Überprüfung und wissenschaftliche Untersuchung der frühchristlichen Literatur und Geschichte wird zeigen, daß die ersten Prediger des Evangeliums Juden waren, die Aramäisch oder das alte Syrisch sprachen. Ob dieses „Evanglium" ein schriftliches Dokument oder eine schriftlich nicht fixierte Lehre oder Religion war, die mündlich gelehrt und propagiert wurde, ist eine Frage für sich und liegt außerhalb des Bereichs unseres jetzigen Themas. Eins jedoch ist sicher und fällt wirklich in unseren Themenkreis, daß nämlich die ersten Christen ihre Liturgie in der aramäischen Sprache abhielten. Dies war die übliche Sprache, die von den Juden, Syrern, Phöniziern, Chaldäern und Assyrern gesprochen wurde. Nun ist es natürlich klar, daß es die Christen, die zu den aramäisch sprechenden Völkern gehörten, mit Sicherheit vorziehen würden, in ihrer eigenen Sprache zu lesen und zu beten. Folglich waren verschiedene Evangelien, Briefe, Gebetsbücher und Liturgien in Syrisch verfaßt. Selbst die Aramäer hatten vor der Schaffung ihres Alphabets im fünften Jahrhundert die syrischen Schriftzeichen übernommen.

Auf der anderen Seite lasen die Proselyten der nicht-semitischen „Nichtjuden" gemäß der „neuen Methode" das Alte Testament in seiner griechischen Fassung der „Siebzig". Es war eine Selbstverständlichkeit, daß die Gelehrten der griechischen Philosophie und die Ex-Geistlichen der griechischen Mythologie, nachdem sie einmal zum neuen Glauben konvertiert waren und die Septuaginta vor sich hatten, keine Schwierigkeiten darin finden konnten, ein „Neues Testament" als eine Vervollständigung oder Fortsetzung des Alten Testamentes zu schaffen.

Wie das schlichte Evangelium des Gesandten Allahs aus Nazareth zu einer Quelle von zwei mächtigen Strömungen des semitischen und des griechischen Denkens geworden ist und wie die griechische, polytheistische Gedankenwelt unter den überaus tyrannenhaften griechisch-römischen Herrschern und unter den sehr intoleranten und abergläubischen, trinitarischen Bischöfen von Byzanz und Rom den monotheistischen, semitischen Glauben überwältigt hat, sind Punkte äußerster Tragweite für ein gründliches Studium durch die muslimischen, unitarischen Gelehrten.

Dann sind da noch die Fragen nach der Einheit des Glaubens, der Doktrin und des geoffenbarten Textes. Länger als drei Jahrhunderte hatte die christliche Kirche kein Neues Testament, so wie wir es in der heutigen Form kennen, und keine der semitischen oder griechischen Kirchen hatte es. Antiochien, Edesaa, Byzanz und Rom besaßen vor dem Konzil in Nicäa auch nicht alle Bücher des Neuen Testamentes und noch nicht einmal die vier Evangelien. Und ich möchte gern wissen, worin denn der Glaube jener Christen bestand bzw. besteht, die lediglich im Besitz des Evangeliums von Lukas oder Markus oder Johannes waren, und zwar hinsichtlich der Dogmen der Eucharistie, der Taufe, der Trinität und der wundersamen Vorstellung von Christus sowie Dutzender anderer Dogmen und Lehren Die Syrische Version der Pshittha enthält nicht die sogenannten „essentiellen" bzw."institutionellen Worte", die jetzt bei Lukas stehen *(Kapitel 22, Verse 17 - 19)*. Die letzten zwölf Verse des 16. Kapitels vom zweiten Evangelium sind in den alten griechischen Manuskripten nicht vorhanden. Das sogenannte „Vaterunser" *(Evangelium des Matthäus, Kapitel 6, Vers 9; Evangelium des Lukas, Kapitel 11, Vers 2-4)* ist den Autoren des zweiten und vierten Evangeliums nicht bekannt. Und tatsächlich waren viele wichtigen Lehren, die ein Evangelium enthält, den Kirchen, die es nicht besaßen, unbekannt. Folglich konnte es auch schlechterdings keine einheitliche Anbetungsform, Disziplin, Autorität, Glaubensrichtung und keine einheitlichen Gebote sowie kein einheitliches Gesetz in der Frühkirche geben, so wie es dies auch jetzt nicht gibt.

Alles, was wir aus dem Schrifttum des Neuen Testamentes sammeln können, ist, daß die Christen im apostolischen Zeitalter die jüdischen Schriften für ihre Bibel hatten, mit einem Evangelium, das die wahre Offenbarung an Jesus enthält, und daß sein wesentlicher Inhalt genau derselbe war wie er in diesem Lobgesang der Seraphim verkündet wurde — nämlich ISLAM und AHMADIYEH. Die besondere Mission, die Allah SEINEM Apostel Jesus übertragen hatte, bestand darin, die Juden von ihrer Verwirrung und von ihrem falschen Glauben an einen David-Messias zurückzuholen bzw. sie zu bekehren und sie davon zu überzeugen, daß das Reich Gottes auf Erden, das sie erwarteten, nicht durch einen Messias aus dem Geschlechte Davids begründet würde, sondern durch die Familie Ismails, dessen Name AHMAD war, das wahre Äquivalent, dessen Namen die griechischen Evangelien in den Formen „eudoxos" und „periclytos" bewahrt haben und nicht in der Form „paracletos", wie die Kirchen es umgeformt haben. Es ist selbstverständlich, daß der „Periclyt" in dieser Artikelreihe eins der hauptsächlichen Themen sein wird.

Was aber auch immer die Bedeutung von „paracletos" *(Evangelium des Johannes, Kapitel 14, Vers 16; Kapitel 15, Vers 26 und Kapitel 16, Vers 7)* oder seine wahre etymologische Orthographie sein mögen, es bleibt noch die leuchtende Wahrheit, die Jesus hinterließ, und die unvollständige Religion, die durch etwas vollendet und vervollkommnet werden soll, was Johannes (ubi supra) und Lukas *(Kapitel 24, Vers 49)* als „Geist" bezeichnen. Dieser „Geist" ist kein Gott, kein dritter von dreien in einer Dreieinigkeit von Göttern, sondern der heilige Geist von Ahmad, der wie ein jeder Geist der anderen Propheten im Paradies existierte (vgl. das Evangelium des Barnabas). Wenn der Geist Jesu nach dem Zeugnis eines Apostels, nämlich des Johannes *(Evangelium des Johannes, Kapitel 17, Vers 5, etc.)* schon existierte, bevor er Mensch wurde, dann sind auch die muslimischen Unitarier voll und ganz berechtigt, aufgrund des Bezeugens eines anderen Apostels, nämlich des Barnabas, an die Existenz des Geistes von Muhammad zu glauben Und warum nicht? Da dieser Punkt im Verlauf folgender Abschnitte erörtert werden wird, möchte ich an dieser Stelle an alle christlichen Kirchen nur diese eine Frage richten; Besaßen alle christlichen Kirchen in Asien, Afrika und Europa vor dem Konzil zu Nicäa das vierte Evangelium? Ist die Antwort affirmativ, dann bringt bitte auch eure Beweise Ist die Antwort negativ, dann muß zugegeben werden, daß ein Großteil der Christen nichts über Johannes' „Paraklet" wußte, ein barbarisches Wort, das weder „Tröster" noch „Fürsprecher" noch sonst irgendetwas bedeutet Dies sind wirklich sehr ernste und schwere Anklagen gegen die Christenheit.

Aber wir wollen zu unserem Thema zurückkommen. Die Pshittha hat das griechische Wort „eudokia" (die Griechen lesen dieses Wort „ivdokia" bzw. sprechen es „ivthokia" aus) mit „sobhra tabha" (gesprochen „sovra tava") übersetzt, was „gute Hoffnung" oder „gute Erwartung" bedeutet, wohingegen die lateinische Vulgata auf der anderen Seite „eudokia" mit „bona voluntas" oder „Wohlgefallen" wiedergibt.

Ich fordere ohne jede Furcht all die griechischen Gelehrten auf, sofern sie es sich getrauen, mir zu widersprechen, wenn ich erkläre, daß die Übersetzer der syrischen und lateinischen Versionen einen schwerwiegenden Fehler hinsichtlich ihrer Interpretation von „eudokia" begangen haben. Nichtsdestoweniger muß ich eingestehen, daß ich, um gewissenhaft zu bleiben, jenen Übersetzern nicht den Vorwurf machen kann, daß sie die Bedeutung dieses griechischen Ausdrucks absichtlich verdreht hätten; ich gebe nämlich zu, daß die beiden Versionen eine zu schwache Grundlage haben, um ihre jeweiligen Übersetzungen gutheißen zu können. Aber selbst, wenn man dies berücksichtigt, ist zu bemerken, daß sie hierbei den prophetischen Sinngehalt vermissen ließen sowie die wahre Bedeutung des semitischen Wortschatzes, als sie ihn in das griechische Wort „eudokia" umwandelten.

Das genaue und wortwörtliche Äquivalent von „gute Hoffnung" in der griechischen Sprache ist nicht „eudokia", sondern „eu elpis" oder besser „euelpistia". Diese Ausführung zu „evelpistia" (so die korrekte griechische

Aussprache) ist genug, um die Pshittha zum Schweigen zu bringen. Der präzise und genau entsprechende Ausdruck, der das lateinische „bona voluntas" oder „Wohlgefallen" wiedergibt, ist im Griechischen mit Sicherheit nicht „eudokia", sondern „euthelyma". Diese kurze, aber schlüssige Erklärung ist nochmals eine ausreichende Maßregelung für die Priester des Vatikans, von Phanar (Konstantinopel) und Canterbury, die das „gloria in excelsis" singen, wenn sie die Messe zelebrieren oder andere Sakramente spenden.

1. Etymologie und Bedeutung von „eudokia"

Wir wollen nun fortfahren, den wahren Sinn von „eudokia" darzustellen.

Das adjektivische Präfix „eu" bedeutet „gut, mehr, am meisten", wie zum Beispiel in „eudokimeo" — „hochgeschätzt, anerkannt, beliebt sein" und „Ruhm erlangen"; „eudokimos" — „höchst geschätzt, sehr berühmt und ruhmvoll"; „eudoxia" — „Ruhm, Berühmtheit". Das griechische Substantiv „doxa", gebraucht in zusammengesetzten Wörtern wie „orthodox", „Doxologie" usw., ist vom Verbum „dokeo" abgeleitet. Jeder Student der englischen Literatur weiß, daß „doxa" „Ruhm, Ehre, Berühmtheit" bedeutet. Bei den klassischen, griechischen Autoren gibt es zahlreiche Wendungen, in denen „doxa" verwendet wird, um „Ruhm, Ehre" zum Ausdruck zu bringen; „Peri doxis makheshai" — „um Ruhm und Ehre kämpfen". Der berühmte Athener Redner Demosthenes „zog Ruhm und Ehre einem ruhigen Leben vor", „Ruhm und Ehre, dem Ruhm und der Ehre der Götter gleich".

Ich bin über die Tatsache unterrichtet, daß „doxa", wenn auch selten, ebenfalls benutzt wird, um a) Meinung, Glaube, b) Dogma, Prinzip, Doktrin und c) Erwartung oder Hoffnung zu bezeichnen. Aber gleichviel, seine allgemeine und umfassende Bedeutung ist „Ehre, Ruhm". Der erste Teil des Lobgesanges beginnt ja auch tatsächlich mit „doxa (Ehre) sei Allah in der Höhe!"

Im „Dictionnaire Grec-Francais" (veröffentlicht im Jahre 1846 in Paris von R.C. Alexandre) wird das Wort „eudokia" mit „bienveillance, tendresse, volunte, von plaisir" usw. wiedergegeben; und der Autor gibt „dokeo" als Wurzel von „doxa" an, mit all den verschiedenen Bedeutungen, die ich oben erwähnt habe.

Die Griechen von Konstantinopel, unter deren Lehrern ich verschiedene Bekannte habe, verstehen zwar einmütig unter „eudokia" die Bedeutung von „Freude, Lieblichkeit, Heiterkeit und Wunsch", geben aber auch zu, daß es ebenso im ursprünglichen Sinn mit „Ruhm, Berühmtheit und Ehrenhaftigkeit" bezeichnet werden kann.

2. Etymologie der hebräischen Formen MaHMaD und HiMDaH sowie ihre Bedeutungen

Ich bin davon überzeugt, daß der einzige Weg, den Bedeutungsinhalt und Geist der Bibel zu verstehen, darin liegt, sie aus islamischer Sicht zu studieren. Nur dann kann man die wahre Natur der göttlichen Offenbarung verstehen und richtig würdigen und lieben. Und nur dann können die eingeschobenen unechten, falschen und ungleichartigen Elemente in ihren finstersten Darbietungen aufgedeckt und entfernt werden. Und genau unter diesem Gesichtspunkt begrüße ich dieses griechische Wort „eudokia“, das in seiner wahren und wortwörtlichen Bedeutung bewundernswerterweise dem hebräischen „Mahmad, Mahamod„ Himdah“ und dem im Alten Testament so oft benutzten „hemed“ entspricht.

a) Hamad. Dieses Verb, das aus den drei essentiellen Konsonanten ḥmd gebildet und in allen semitischen Sprachen gleich lautet, bedeutet in den heiligen Schriften der Juden überall: „nach etwas streben, sich verlieben, sich nach etwas sehnen, an etwas Vergnügen finden, an etwas Freude haben“ und „heftig begehren“. Diejenigen, die das Arabische kennen, werden natürlich die umfassende Bedeutung des Wortes „schahwa“ verstehen, übersetzt: „Lust, Begierde, heftiges Begehren und Gelüst“. Nun, genau das sind der Sinn und die Bedeutung des Verbums „ḥamad“ in den hebräischen Schriften. Eins der Gebote im berühmten Dekalog der Tora (Arabisch: „Taurāt“) bzw. in den Zehn Geboten enthält diesen Satz: „Lo taḤmÖd ish reikha“ - „Du sollst nicht begehren deines Nächsten Weib“ (Exodus, Kapitel 2o, Vers 17).

b) Hemed [1] Das Substantiv im Maskulinum, „Himdah im Femininum, bedeutet: „Lust, Begierde, Heiterkeit, Vergnügen, Gegenstand des Verlangens und Begehrens, Lieblichkeit“ *(Prophet Haggai, Kapitel 2, Vers 7;Prophet Jeremia, Kapitel 25, Vers 34, etc.).*

c) MaHMaD, MaHaMoD *(Klagelieder Jeremias, Kapitel 1, Verse 7 und 10; Kapitel 2, Vers 4, etc.).* Diese Partizip-Formen sind ebenfalls Ableitungen vom Verbum „hamad“ und bedeuten: „sehr begehrenswert, entzückend, erfreulich, herrlich, reizend, kostbar, geliebt“.

Daß die arabische Form MuHaMmaD und die hebräische Form MaHMaD und MaHaMoD von ein und derselben Verbform bzw. Wurzel abgeleitet sind und daß sie ungeachtet des geringfügigen orthographischen Unterschieds zwischen den Formen einen gemeinsamen Ursprung und eine gemeinesame Bedeutung

1 = Ein Artikel über „himdah“, vom gelehrten Professor, wurde im Islamic Review für Oktober 1927 veröffentlicht.

haben, daran kann überhaupt nicht der geringste Zweifel bestehen. Ich habe die Bedeutungen der hebräischen Formen so wiedergegeben, wie sie die Juden und Lexikographen verstanden haben.

d) Es muß deshalb bemerkt werden, daß das grieschische Wort „eudokia" eine wortgetreue Wiedergabe des hebräischen Substantivs HiMDaH sein muß und daß beides „Vergnügen, Heiterkeit, schöne Freude (bon plaisir), Begehren, Lieblichkeit, Kostbarkeit" und einige andere synonyme Wörter beinhaltet.

Aus dem oben ausgeführten folgt nun, daß das entsprechende Äquivalent zum hebräischen „Mahamod" nichts anderes sein kann als „eudoxos", das der Gegenstand des Begehrens und Verlangens war, des sehr Reizenden, Erfreulichen und Trachtens, des äußerst Kostbaren, Anerkennenswerten, Geliebten und Hochgeschätzten.

Daß unter allen Nachkommen Adams der Name Muhammad zum ersten Mal allein dem Sohn des ʻAbdullah und der Amina in der Stadt Mekka gegeben worden sollte, ist ein einzigartiges Wunder in der Geschichte der Religionen. In dieser Hinsicht gibt es keine erdachte Erfindungen, keinen Versuch und keine Täuschung. Seine Eltern und Angehörigen waren Heiden und wußten nichts von den Prophezeiungen in den jüdischen oder christlichen Schriften, die einen bedeutenden Propheten betreffen, dem es verheißen war zu kommen, um die Religion des Islam wieder zu errichten und ihr Geltung zu verschaffen. Daß sie den Namen Muḥammad bzw. Aḥmad wählten, kann nicht als bloßer Zufall oder als ein zufälliges Ereignis gerechtfertigt werden. Es war ohne Zweifel durch die göttliche Vorsehung bestimmt und eingegeben.

Ob die arabischen Dichter und Literaten die alte Bedeutung des hebräischen passivischen Partizips von der „pi'el"-Form des Verbums „ḥamad" bewahrt haben oder nicht, so habe ich keine Möglichkeit, das eine oder das andere zu beweisen. Das arabische passivische Partizip der „pi'el"-Konjugation des Verbums „ḥamida" ist jedoch Muḥammad, und das des hebräischen „ḥimmid" ist Maḥmad bzw. Maḥamod. Die Verwandtschaft zwischen Gleichheit und Übereinstimmung der beiden Formen steht außer Frage.

Ich habe die Bedeutungen der hebräischen Formen wahrheitsgetreu so wiedergegeben, wie sie die Lexikographen und Übersetzer angegeben haben. Der eigentlich wahre und geistige Sinn von „ḥimdah" und „Maḥamod" ist jedoch „Lobpreis und lobenswert, Ruhm und berühmt, Glorie und glorreich". Denn was kann unter den Lebewesen und Dingen „glorreicher, ehrenhafter, berühmter und gepriesener sein als das, was überaus begehrt und erwünscht ist". In diesem sachlichen Sinn gebraucht der Koran das Wort „ḥamdu", von dem Aḥmad und Muḥammad abgeleitet sind, und „ḥamdu" ist das gleiche Wort wie „ḥemed". Der Ruhm Muhammads übertrifft den jedes anderen Geschöpfes, wie es vom Propheten Daniel *(Kapitel 7)* dargestellt wird und in der Prophezeiung Allahs: „Lau lā laka mā khalaqna-l-aflāka" — „Wäre es nicht für dich (o geliebter Muhammad), hätten WIR die Welten (oder Himmel) nicht erschaffen." Die höchste Ehre und der größte Ruhm jedoch, was Allah SEINEM sehr geachteten Apostel gewährte, bestand darin, daß er beauftragt wurde, die wahre Religion Allahs unter dem Namen „Islam" zu etablieren und zu vervollkommnen, „Islam", was wie der Name seines Stifters Muhammad so unendlich viele tröstende und heilsame Bedeutungen hat: „Friede, Sorglosigkeit, Sicherheit, Ruhe, Errettung", und „das Gute" im Gegensatz zum „Bösen"; und darüberhinaus Unterwerfung unter und Ergebung in den Willen Allahs.

Die Vision, durch die die frommen Hirten anläßlich der Geburt von Jesus Christus geehrt wurden, war zeitlich günstig und passend. Denn ein bedeutender Gesandter von Allah, ein heiliger Verkünder des Islam wurde in jener Nacht geboren. Wie Jesus der Herold von Allahs Königreich war, so war sein Evangelium eine Einführung in den Koran. Die Ankunft Jesu war der Beginn einer neuen Ära in der Geschichte der Religion und der Moral. Er selbst war nicht der „Maḥamod", der nach der Vernichtung des Bösen und seines Reiches der Götzendienerei im Gelobten Land erscheinen sollte. Das „Vierte Ungeheuer", die starke römische Macht, wuchs noch und setzte seine Eroberungen fort. Jerusalem mit seinen prachtvollen Tempeln und seiner Priesterschaft mußte durch dieses Ungeheuer zerstört werden. Jesus „kam zu seinem Volk; aber sein Volk empfing ihn nicht." Und jene unter den Juden, die ihn empfingen, wurden zu „Kindern des Königreiches" gemacht; die übrigen jedoch zerstreuten sich in der Welt. Darauf folgten die zehn schrecklichen Verfolgungen unter den heidnischen römischen Herrschern, die Tausend mit dem Diadem des Märtyrertums krönten; und Konstantin dem Großen und seinen Nachfolgern war es erlaubt, auf den wahren Gläubigen, die an das Eins-Sein Allahs glaubten, herumzutreten. Und dann sollte Muhammad — weder Gott noch Gottes Sohn, sondern „der Glorreiche, der Begehrenswerte, der ausgezeichnetste Menschensohn, der perfekte Barnasha" — kommen und das Ungeheuer vernichten.

III
Johannes der Täufer verkündet einen mächtigen Propheten

Den Berichten der vier Evangelisten zufolge war Johannes der Täufer ein Cousin und ein Altersgenosse von Jesus und nur etwa sechs Monate älter als der letztgenannte. Der Koran erwähnt vom Leben und Wirken dieses Propheten nur, daß Allah durch die Engel seinem Vater Zacharias ankünfigte, daß er einen Sohn mit dem Namen Yaḥyā haben werde, der das Wort von Allah bestätigen und ein edler Mensch sowie rein und ein Prophet, der Rechtschaffenen einer sein würde (Koran, Sure 3, Vers 39). Über seine frühe Kindheit ist nur bekannt, daß er ein Nazarener war, der in der Wüste lebte, Heuschrecken und wilden Honig aß, seinen Körper mit einem Kleid von Kamelhaaren bedeckte und dieses mit einem ledernen Gürtel zusammenhielt. Man nimmt von ihm an, daß er zu einer jüdischen Sekte mit dem Namen „Essener" gehörte, aus der die frühchristlichen „Ibioniten" hervorgingen; ihr Hauptcharakteristikum ist die Enthaltsamkeit von weltlichen Freuden.

In der Tat zeigt der koranische, anschauliche Ausdruck für diesen eremitischen Propheten — „ḥaṣūra", was im weitesten Sinne des Wortes „rein" bedeutet —, daß er ein unverheiratetes Leben der Keuschheit, Armut und Frömmigkeit führte. Er wurde von seiner frühen Jugend an nicht gesehen, bis er ein Mann von dreißig oder mehr Jahren war, als er seine Sendung des Predigens von Buße und des Taufens von reuigen Sündern mit Wasser begann. Große Menschenmengen zog es in die Wildnis von Judäa, um die flammenden Predigten des neuen Propheten zu hören; die bußfertigen Juden wurden von ihm im Jordanfluß getauft. Er maßregelte die gebildeten, aber fanatischen Pharisäer und Priester und kündigte den gelehrten, aber rationalistischen Sadduzäern drohend die kommende Vergeltung an. Er erklärte, daß er sie nur mit Wasser als Zeichen der Reinigung des Herzens durch Buße taufe. Er verkündete, daß nach ihm ein anderer Prohet kommen würde, der sie mit dem heiligen Geist und mit Feuer taufen würde, der seinen Weizen in seine Kornspeicher sammeln und die Spreu mit einem unauslöschlichen Feuer verbrennen würde. Ferner erklärte er, daß der, der nch ihm käme, ihm in einem solchen Ausmaß an Stärke und Erhabenheit überlegen wäre, daß der Täufer eingestand, er sei nicht genug oder nicht wert, sich zu bücken, um die Riemen seiner Schuhe aufzubinden und zu lösen.

Es geschah bei einer dieser großartigen Taufhandlungen von Yaḥyā (Johannes dem Täufer), daß auch Jesus von Nazareth ins Jordanwasser stieg und wie jeder andere vom Propheten getauft wurde. Markus *(Kapitel 1, Vers 9)* und Lukas *(Kapitel 3, Vers 21)*, die von dieser Taufe Jesu durch Johannes berichten, wissen in diesem Zusammenhang nichts von den Äußerungen des Johannes, die bei Matthäus *(Kapitel 3, Verse 13-17)* erwähnt werden, wo es heißt, daß der Täufer zu Jesus gesagt habe: „Ich bedarf wohl, daß ich von dir getauft werde, und du kommst zu mir?" Darauf soll letzter geantwortet haben: „Laßt uns die Gerechtigkeit erfüllen"; dann taufte er ihn. Die Synoptiker führen an, daß der Geist der Prophezeiung in Gestalt einer Taube auf Jesus herabfuhr, als dieser aus dem Wasser herausstieg, und eine Stimme gehört wurde, die sagte: „Dies ist MEIN lieber Sohn, an welchem ICH Wohlgefallen habe."

Das vierte Evangelium weiß nichts darüber, daß Jesus von Johannes getauft wurde; es teilt uns jedoch mit, daß der Täufer, als er Jesus sah, ausrief: „Siehe, das Lamm Gottes", usw *(Evangelium des Johannes, Kapitel 1, Vers 29)*. Dieses Evangelium gibt vor, das Andreas ein Jünger des Täufers gewesen sei und, als er seinen Meister verlassen habe, seinen Bruder Simon zu Jesus gebracht habe *(Evangelium des Johannes, Kapitel 1, Verse 40-42)* - eine Geschichte, die den Aussagen der anderen Evangelisten *(Matthäus, Kapitel 4, Verse 18-19; Markus, Kapitel 1, Verse 16-18)* in flagranter Weise widerspricht. Bei Lukas ist die Geschichte gänzlich anders; hiernach kennt Jesus den Simon Peter, bevor er ihn zu seinem Jünger berief *(Lukas, Kapitel 4, Verse 38-39)*; und der Umstand, der den Meister veranlaßte, die Söhne von Jona und von Zebedäus zu Jüngern zu berufen, ist im Vergleich zu den anderen Evangelisten ganz und gar sonderbar *(Lukas, Kapitel 5, Verse 1-11)*.

Die vier Envangelien der trinitarischen Kirchen beinhalten viele sich widersprechende Aussagen über die Verbindung zwischen den zwei Cousin-Propheten. Im vierten Evangelium lesen wir, daß der Täufer nicht wußte, wer Jesus war, bis nach dessen Taufe, als ein Geist wie eine Taube herabfuhr und auf ihm blieb *(Evangelium des Johannes, Kapitel 1, Verse 31-34)*; dagegen teilt uns Lukas mit, daß der Täufer, als er im Leib seiner Mutter noch ein Fötus war, Jesus kannte und ihn anbetete, der auch ein jüngerer Fötus im Mutterleib der Maria war *(Lukas, Kapitel 1, Vers 44)*. Dann wird uns wiederum mitgeteilt, daß der Täufer, während er im Gefängnis war, in dem er enthauptet wurde *(Matthäus, Kapitel 11, Verse 2-3; Kapitel 14, Vers 10)*, den wahren Charakter der Sendung Jesu nicht kannte!

In den Fragen, die die Priester und Leviten dem Propheten Yaḥyā stellten, ist ein geheimnisvoller Hinweis verborgen. Sie fragten den Täufer: „Bist du der Messias? Bist du Elia?" Und als er mit „Nein" antwortete, sagen sie: **„Wenn**

du weder der Messias bist noch Elia noch **der Prophet**, warum taufst du dann?" *(Evangelium des Johannes, Kapitel 1, Verse 19-25)*. Es ist somit zu beachten, daß dem vierten Evangelium zufolge Johannes der Täufer weder der Messias war noch Elia noch **der Prophet** So erlaube ich mir, die christlichen Kirchen, die ja glauben, daß der Eingebende all dieser widersprüchlichen Aussagen der heilige Geist sei — d.h. der dritte von drei Göttern —, zu fragen: **Wen** meinten jene jüdischen Priester und Leviten mit „**der Prophet**"? Und wenn ihr vorgebt, nicht zu wissen, wen die jüdischen Geistlichen meinten, wissen dann eure Päpste und Patriarchen, wer „**der Prophet**" ist? Wenn nicht, worin liegt dann ein denkbarer Nutzen dieser unechten und verfälschten Evangelien? Wenn ihr aber doch sehr wohl wißt, wer **der Prophet** ist, warum verschweigt ihr es dann?
Im obigen Zitat *(Evangelium des Johannes, Kapitel 1, Vers 21)* wird ausdrücklich angegeben, daß der Täufer sagte, daß er **kein Prophet** sei; dagegen wird von Jesus berichtet, er hätte gesagt, daß „von allen, die von Weibern geboren sind, keiner aufgestanden ist, der größer sei denn Johannes der Täufer" *(Evangelium des Matthäus, Kapitel 11, Vers 11)*. Hat Jesus wirklich eine solche Äußerung getan? War Johannes der Täufer größer als Abraham, Mosesm David und Jesus selbst? Und worin bestanden seine Überlegungen und Größe? Wenn dieses Zeugnis von Jesus über den Sohn des Zacharias authentisch und wahr sein sollte, dann kann die Größe des „Essers von Heuschrecken in der Wüste" nur in seinem absoluten Verzicht,, seiner Selbstverleugnung und Enthaltsamkeit; von der Welt mit all ihrem Luxus und all ihren in seinem innigen Wunsch, die Menschen zur Buße zu rufen; und in seinen guten Nachrichten über „den Propheten".

Oder bestand seine Größe darin — wie die Kirchen es haben möchten —, ein Couson, ein Altersgenosse und ein Bezeuger Jesu zu sein: Der Wert und die Größe eines Menschen, so gut wie eines Propheten, können durch sein Wirken bestimmt und gewürdigt werden. Die Anzahl der Personen, die durch Predigten bekehrt und die durch die Taufe des Johannes geläutert wurden, ist uns gänzlich unbekannt. Hinsichtlich des Effektes jener geistigen Umwandlung des Verhaltens reuiger Juden in Richtung auf das „Lamm Gottes" sind wir ebenfalls nicht unterrichtet.

Von Christus wird gesagt, er habe erklärt, daß Johannes der Täufer die Reinkarnation des Propheten Elia sei *(Evangelium des Matthäus, Kapitel 11, Vers 14; Kapitel 11, Vers 12; Evangelium des Lukas, Kapitel 1, Vers 17)*, wogegen Johannes der jüdischen Abordnung ausdrücklich mitgeteilt hatte, daß er **nicht** Elia sei und auch nicht Christus und auch nicht der Prophet *(Evangelium des Johannes, Kapitel 1, Verse 20-21)*.

Kann nun jemand aus diesen Evangelien, die voller widersprüchlicher und sich gegenseitig dementierender Erklärungen sind, eine korrekte Schlußfolgerung ziehen? Oder kann jemand versuchen, die Wahrheit zu finden? Die Aufgabe ist außerordentlich gewichtig und von erstem Charakter, denn die betroffenen Personen sind keine gewöhnlichen Sterblichen wie wir, sondern zwei Propheten, die beide im Mutterleib durch den Geist erschaffen und wie durch ein Wunder geboren wurden — einer hatte keinen Vater, während die Eltern des anderen unfruchtbar und ein impotentes, neunzigjähriges Paar waren. Die Gewichtigkeit der Aufgabe ist sogar noch bedeutender, wenn wir darangehen, die Beschaffenheit der Dokumente, in denen diese widersprüchlichen Aussagen niedergeschrieben sind, zu betrachten. Die Erzähler sind die Evangelisten, Personen, die angeblich durch den heiligen Geist inspiriert waren, und die Niederschriften, von der man glaubt, sie sei eine Offenbarung Es handelt sich jedoch um eine Lüge, eine falsche Behauptung bzw. eine Fälschung irgendwo. Von Elia (oder Elias) wird gesagt, er käme vor **„dem Propheten“** *(Prophet Maleachi, Kapitel 4, Verse 5-6)*, Jesus sagt: „Johannes ist Elia“; Johannes sagt: „Ich bin nicht Elia“; und es handelt sich um die heilige Schrift der Christen, die diese beiden affirmativen und nagtiven Aussagen macht!

Es ist absolut unmöglich, durch diese Evangelien zur Wahrheit, zur wahren Religion zu gelangen, es sei denn, sie werden unter islamischer und unitarischer Betrachungsweise gelesen und untersucht. Nur dann kann die Wahrheit aus dem Falschen gewonnen werden und das Authentische vom Unechten unterschieden. Allein der Geist und der Glaube des Islam können die Bibel sorgfältig überprüfen und das Wertlose und Irrige von ihren Seiten entfernen. Bevor ich jedoch fortfahre zu zeigen, daß der vom Täufer angekündigte Prophet niemand anders als Muhammad sein kann, möchte ich die ernsthafte Aufmerksamkeit meiner Leser auf ein oder zwei andere wichtige Punkte lenken.

Erstens möchte ich bemerken, daß die Muslime allen Propheten höchste Verehrung und Ehrfurcht entgegenbringen, und besonders jenen, deren Namen im Koran erwähnt werden wie Johannes („Yaḥyā“) und Jesus („ʻĪsā“); und daß sie glauben, daß die Apostel bzw. Jünger Jesu geheiligte Männer und von Allah beseelt waren. Da wir jedoch ihre echten und unverfälschten Schriften nicht besitzen, können wir uns konsequenterweise auch nicht nur einen Moment vorstellen, daß einer von diesen beiden bedeutenden Dienern Allahs zum anderen im Widerspruch gestanden haben könnte.

Ein anderer wichtiger, zu beachtender Punkt ist das sehr bezeichnende Schweigen des Evangeliums des Barnabas zu Johannes dem Täufer. Dieses Evangelium, das den Namen Yaḥyā überhaupt nicht erwähnt, legt seine Prophezeiung über den „mächtigen Propheten“ in den Mund Jesu Christi. Darin sagt Christus, während er vom Geist des Muhammad und davon spricht, daß dieser vor denen der anderen Propheten erschaffen wurde, daß es so glorreich sei, daß Jesus sich selbst als unwürdig betrachten würde, niederzuknien und die Riemen seiner Schuhe zu lösen, wenn er käme.

Der große „Rufer" in der Wüste pflegte im Verlauf seiner Reden zu den Mengen laut zu rufen und zu sagen: „Ich taufe euch mit Wasser zur Buße und zur Vergebung der Sünden. Aber es gibt jemanden, der nach mir kommt und stärker ist als ich, von dessen Schuhen ich nicht würdig bin, die Riemen zu lösen;er wird euch mit dem Geist und mit Feuer taufen." Diese Worte sind in unterschiedlichen Versionen von den Evangelisten überliefert! sie zeigen jedoch alle höchsten Respekt und höchste Einstellung hinsichtlich der eindrucksvollen Persönlichkeit und der majestätischen Würde des mächtigen Propheten, die in ihnen angekündigt werden. Diese Worte des Täufers beschreiben sehr gut die orientalische Sitte der Gastfreundschaft und Ehrenbezeigung gegenüber einem würdevollen Besucher. In dem Moment, in dem ein Besucher eintritt, eilen der Gastgeber oder ein Mitglied der Familie herbei, um seine Schuhe auszuziehen, und begleiten ihn zu einem Sofa oder Sitzkissen. Wenn der Gast aufbricht, wird das gleiche respektvolle Entgegenkommen wiederholt. Man hilft ihm beim Anziehen der Schuhe, indem der Gastgeber auf seinen Knien die Schuhriemen zubindet.

Was Johannes der Täufer sagen will, ist, daß er im Falle, daß er jenen ehrwürdigen Propheten träfe, sich gewiß als unwürdig der Ehre betrachten würde, niederzuknien und die Schuhriemen zu lösen. Eins ist auch aus dieser Reverenz, die vom Täufer im voraus bezeigt wurde, klar: daß der angekündigte Prophet allen Propheten als ihr Adon, Herr und Sultan bekannt war. Andernfalls hätte eine solch ehrenwerte Person, ein solch reiner und sündenfreier Gesandter Allahs wie Yaḥyā nicht ein derart bescheidenes Bekenntnis abgelegt.

Es bleibt nun die Aufgabe, die Identität **„des Propheten"** zu bestimmen. Dieser Abschnitt muß deshalb in zwei Teile aufgeteilt werden, nämlich:

A. Der angekündigte Prophet war nicht Jesus Christus; und
B. der angekündigte Prophet war Muhammad.

Jedermann weiß, daß die christlichen Kirchen Johannes den Täufer immer als einen Jesus Untergeordneten und als dessen Herold angesehen haben. Alle christlichen Kommentatoren stellen Jesus als den Gegenstand von Johannes' Zeugnis und Prophezeiung dar.

Wenn auch die Sprache der Evangelisten durch Interpolierer in jene Richtung verdreht wurde, so können dennoch der Betrug und die Irreführung dem forschenden Auge eines kritischen und unparteiischen Prüfers auf Dauer nicht entgehen. Jesus konnte aus dem Folgenden nicht der Gegenstand des Zeugnisses von Johannes sein:

1. Schon die Präposition „nach" schließt Jesus klar davon aus, der angekündigte Prophet zu sein. Beide waren Altersgenossen und in ein und demselben Jahr geboren. " Der nach mir kommen wird", sagt Johannes, „iststärker las ich." Dieses „nach" deutet die Zukunft an, in irgendeiner unbestimmten Ferne; und in der prophetischen Sprache drückt es einen oder mehrere Zeitzyklen aus. Bei den Sufis und denen, die ein sprituelles und meditatives Leben führen, ist es wohlbekannt, daß bei jedem Zyklus, der als äquivalent zu fünf oder sechs Jahrhunderten gilt, eine bedeutende leuchtende Seele erscheint, die von verschiedenen Satelliten umkreist wird, die an verschiedenen Stellen der Welt auftauchen und große religiöse und soziale Bewegungen einleiten, die eineige Generationen lang andauern, bis ein anderer, leuchtender Prophet, umgeben von vielen Jüngern und Gefärten, mit gewaltigen Reformen und mit Erleuchtung erscheint. Die Geschichte der wahren Religion, von Abraham bis Muhammad, ist entsprechend geschmückt mit solch epochemachenden Ereignissen unter Abraham, Moses, David, Zorobabel, Jesus und Muhammad. Jede dieser Epochen ist gekennzeichnet durch spezielle, charakteristische Merkmale. Jede einzelne bewirkt einen Fortschritt und beginnt dann, zu verschwinden und schwächer zu werden, bis ein anderes Leuchten auf der Bildfläche erscheint, und dies immer so weiter bis zur Ankunft von Johannes, Jesus und den Satelliten-Aposteln.

Johannes fand sein Volk bereits unter dem eisernen Joch Roms mit seinen gottlosen Herodessen und ihren Heidnischen Legionen geplant. Er sah das unwissende jüdische Volk durch einen korrupten und arroganten Klerus in die Irre geführt, die Schriften verfälscht und durch ein abergläubiges und von den Vorfahren übernommenea Schrifttum ersetzt. Er fand, daß dieses Volk jede Hoffnung und jedes Seelenheil verloren hatte, ausgenommen die Hoffnung, daß Abraham, der ihr Vater war, sie retten würde. Er teilte den Juden mit, daß Abraham sie nicht als Kinder haben wolle, da sie eines solchen Vaters unwürdig seien, daß aber „Allah aus Steinen dem Abraham Kinder zu erwecken vermag" *(Evangelium des Matthäus, Kapitel 3, Vers 9)*. Dann hatten sie eine schwache Hoffnung auf einen Messias, einen Abkömmling aus dem Hause Davids, den sie damals erwarteten — wie sie es auch noch heute tun —, daß er käme und das Königreich jenes Herrscher in Jerusalem erneuere.

Als nun die jüdische Abordnung aus Jerusalem gefragt hatte: „Bist du der

Messias?“, da antwortete er sowohl darauf als auch auf ihre späteren Fragen entrüstet mit „Nein“: Allah allein weiß, welche Rügen und Verweise sie von jenen feurigen Äußerungen des heiligen Propheten der Wüste hörten, die die Kirche oder die Synagoge vorsichtig genug waren, sie nicht in schriftlicher Form erscheinen zu lassen. Wenn wir die Übertreibungen weglassen, die den Evangelien offensichtlich hinzugefügt worden sind, dann glauben wir voll und ganz, daß der Täufer Jesus als den wahren Messias einführte und den Mengen riet, ihm zu gehorchen und seinen ausdrücklichen Befehlen und seinem Evangelium Folge zu leisten. Er teilte seinem Volk aber klar mit, daß es einen anderen und den letzten, großen Leuchtenden gäbe, der so glorreich und geehrt in der Gegenwart Allahs wäre, daß er (Johannes) nicht genug wäre, um die Riemen seiner Schuhe zu lösen.

2. Es konnte nicht Jesus Christus sein, der von Johannes gemeint war, denn in diesem Fall wäre er Jesus gefolgt und hätte sich ihm als ein Jünger und Untergeordneter unterworfen. Dem war aber nicht so. Im Gegenteil, wir finden ihn predigend, taufend, Eingeführte und Jünger empfangend, König Herodes strafend, die jüdische Hierarchie scheltend und das Kommen eines anderen Propheten, „stärker“ als er selbst, ankündigend, ohne auch nur die geringste Notiz von der Anwesenheit seines Cousins in Judäa bzw. Galiäa zu nehmen.

3. Wenn auch die christlichen Kirchen Jesus Christus zu einem Gott bzw. zu einem Sohn Gottes gemacht haben, so beweist doch die Tatsache, daß er wie jeder andere Israelit beschnitten und wie ein gewöhnlicher Jude von Johannes getauft worden war, das Gegenteil. Die gewechselten Worte zwischen dem Täufer und dem GEtauften im Jordanfluß scheinen eine Inerpolation oder eine Allgemeinheit zu sein, denn sie sind widersprüchlich und irreführenden Charakters. Wäre Jesus wirklich die Person, die der Täufer als „stärker“ denn er selbst angekündigt hatte, so viel stärker, daß er „nicht würdig war, niederzuknien und dessen Schuhe zu öffnen“, und daß er „mit dem Geist und Feuer taufen würde“, dann gäbe es keine Notwendigkeit auch keinen Sinn, daß er von seinem Untergeordneten im Fluß wie ein gewöhnlicher reuiger Jude getauft würde Die Aussage Jesu: „Es obliegt uns, alle Gerechtigkeit zu erfüllen“ ist unverständlich. Warum und wie würde „alle Gerechtigkeit“ von ihnen erfüllt, wenn Jesus getauft würde? Dieser Ausdruck ist völlig unbegreiflich. Entweder handelt es sich um eine Interpolation oder um einen absichtlich verstümmelten Satz. Hier ist ein weiteres Beispiel, das sich selbst präsentiert, vom islamischen Geist gelöst und interpretiert zu werden. Aus der Sicht eines Muslim kann der Sinn in diesem Ausdruck von Jesus vur der sein, daß Johannes durch das Auge eines Sehers oder „Sophi“ den prophetischen Charakter des Naza-

reners wahrgenommen und für einen Moment gedacht hat, daß er der letzte große Gesandte Allahs sei und sich deshalb scheute, ihn zu taufen; erst als Jesus seine eigentliche Identität bezeugte, erklärte er sich bereit, ihn zu taufen.

4. Die Tatsache, daß Johannes, als er im Gefängnis war, seine Jünger zu Jesus sandte, um ihn zu fragen: „Bist du **der Prophet**, der da kommen soll, oder sollen wir eines anderen warten?" zeigt deutlich, daß der Täufer vom Geschenk der Weissagung in Jesus **nichts wußte**, bis er — **während er im Gefängnis war** — von seinen Wundern hörte. Dieses Zeugnis von Mattäus *(Kapitel 11, kVers 3)* widerspricht dem des vierten Evangeliums und erklärt es für ungültig *(Evangelium des Johannes, Kapitel 1, Vers 29)*, wo es heißt, daß der Täufer, als er Jesus sah, ausrief: „Siehe, das Lamm Gottes, welches der Welt Sünde wegnimmt (oder trägt)!" Der vierte Evangelist weiß nicht vom grausamen Märtyrertum des Johannes *(Evangelium des Matthäus, Kapitel 14, Verse 1-12; Evangelium des Markus, Kapitel 6, Verse 14-29)*.

Aus muslimischer, unitarischer Sicht des Glaubens ist es eine moralische Unmöglichkeit, daß ein Prophet wie der Täufer, den der Koran mit den Worten „sayyidan wa ḥaṣūran wa nabīyyan min aṣ- ṣāliḥīn" beschreibt, einen solch heidnischen Ausdruck über Jesus gebraucht. Die wirkliche Natur und das Wesentliche der Sendung von Johannes waren, **Buße zu predigen** — das heißt, jeder ist verantwortlich für seine Sünde und muß **sie tragen** oder **selbst durch Buße wegtragen**. Die Taufe war lediglich eine äußere Absolution oder Waschung als ein Zeichen der Vergebung von Sünden, aber es sind die Mitwirkung, das Eingeständnis (gegenüber Allah und gegenüber dem, der durch diese Sünde verletzt wurde — falls unbedingt notwendi) und das Versprechen, sie nicht zu wiederholen, die **sie hinfortnehmen** können. Wenn Jesus das „lamm Gottes " wäre, der Welt Sünde wegzunehmen, dann wäre das Predigen von Johannes — Gott bewahre — lächerlich und sinnlos Überdies wußte Johannes besser denn irgendein anderer, daß solche Worte von seinen Lippen einen nicht wieder gut zu machenden Irrtum hervorgerufen hätten — wie es ja auch der Fall war —, der die Kirche Christi völlig verunstalten und entstellen würde. Der Ursprung des Irrtums, der die Religion der Kirchen besudelt hat, ist in dieser unvernünftigen „Stellvertreter-Opfer" Angelegenheit zu suchen und zu finden Hat das „Lamm Gottes" die Sünden der Welt hinweggenommen? Die finsteren Blätter der „Kirchengeschichte" von welcher der zahllosen feindseligen „häretischen" Kirchen auch immer werden mit einem nachdrücklichen Nein antworten Die „Lämmer" in den Beichtstühlen können einem durch ihr Stöhnen unter der gewaltigen Last der vielfarbigen Sünden, die auf ihren Schultern geladen sind, erzählen, daß die Christen ungeachtet ihrer Wissenschaft und Zivilisation mehr furchtbare Sünden, Raubmorde, Ausschweifungen, Ehebrüche, Kriege Unterdrückungen und Diebstähle begehen sowie mehr unersättliche Gier nach Eroberungen und Geld an den Tag legen als der gesamte übrige Teil der Menschheit zusammengenommen.

5. Johannes der Täufer konnte in dem Sinne, wie die Kirchen seine Sendung interpretieren, nicht der Vorläufer von Christus sein. Die Evangelien präsentieren ihn uns als eine „laut in der Wüste rufende Stimme" als Erfüllung einer Textstelle bei Jesaja *(Der Prophet Jesaja, Kapitel 40, Vers 3)* und unter Berufung auf den Propheten Maleachi als einen Herold von Jesus Christus *(Der Prophet Maleachi, Kapitel 3, Vers 1)*. Zu behaupten, daß die Sendung oder die Aufgabe des Täufers im Bereiten des Weges für Jesus bestanden hätte — der erstere in der Eigenschaft eines Vorläufers und der letztere in der eines triumphierenden Eroberers, der „plötzlich zu seinem Tempel" kommen, dort seine Religion des „Shalom" etablieren und Jerusalem mit seinem Tempel glorreicher als zuvor machen wird *(Der Prophet Haggai, Kapitel 2, Vers 8)* —, bedeutet das Eingestehen des absoluten Scheiterns der ganzen Unternehmung. Nichtsdestoweniger ist eines so wahr wie zwei und zwei vier sinddaß das gesamte Projekt gemäß der extravaganten Betrachtungsweise der Christen den totalen Mißerfolg beweist. Denn von welchem Gesichtspunkt aus wir auch immer die Interpretationen der Kirchen untersuchen, der Fehlschlag scheint offensichtlich zu sein. Anstatt seinen Prinzen in Jerusalem am Tor des Tempels bekleidet mit Diadem und Purpur inmitten frenetischen Beifalls des Juden zu empfangen, empfängt ihn der Vorläufer, nackt wie er selbst, in der Mitte des Jordanflusses;und ihn dann, nachdem er seinen Meister in das Wasser untergetaucht bzw. eingetaucht hatte, den Mengen als „siehe, das ist der Messias" oder „dies ist der Sohn Gottes" oder sonstwie als „siehe, das Lamm Gottes" vorzustellen, würde entweder gleichbedeutend damit sein, das Volk Israel einfach zu beleidigen oder zu lästern oder Jesus völlig zum Gespötte bzw lächerlich zu machen.

Die wahre Natur des Sendung des enthaltsamen Asketen und die wirkliche Bedeutung seines Predigens sind von den Kirchen gänzlich mißverstanden, von den jüdischen Priestern und Kasuisten, die sie hartnäckig zurückweisen, jedoch **verstanden** worden. In meinem nächsten Kapitel werde ich mich damit beschäftigen und aufzeigen, daß sowohl das Wesen der Sendung von Johannes als auch der Gegenstand der Botschaft von Christus an die Juden ganz anders waren als es die Kirchen vorgeben zu glauben.

IV
Der vom Täufer angekündigte Prophet war zweifelsohne Muhammad.

Jesus Christus machte über Johannes den Täufer zwei sehr bezeichnende Bemerkungen, die jedoch in geheimnisvoller Form aufgezeichnet sind. Die erste Bemerkung über den Täufer ist die, in der Johannes der Welt als der wiedergeborene Elia des Alten Testamentes präsentiert wird. Das Geheimnisvolle, mit dem diese Benennung umgeben ist, besteht im bezeichnenden Schweigen Christi über die Identität der Person, die Elia (**nicht** Elias) erwartet wurde, offiziell der Welt als den Letzten Propheten zu verkünden und vorzustellen. Die Ausdruckweise Jesu ist in dieser Hinsicht überaus obskur, zweideutig und mysteriös. Wenn Johannes Elia war, wie es ausdrücklich und furchtlos kundgetan wurde, warum wurde dann die Person, deren Vorläufer Elia war, **nicht ausdrücklich** und **furchtlos erwähnt**? Wenn Jesus der „Engel des Bundes" und der **Dominator** —wie die Vulgata das hebräische **Adon** *(Der Prophet Maleachi, Kapitel3, Vers1)* übersetzt— wäre, warum sagt er es dann nicht offen? Wenn er mutig erklärte, daß nicht er selbst, sondern **ein anderer** Prophet der sei, der jener „Dominator" war, dann muß es in der Tat eine verbrecherische Hand gewesen sein, die die Worte Jesu aus dem ursprünglichen Evangelium tilgte und verwischte. Auf alle Fälle sind die Evangelien verantwortlich für diese Unklarheit und Unverständlichkeit. Es kann nur als diabolische Verfälschung des Textes beschrieben werden, was Billionen von Christen so viele Jahrhunderte lang in die Irre geführt hat. Was auch immer Jesus glaubte, zu repräsentieren, er sollte — gelinde gesagt — sich selbst freimütig dargestellt und offen erklärt haben: „Johannes ist der Elia, der als ein Vorläufer geschickt wurde, um mir den Weg zu bereiten!" Oder wenn dies nicht der Fall war, dann hätte er die folgende Erklärung abgegeben haben können: „Johannes ist der Elia, der gesandt wurde, um den Weg für Muhammad zu bereiten." Vielleicht ist dies der Vorliebe Jesu zum Orakelhaften zuzuschreiben. Es gibt tatsächlich einige Gelegenheiten —wie sie in den Evangelien berichtet werden—, bei denen Jesus eine Antwort gebt oder eine Äußerung macht, die dunkel und völlig unverständlich ist. Wenn man seine Gottheit beiseite läßt, als ein Prophet, ja sogar als ein Lehrer wurde von ihm erwartet, ein offener Lehrer und Führer zu sein.

Die andere Bemerkung ist in ein noch geheimnisvolleres Dunkel gehüllt. „Unter allen, die vom Weibe geboren sind, war niemand größer als Johannes der Täufer", sagt Jesus, „der Kleinste im Himmelreich aber ist größer als Johannes." Will Jesus Christus uns lehren, daß Johannes der Täufer und alle

Mekka in der kurzen Zeitspanne von 23 Jahren seiner apostolischen Sendung allein verwirklicht hat.

Das Mysterium der Präexistenz des jeweiligen Geistes der Propheten ist uns nicht offenbart worden, aber jeder wahre Muslim glaubt daran. Es war dieser präexistente Geist, der kraft des Wortes von Allah „kun (sei!)" einer Sarah, einer Hanna und einer gesegneten Jungfrau Maria Isaak, den Täufer bzw. Jesus zur Welt bringen ließ. Den Berichten des Alten Testamentes zufolge gibt es noch einige andere Namen — wie z.B. Samson und Jeremia.

Das Evangelium des Barnabas berichtet über Jesus, daß er vom Geist Muhammads sprach und von diesem erklärte, daß er vor allem Anderen erschaffen worden sei. Daraus folgt das Zeugnis des Täufers über den Propheten, den er ankündigte: „Nach mir wird kommen, der vor mir gewesen ist denn er war eher als ich." *(Evangelium des Johannes, Kapitel 1, Vers 15).*

Es erübrigt sich, diese wunderbaren Worte des Täufers über Muhammad so zu interpretieren, als ob sie sich auf Jesus bezögen, wie es der Verfasser des vierten Evangeliums zu tun versucht.

In dem weithin bekannten Buch „La vie de Jesu" von Ernest Renan gibt es ein bemerkenswertes Kapitel über Johannes den Täufer. Vor längerer Zeit las ich dieses Werk sorgfältig. Wenn der gelehrte französische Autor die geringste Aufmerksamkeit auf Muhammads Anspruch in der Welt der Propheten verwandt hätte — ich bin sicher, seine profunden Forschungen und Erläuterungen hätten ihn zu einer völlig anderen Schlußfolgerung geführt. Wie alle anderen Dissidenten und Bibelkritiker kritisiert er die Religion in feindseliger Weise, anstatt die Wahrheit zu ergründen, und führt seine Leser in Skepsis.

Ich bin froh zu sagen, daß es durch die Gnade Allahs mein Vorrecht ist, das Problem zu lösen und den Vorhang des Mysteriums, der den wahren Sinn und die Bedeutung „des Kleinsten im Himmelreich" bedeckte, hochgehen zu lassen.

2. Johannes der Täufer erkennt Muhammad als höher und mächtiger als er selbst an. Jener, den jüdischen Massen gegenüber geäußerte, bezeichnende Ausspruch „der, der nach mir kommt" erinnerte ihre Schriftgelehrten, Pharisäer und Rechtsgelehrten an die alte Prophezeiung ihres großen Ahnherrn Jakob, in der jener Patriarch den außergewöhnlichen Titel „Shīlokhah" für „Rasūlullāh", das Attribut, das Jesus stets für Muhammad gebrauchte und das im Evangelium des Barnabas erhalten ist, benutzt hatte. Als ich meinen Artikel über den „Shiloh" [1] schrieb, sagte ich, daß das Wort möglicherweise eine Entstel-

1 =Vgl. „Islamic Review" für September 1928, Seiten 313 ff.

lung von „shīkōūkh" oder „shīlokhah" [1] ist, was Gesandter Allahs bedeutet; aber ich rief bei jener Gelegenheit nicht in Erinnerung, daß auch Jeremias die hebräische Form in diesem Sinne verstand, denn er hat sie mit „qui mittendis est" übersetzt.

Wir haben nur einen Auszug in ein paar Zeilen von der Rede des Johannes, die nicht von ihm selbst, sondern von einer unbekannten Hand niedergeschrieben wurde — zumindest nicht in seiner Muttersprache — und durch Abschreibende und Redigierende, die seinen Schüler Jesus bereits zu einem Idol bzw. zu einem Gott gemacht hatten, vielfach verfälscht wurde. Wenn wir jedoch daran gehen, diese Rede, die in der Wüste von Judäa und an den Ufern des Jordan gehalten wurde, mit der erstaunlichen Anmut, Gewähltheit, Ausdrucksfülle und Macht vergleichen, die sich in jedem Vers und auf jeder Seite des Koran manifestieren, dann verstehen wir die Bedeutung der Worte „er ist stärker als ich"!

Wenn ich mir den asketischen Täufer vorstelle, wie er laut in der Wüste bzw. an den Ufern des Jordan den Mengen der jüdischen Gläubigen predigte, sowie eine etwa viertausend Jahre alte theokratische Geschichte vor ihm und dann eine kurze Rückschau halte über die ruhige, methodische und würdevolle Art, in der Muhammad den ungläubigen arabischen Heiden seine himmlischen Verse verkündete; und wenn ich schließlich die Auswirkung der beiden Lehren auf die Zuhörer und das abschließende Ergebnis untersuche und betrachte, dann verstehe ich das Ausmaß des Unterschiedes zwischen ihnen und den tieferen Sinn der Worte „er ist stärker als ich"!

Wenn ich über die Ergreifung und Einkerkerung des hilflosen Täufers durch Herodes Antipas [2] und seine grausame Enthauptung nachdenke — oder wenn ich die verworrenen, aber tragischen Berichte über die Geißelung Jesu (bzw Judas Ischariots) durch Pilatus, seine Krönung mit einer Krone aus Dornen durch Herodes und die Katastrophe von Golgatha durchlese — und wenn ich dann meine Augen auf den triumphalen Einzug des großartigen Adon — dem Sultan der Propheten — in Mekka, die totale Zerstörung aller alten Götzen und die Säuberung der heiligen Ka'ba richte; auf die packende Szene des von Abū Sufyān angeführten, besiegten Todfeindes zu Füßen des siegreichen

1 = Die orientalischen Juden und Assyrer sprechen das kWort „shilokha" bzw. „shīlọākh" aus. Es ist äußerst schwierig, semitische Sprachen mit lateinischen Buchstaben zu schreiben oder zu transkribieren.

2 = Bezüglich der Familie von Herodes dem Großen in den Evangelien (Matthäus, Kapitel 14; usw.) gibt es im Bericht über das Märtyertum von Johannes einen Widerspruch; der Leser möge die „Antiquities" von Joseph Flavius zu Rate ziehen.

Shīloḥah — dem Gesandten Allahs —,wie er um dessen Nachsicht bettelt und das Bekenntnis zum Glauben ablegt; und auf die glorreiche Anbetung, Frömmigkeit und die letzte Rede des Siegels der Propheten mit diesen erhabenen, göttlichen Worten:" Al-yauma akmaltu lakum dīnakum (heute habe ICH für euch eure Religion vervollkomnet)" usw., dann verstehe ich voll und ganz das Gewicht und den Stellenwert vom Bekenntis des Täufers „er ist stärker als ich"!

3. „Der kommende Zorn". Ist man je auf eine vernünftige, wohlüberlegte und überzeugende Interpretation dieses Ausdrucks in irgendeinem der zahlreichen Kommentare zu den Evangelien gestoßen? Was meint Johannes mit seinen Worten, bzw. was wünscht er, daß seine Zuhörer darunter verstehen: „Fürwahr, es ist schon die Axt den Bäumen an die Wurzel gelegt"? Oder mit seinem Ausspruch: „Er hält die Wurfschaufel in seiner Hand, um seinen Dreschboden zu säubern"? Oder wenn er den Titel „Kinder Abrahams" auf nichts zurückführte?

Ich will niemanden von den Phantastereien der Kommentatoren zurückhalten, denn sie sind Träumereien, von denen weder Johannes noch seine Zuhörer jemals geträumt hatten. Hätte Johannes jene hochmütigen Pharisäer und rationalistischen Sadduzäer, die die körperliche Auferstehung leugneten, je lehren können, daß am Tage des Jüngsten Gerichtes Jesus von Nazareth über sie seinen Zorn kommen und sie wie unfruchtbare Bäume und wie die Spreu im Höllenfeuer brennen lassen würde? Es findet sich im gesamten Werk der Schriften nicht ein einziges Wort über die Auferstehung von Körpern oder über das Höllenfeuer. Diese talmudischen Schriften sind voll von eschatologischem Material, sehr ähnlich jenen der Zarduschtäer, haben jedoch in den kanonischen Büchern keinen klaren Ursprung.

Der Prophet der Reue und der guten Botschaft spricht nicht über den künftigen und nicht näher bestimmten Zorn, der die Ungläubigen und Unfrommen mit Sicherheit erwartet, aber dafür von der nahen und unmittelbar bevorstehenden Katastrophe des jüdischen Volkes. Er drohte mit dem Zorn Allahs, der auf dieses Volk wartet, falls sie bei ihren Sünden bleiben und seine Sendung sowie die seines Gefährten Jesus Christus zurückwiesen. Das kommende Unheil bestand in der Zerstörung Jerusalems und der endgültigen Auflösung Israels, was sich etwa dreißig Jahre danach noch zu Lebzeiten vieler seiner damaligen Zuhörer ereignete. Er und Jesus kündigten beide das Kommen des großen Gesandten Allahs an, den der Patriarch Jakob unter dem Namen Shiloha angekündigt hatte, und daß mit seinem Erscheinen alle prophetischen und königlichen Privilegien und alle Autorität von den Juden hinweggenommen würden. Etwa sechs Jahrhunderte später war dies tatsächlich der Fall, als ihre letzten Hochburgen im saudi-arabischen Hijaz dem Erdboden gleichgemacht und ihre Fürstentümer von Muhammad zerstört wurden. Die immer mehr dominierende Macht Roms in Syrien und Palästina bedrohte die Scheinautonomie der Juden, und die unter den Juden bekannte Auswanderung hatte bereits ihren Anfang genommen. Aus diesem Grund fragte der Täufer: „Wer hat denn euch gewiesen, daß ihr dem künftigen Zorn entrinnen werdet?“ [1] Sie waren gewarnt und wurden ermahnt, durch Reue gute Früchte und erfolgreiche Ernte einzubringen sowie an die wahrhaften Botschafter Gottes zu glauben, insbesondere an „Rasūlu-llāh“, der der wahre und letzte machtvolle Befehlshaber war.

4. Die Juden und Christen haben Muhammad immer vorgeworfen, die Religion des Islam mit Gewalt, Zwang und dem Schwert errichtet zu haben. Die muslimischen Modernisten haben stets versucht, diesen Vorwurf zu widerlegen. Dies bedeutet jedoch nicht zu sagen, daß Muhammad nie das Schwert geführt hätte. Er mußte es gebrauchen, um den Namen Gottes zu erhalten. Jede Geduld hat Grenzen, und jede Bevorzugung findet ein Ende. Es ist nicht so, daß Allahs Geduld oder Bevorzugung begrenzt wären; durch IHN wird alles geregelt, bestimmt und festgelegt. Die Chance und die Zeit, die Allah den Juden, Arabern und Christen wohlwollend gewährt hatte, dauerten länger als viertausend Jahre. Erst nach Ablauf dieser Zeitspanne sandte Allah SEINEN geliebten Muhammad mit Macht und Schwert sowie mit Feuer und Geist, um sich mit den gottlosen Ungläubigen, mit den undankbaren Kindern Abrahams — sowohl den Ismaeliten als auch den Israeliten — und mit der Macht des Teufels ein für allemal auseinanderzusetzen.

Das gesamte Alte Testament ist ein Bericht über Theokratie und Götzendienerei. Von Zeit zu Zeit sprühte ein kleiner Funken des Islam — d.h. der Religion Allahs — in Jerusalem und Mekka;durch die Macht des Teufels wurde er jedoch stets bedrängt. Die vier diabolischen Ungeheuer mußten erscheinen und die wenigen, die an Allah glaubten, mit ihren Füßen treten. Dann kommt Muhammad, um die Schlange zu zertreten un dzu töten und ihr den Schmähnamen „Iblīs“ — der „zerquetschte“ Satan — zu geben.

Natürlich war Muhammad ein kämpfender Prophet; das Ziel seines Kampfes jedoch waren der Sieg und nicht die Rache sowie die Niederwerfung des Feindes und nicht seine Ausrottung sowie — mit einem Wort — die Einführung der Religion des Islam als des Königreiches Gottes auf Erden. Als der Rufer in

1 = Anmerkung des Übersetzers: Evangelium des Matthäus, Kapitel 3, Vers 7

der Wüste laut rief: „Bereitet dem Herrn den Weg, und machet gerade seine Pfade!", wies er in Wirklichkeit auf die Religion des Herrn in Form eines Königreiches hin, das sich näherte. Sieben Jahrhunderte zuvor hatte der Prophet Jesaja dieselben Worte ausgerufen und formuliert *(Der Prophet Jesaja, Kapitel 40, Vers 3)* und ein paar Jahrhunderte später bahnte Allah SELBST für Cyrus den Weg, indem ER alle Täler erhöhte und auffüllte und alle Berge und Hügel erniedrigte, um den Sieg leicht und die Entwicklung schnell zu gestalten *(Der Prophet Jesaja, Kapitel 40, Vers 4;Kapitel 45, Verse 1-3)*.

Geschichte wiederholt sich, sagt man; in beiden Fällen sind Sprache und Bedeutungsinhalt dieselben; ersteres ist ein Prototyp des letzteren. Allah hatte den Weg für Cyrus geebnet und seine Feinde dem persischen Eroberer um SEINES Hauses in Jerusalem und SEINES ausgewählten Volkes in der Gefangenschaft willen unterworfen. Nun wiederholte ER dieselbe Vorsorge, jedoch auf einer breiteren und weitreichenderen Ebene. Vor dem Predigen Muhammads verschwanden Götzen und Falschheit; vor seinem Schwert stürzten Reiche ein: und die Kinder des Reiches Gottes wurden gleich und bildeten ein „Volk der Heiligen des Allerhöchsten". **Denn nur im Islam sind alle Gläubigen gleich, gibt es keinen Priester und kein Sakrament;keinen Muslim so hoch wie ein Berg oder niedrig wie ein Tal; und keine Kaste oder Unterscheidung noch Rasse und Rang. Alle Gläubigen sind eins, außer in Tugend und Frömmigkeit, hinsichtlich derer sie sich einander übertreffen können. Nur die Religion des Islam erkennt niemanden — und sei er noch so groß und heilig — als einen absoluten Vermittler zwischen Allah und den Menschen an.**

V
Die Taufe von Johannes und Jesus ist nur eine Art von „Ṣibghatu-llāh"[1]

Es ist sehr bedauerlich, daß die Evangelisten uns keinen vollständigen und detaillierten Bericht über die Rede von Johannes dem Täufer hinterlassen haben; und angenommen, sie hätten es doch getan, dann wäre es geradezu ein Verbrechen seitens der Kirche, den Text nicht bewahrt zu haben. Denn es ist unmöglich, sich vorzustellen, daß die geheimnisvollen und rätselhaften Worte des Täufers in der jetzt vorliegenden Form selbst der gelehrteste seiner Zuhörer hätte verstehen können. Wir wissen, daß die jüdischen Theologen und Rechtsgelehrten ihn gefragt haben, über sich selbst hinsichtlich verschiedener Punkte Auskunft zu geben und seine Erklärungen deutlicher und schlichter zu gestalten *(Evangelium des Johannes Kapitel 1, Verse 19—23 und Kapitel 5, Vers 33)*. Es besteht gar kein Zweifel, daß er diese Punkte von entscheidender Bedeutung seinen Zuhörern erläuterte und sie nicht im Unklaren ließ; denn er war „ein brennend und scheinend Licht", der „von der Wahrheit zeugte" *(Evangelium des Johannes, Kapitel 5, Verse 33 und 35)*. was war sein Zeugniss, und welcher Natur war die Wahrheit, über die dieses Zeugnis gegeben wurde? Die Tatsache, daß die einzelnen Evangelien dieselben Punkte nicht in übereinstimmenden Worten wiedergegeben haben, macht die Angelegenheit nur noch diffuser. Über den Charakter der Wahrheit findet sich nichts Genaues; bezog sie sich auf die Person Christi und das Wesen seiner Sendung oder auf den Gesandten Allahs, wie er von Jakob prophezeit worden war *(Genesis, Kapitel 49)*? Wie lauteten die genauen Aussagen des Zeugnisses von Johannes über Jesus und über den künftigen Propheten, der stärker war als er?

Im dritten Kapitel dieser Artikelreihe [2] legte ich ausführliche Beweise vor, daß der vom Täufer angekündigte Prophet ein anderer als Jesus Christus war; und im vierten Kapitel [3] finden wir einige Argumente zugunsten des Gesandten Allahs als jemanden, der ein stärkerer und mächtigerer Prophet als Johannes war.

1 = Heiliger Koran, 2.Sure, Vers 138;Anmerkung des Übersetzers: „Ṣibghatu-llāh" bedeutet „Religion Allahs".

2 = Siehe „Islamic Review" für März-April 1930

3 = Ebenda, Mai 1930

Meiner bescheidenen Ansicht und meiner festen Überzeugung nach sind diese Argumente logisch, wahr und überzeugend. Jede dieser Erklärungen könnte leicht noch ausführlicher dargestellt werden, so daß ein umfangreiches Buch entstehen könnte. Ich bin mir voll und ganz der Tatsache bewußt, daß diese Argumentationen in den fanatischen Ohren manch eines Christen einen unangenehmen Klang hervorrufen wird. Aber die Wahrheit erhöht sich selbst und preist den, der sie verbreitet. Wie schon erwähnt, wir glauben, ohne zu zögern, daß die Wahrheit, über die Johannes Zeugnis ablegte, sich auf Muhammad bezog. Johannes legte zwei Zeugnisse ab, eins über den „Shliha d'Allah" — was im damaligen palästinensischen Dialekt „Gesandter Allahs" bedeutet — und das andere über Jesus, von dem er aussagte, daß er nicht von einem irdischen Vater, sondern vom Heiligen Geist gezeugt werden würde.

Ferner, daß er der wahre Messias sei, der von Allah als der letzte große jüdische Prophet gesandt worden sei, um dem Gesetz von Moses ein neues Licht und einen neuen Geist zu geben; und daß er beauftragt sei, die Juden zu lehren, daß ihre Errettung darin läge, sich dem bedeutsamen Sohn Ismails zu unterwerfen. Wie die früheren Juden, die ihre Schriften in Unordnung gebracht hatten, verfälschten auch die späteren Juden der christlichen Kirche in Nachahmung ihrer Vorväter ihre eigenen. Aber selbst diese Verfälschungen in den Evangelien können die Wahrheit nicht verschleiern.

Die hervorstehende Eigenschaft, die die Macht und Überlegenheit des Prinzen der Apostel Allahs begründet, ist die Taufe mit dem Heiligen Geist und mit Feuer. Das Eingeständnis vom Verfasser des vierten Evangeliums, daß Jesus und seine Jünger gleichzeitig mit Johannes dem Täufer auch mit Wasser zu taufen pflegten, ist eine de-facto-Abrogation der parenthetischen Anmerkung, daß „Jesus selber nicht taufte, sondern nur seine Jünger" *(Evangelium des Johannes, Kapitel 3, Vers 23; Kapitel 4, Verse 1-2)*. Aber angenommen, daß er selbst nicht taufte, das Zugeben, daß seine Jünger es taten, obwohl sie noch Anfänger und nicht ausgebildet waren, zeigt, daß ihre Taufe gleicher Natur war wie die Taufe von Johannes. Wenn wir einmal die Tatsache in Betracht ziehen, daß Jesus während der Dauer seiner irdischen Mission jene Zeremonie so exakt durchführte wie der Täufer in den Wasserläufen oder Tümpeln tat und daß er seine Jünger anwies, das Gleiche fortzuführen, dann wird es offensichtlich und so deutlich wie ein Scheunentor, daß er nicht die Person war, an die der Rufer in der Wüste dachte, als er das Kommen eines mächtigen Propheten mit der Taufe des Geistes und des Feuers voraussagte. Es bedarf nicht viel Lernens oder einer außergewöhnlichen Intelligenz, um die Überzeugungskraft des Argumentes zu begreifen - daß Jesus nämlich zu seinen

Lebzeiten **nicht eine einzige Person** mit dem Heiligen Geist und mit Feuer getauft hat. Wie kann er dann als der Täufer mit dem Heiligen Geist und mit Feuer angesehen bzw. als der von Johannes angekündigte Prophet identifiziert werden?

Wenn Worte, Predigten oder Prophezeiungen irgendetwas **bedeuten** und geäußert werden, um überhaupt etwas zu **lehren**, dann **bedeuten** und **lehren** uns die Worte des Täufers, daß die Taufe mit Wasser noch bis zum Erscheinen des „Shilohah" bzw. des Gesandten Allahs praktiziert werden würde und sie dann enden und der Ausübung der Taufe mit dem Geist und mit Feuer Platz machen würde. Dies ist die einzig logische und verständliche Schlußfolgerung, die man aus der Predigt, über die im dritten Kapitel des ersten Evangeliums berichtet wird, ziehen kann. Das Beibehalten der christlichen Taufe und ihre Erhebung in den Rang eines Sakramentes sind ein klarer Beweis dafür, daß die Kirche nur an die Taufe glaubt, die mit Wasser vollzogen wird. Logik, gesunder Menschenverstand und Respekt vor der Heiligen Schrift sollten jeden unvoreingenommenen Leser zur Überzeugung bringen, daß es sich bei den beiden Taufen um zwei grundverschiedene Dinge handelt. Der Prophet der Wüste erkennt die Taufe mit Feuer nicht als die Taufe mit Wasser an. Charakter und Wirksamkeit jeder einzelnen Taufe sind deutlich genannt und umrissen. Die eine wird derart durchgeführt, daß man den Körper als Zeichen oder Beweis der Buße in Wasser eintaucht bzw. ihn damit wäscht; die andere wird **nicht mehr** mit Wasser vollzogen, sondern mit dem Heiligen Geist und dem Feuer, und bewirkt eine **gründliche Änderung** des Herzens, Glaubens und der Gesinnung. Die eine reinigt den Körper, die andere erleuchtet den Geist, bestärkt den Glauben und erneuert das Herz. Die eine ist äußerlich, sie ist das Judentum, die andere ist innerlich, sie ist der Islam. Die Taufe von Johannes und Jesus wäscht die Schale, aber die Taufe des Gesandten Allahs wäscht den Kern. Kurzum, die jüdisch-christliche Taufe ist ersetzt durch das islamische „ghusl" und „wuḍū" — den Waschungen, die nicht durch einen Propheten oder einen Priester vorgenommen werden, sondern durch das **gläubige Individuum selbst**. Die jüdisch-christliche Taufe war solange notwendig und obligatorisch, bis die Taufe Allahs — die koranische „ṣibghatu- llāh" vorausgesehen wurde. Und als Muhammad die göttlichen Offenbarungen des Koran hinausdonnerte, da verschwand die frühere Taufe wie ein Schatten.

Die tiefgreifende Bedeutung der beiden Taufen verdient eine sehr ernsthafte Beachtung, und ich glaube, daß die in diesem Kapitel gemachten Beobachtungen sowohl die Muslime als auch sonstige Leser in beträchtlichem Maß interessieren müßten. Denn aus religiöser Sicht ist der hier zur Diskussion stehende

Punkt für die Errettung lebenswichtig. Ich behaupte in aller Offenheit, daß die Christen nicht berechtigt sind, ihre Taufe mit Wasser **ad finitum** fortzusetzen, da ihre eigenen Evangelien voraussagen, daß sie durch **eine andere** aufgehoben wird, die den Gebrauch von Wasser gänzlich **ausschließt**. Die folgenden Ausführungen unterbreite ich der aufmerksamen und unparteiischen Beurteilung durch meine Leser.

Was Taufe ist und was nicht

a) Es gehört zu unserem Recht, einer Lehre bzw. einer Theorie unsere Zustimmung zu erteilen oder sie zuverweigern; aber nichts könnte unser Verhalten rechtfertigen, wenn wir eine Lehre absichtlich verdrehten und falsch darstellten, nur um unsere eigene Theorie gegen sie unter Beweis zu stellen. Die Heilige Schrift zu entstellen ist frevelhaft und verbrecherisch;denn der Fehler, der dadurch verursacht wird, ist nicht wiedergutzumachen und ruft Schaden hervor. Die Taufe von Johannes und Jesus ist uns nun in den Evangelien unmißverständlich dargelegt und veranschaulicht; sie ist der Taufe von den Kirchen vollkommen fremd und entgegengesetzt.

Wir sind des ursprünglichen hebräischen bzw. aramäischen, für das im Griechischen mit Taufe wiedergegebenen Wortes nicht absolut sicher. Die Pshittha-Version verwendet das Wort „ma'muditha“ vom Verbum „aīmād“ und „aa'mid“, was „aufstehen wie ein 'a'muda' (ein Stützpfeiler oder eine Säule)“ bedeutet, und von seiner Kausativ-Form „aa'mid“ = „errichten, aufstellen, etablieren, festigen“ usw.; es bedeutet jedoch keineswegs „eintauchen, untertauchen, waschen, besprengen, baden“, wie die kirchliche Taufe es angeblich meint. Die ursprünglichen hebräischen Verben „rahas“ = „baden“ und „tabhal“ (lies:„ṭaval“) = „untertauchen, eintauchen“ mögen den Sinn geben, den das griechische Wort „baptizo“ =„ich taufe“ zum Ausdruck bringt. Die arabischen Fassungen des Neuen Testamentes haben die aramäische Form übernommen und nennen den Täufer „al-mā'midān“ und die Taufe „ma'mudīya“ In allen semitischen Sprachen, einschließlich dem Arabischen, bedeutet das Verbum „a'mad“ in seiner Grund- bzw. qal-Form „aufrecht wie eine Säule stehen“ und schließt die Bedeutung des Waschens oder Eintauches nicht mit ein; deshalb kann es auch nicht das ursprüngliche Wort sein, von dem das griechische „baptismos“ die Übersetzung ist. Es besteht keine Notwendigkeit, als Grund anzuführen, daß sowohl Johannes als auch Jesus niemals das Wort „baptismos“ in seiner griechischen Form gehört hatten, sondern daß sie vielmehr zweifelsohne eine andere, semitische Terminologie verwendeten.

b) Wenn wir den klassischen Sinn des griechischen „baptismos“ in der Bedeutung von „Tinktur, Farbe, Eintauchen“ betrachten, dann kann das benutzte

Wort kein anderes als „saba“ bzw. das arabische „sabagha“ = „färben“ sein. Es ist eine wohlbekannte Tatsache, daß die im Koran und von den frühchristlichen Vätern — wie Epiphanus und anderen — erwähnten Sabäer die Anhänger des Johannes waren. Nach dem namhaften Ernest Renan *(„La vie de Jesu“, Kapitel 6)* bedeutet der bloße Name „Sabäer“ „Täufer“. Sie praktizierten die Taufe und führten wie die alten Hassayi (Essener bzw. Chassaiten) und Ibionayi (Ebioniten) ein enthaltsames Leben. Berücksichtigen wir die Tatsache, daß ihr Begründer Budasp ein chalsäischer Weiser war, dann wäre die korrekte Orthographie ihres Namens „Saba'i“, d.h. „Färber“ oder „Täufer“. Ein berühmter chaldäischer oder assyrischer Katholik des vierten Jahrhunderts, Mar Shimon, wurde „Bar Saba'i“ = „Sohn des Färbers“ genannt. Möglicherweise gehörte seine Familie der Religion der Sabäer an. Der Koran schreibt diesen Namen „ṣābi'īn“ mit dem Hamza (')-Vokal anstelle des ʻAin (ʻ) im ursprünglichen aramäischen „sābāʻīn“. Ich bin aber auch über andere, dem Namen „Sabäer“ zugeschriebenen Deutungen unterrichtet: einige Autoren nehmen an, daß er von „Sābiʻ“, dem Sohn des Sheth, abgeleitet ist, andere vom hebräischen „Sabā“, was „Heer“ bedeutet, da sie eine Art besonderer Verehrung gegenüber den Sternen als den himmlischen Heerscharen zu haben pflegten. Obwohl sie mit den christlichen Kirchen nichts gemein haben, außer ihrem eigentümlichen „sab'utha“, ihrer Taufe, werden sie fälschlicherweise „die Christen des Heiligen Johannes, des Täufers“ genannt. Gewöhnlich schreibt der Koran alle fremden Namen so, wie sie von den Arabern ausgesprochen wurden.

Umfassendes und tiefgehendes Forschen in der Religion der Sabäer, die das arabische Volk lange, bevor das Licht des Islam mit dem Erscheinen des heiligen Gesandten Allahs zu leuchten begann, beinahe schon überrannt hatten, wird uns verschiedene Aspekte der Wahrheit aufzeigen. Es gab drei Formen der Taufe, wie sie von den Juden, den Sabäern und den Christen praktiziert wurde. Die jüdische Taufe, die aus ihren heiligen Schriften nicht abgeleitet werden kann, war hauptsächlich für die Konvertiten ersonnen. Jede Religion hatte ihre bestimmte Taufformel und einen speziellen Ritus. Der jüdische „Kohen“ (Priester) taufte seinen Konvertiten im Namen Allahs; der Sabäer im Namen Allahs und Johannes'; der christliche „qushīsha“ (im Arabischen: „qissīs“ = „Geistlicher, Priester, Presbyter“) jedoch taufte im Namen des Vaters und des Sohnes und des Heiligen Geistes, wobei die Namen Allahs und Jesu nicht direkt genannt werden. Die Verschiedenheit und der Widerspruch der drei Taufsysteme sind augenscheinlich. Der Jude konnte als wahrer Unitarier nicht zulassen, daß der Name von Johannes mit dem von Elohim verknüpft wurde;

dagegen war die christliche Formel für seinen Geschmack höchst widerwärtig. Es gibt keinen Zweifel, daß die christliche Taufe mit ihrem sakramentalen Charakter und polytheistischen Zug auch von den Sabäern verabscheut wurde.

Das Symbol des Bundes zwischen Allah und SEINEM Volk war nicht die Taufe, sondern die Beschneidung *(Genesis, Kapitel 17, Verse 9-14)*, eine alte Sitte, die nicht nur von den drei Religionen, sondern auch von den heidnischen arabischen Stämmen strikt befolgt wurde. Diese verschiedenen Taufarten und –rituale unter den semitischen Völkern im Osten waren keine essentielle, göttliche Institution, sondern lediglich ein Symbol oder ein Zeichen, und deshalb nicht stark und nicht wirksam genug, um eine andere zu ersetzen. Alle benutzten sie Wasser als Material für ihre Taufe und mehr oder weniger in ähnlicher Art und Weise. Aber jede Religion wählte einen verschiedenartigen Namen, um ihre eigene Praxis von den jeweils beiden anderen zu unterscheiden. Das ursprüngliche aramäische „sab'utha" — richtig und wahrheitsgemäß in das griechische „baptimos" übersetzt — wurde von den Sabäern getreulich bewahrt. Es hat den Anschein, als ob die semitischen Christen, um ihre sakramentale Taufe von der der Sabäer abzugrenzen, die Bezeichnung „ma'mudītha" wählten, die vom linguistischen Standpunkt her nicht das Geringste mit Taufe, **ja noch nicht einmal** mit Waschen oder Untertauchen zu tun hat. Es handelt sich lediglich um eine kirchliche Wortschöpfung. Warum „ma muditha" gewählt wurde, um das Wort „sab'utha" zu ersetzen, ist eine Frage, die außerhalb unseres gegenwärtigen Themenbereiches liegt; ich möchte jedoch en passant anfügen, daß dieses Wort in der Pshittha auch für einen Teich, für ein Wasserbecken zur Taufe gebraucht wird *(Evangelium des Johannes, Kapitel 5, Vers 2)*. Die einzige Erklärung, die zu einer Lösung dieses Problems der „ma muditha" führen könnte, ist die Tatsache, daß der Johannes der Täufer und seine Anhänger einschließlich Jesu, des Sohnes der Maria, und seiner Jünger einen Bußfertigen oder einen Konvertiten veranlassen, wie eine Säule aufrecht in einem Wasserteich oder in einem Flußlauf stehen, um im Wasser gebadet zu werden; hieraus resultieren die Namen „aa mid" und „ma muditha".

c) Die christliche Taufe ist ungeachtet ihrer großsprecherischen Definitionen nichts mehr und nichts weniger als eine Besprengung mit Wasser oder ein Eintauchen darin. Das Konzil von Trient verflucht jeden, der sagen würde, daß die christliche Taufe dieselbe wie die von Johannes sei. Ich erlaube mir zu erklären, daß die christliche Taufe nicht nur keinen religiösen Charakter oder Effekt hat, sondern auch tiefer noch als die Taufe des Täufers steht. Und wenn ich den Kirchenbann für meine Anschauung verdient habe, dann erachte ich dies als eine große Ehre vor meinem Schöpfer. Ich betrachte die Anmaßung eines christlichen Priesters über die Taufe als ein Mittel zur Reinigung der Seele von der Erbsünde und alles andere davon als ein Stück mit Behauptungen eines Zauberers. Die Taufe mit Wasser war **nur** ein Symbol der Taufe mit dem Heiligen Geist und mit Feuer, und nach der Etablierung des Islam als offiziellem Reich Gottes wurden alle drei früheren Taufen abgeschafft und verschwanden.

d) Vom dürftigen und knappen Bericht in den Evangelien können wir keine eindeutige Vorstellung von der wahren Natur der von Johannes und Jesus praktizierten Taufe gewinnen. Die Behauptung, daß die Kirche die Verwahrerin der göttlichen Offenbarung sowie ihr wahrer Exeget sei, ist genau so absurd wie die Behauptung, daß das getaufte Kind oder der getaufte Erwachsene den Heiligen Geist empfange und ein Kind Gottes werde.

Sollte das griechische Wort „baptismos" das exakte Wort für das aramäische „sab'utha" bzw. „sbhu'tha" sein — wovon ich überzeugt bin —, dann löst das arabische „sibghat" im Koran nicht nur das Problem und hebt nicht nur den Schleier, der die geheimnisvolle Prophezeiung von Johannes dem Täufer verhüllt, sondern ist auch ein phantastischer Beweis dafür, daß die heilige Schrift des Islam eine direkte Offenbarung von Allah ist und das **SEIN** Gesandter inspiriert und tatsächlich die Person war, die Johannes vorausgesagt hatte Der Täufer („saba a") taucht seinen Neubekehrten oder ein Kind in einen Teich; als ein Färber oder ein Walker taucht er ein Stück Stoff oder ein Kleidungsstück in einen Kessel mit Farbe. Es ist leicht zu verstehen, daß Taufe keine „thara" = Reinigung oder Waschung und auch kein „tabhala" = Untertauchen oder gar ein „rahsa" = Baden bzw. Waschen ist, sondern ein „sab'aitha" = Färben. Es ist von äußerster Wichtigkeit, diese Unterschiede zu kennen. So wie ein „saba'a", ein Färber, einem Kleidungsstück eine neue Farbe gibt, indem er es in einen Kessel mit Farbe eintaucht, so gibt ein Täufer seinem Konvertiten eine neue geistige Färbung. Wir müssden hier einen grundlegenden Unterschied zwischen einem neubekehrten Nichtjuden und einem bußfertigen Juden oder ismailitischen Araber machen. Der erstere wurde formell beschnitten, während der letztere nur getauft wurde. Durch die Beschneidung wurde ein Nichtjude in die Familie Abrahams aufgenommen und damit in den Schoß des Volkes Gottes. Durch die Taufe wurde ein beschnittener Gläubiger in die Gemeinschaft der reuigen und reformierten Gläubigen aufgenommen. Die Beschneidung ist eine alte, göttliche Einrichtung, die weder durch Jesus noch durch Muhammad aufgehoben wurde. Die von Johannes und Christus praktizierte Taufe gereichte nur den reuigen Personen unter den Beschnittenen zum Vorteil. Diese beiden Einrichtungen wiesen auf eine Religion hin und verkörperten sie. Die Taufe von Johannes und seinem Cousin Jesus war ein Kennzeichen der Aufnahme in die Gemeinschaft der geläuterten Reuigen, die dem Gesandten Allahs, dessen Kommen beide prophezeiten, Loyalität und Huldigung versprachen.

Daraus folgt, daß gerade so, wie die Beschneidung die Religion Abrahams und seiner Anhänger (auch seine Diener waren beschnitten worden) kennzeichnete, die Taufe die Religion von Johannes und Jesus kennzeichnete, was als Vorbereitung für die Juden und Nichtjuden galt, dem Begründer des Islam einen herzlichen Empfang zu bereiten und seine Religion anzunehmen.

e) Dem Zeugnis des Markus zufolge *(Evangelium des Markus, Kapitel 1, Vers 1-8)* hatte die Taufe des Johannes den Charakter der „Vergebung der Sünden". Es wird berichtet, daß „das ganze Land von Judäa und die Einwohner von Jerusalem zu ihm hinausgingen und sich alle von ihm im Jordanfluß taufen ließen und ihre Sünden bekannten". Dies ist gleichbedeutend mit der Behauptung, daß Millionen von bußfertigen Juden ihre Sünden bekannten und vom Propheten getauft und dann ihre Sünden durch das Wasser der Taufe getilgt wurden. Es ist allgemein anerkannt, daß das Markus-Evangelium das älteste der vier Evangelien ist. Die gesamten alten griechischen Manuskripte enthalten nicht die letzten zwölf Verse, die dem Kapitel 16 dieses Evangeliums hinzugefügt wurden *(Verse 9-20)*. Selbst in diesen Zusatzversen ist die Formel „im Namen des Vaters und des Sohnes und des Heiligen Geistes" nicht vermerkt. Jesus sagt schlicht: „Gehet hin und predigt mein Evangelium der ganzen Welt; wer da glaubet und getauft wird, der wird leben; wer aber nicht glaubet, der wird verdammt werden!"

Es ist offensichtlich, daß die Taufe von Jesus dieselbe wie die von Johannes war und eine Fortsetzung von ihr darstellte. Wenn die Taufe von Johannes ein ausreichendes Mittel für die Vergebung von Sünden war, dann ist die Behauptung, daß das „Lamm Gottes der Welt Sünde hinwegträgt" *(Evangelium des Johannes, Kapitel 1, Vers 29)* zunichte gemacht. Wenn das Wasser des Jordan wirksam genug war, um den Aussatz des Naeman durch das Gebet des Propheten Elias zu heilen *(Das zweite Buch von den Königen, Kapitel 5)* und die Sünden von Unzähligen durch das Gebet des Johannes zu vergeben, dann würde das Vergießen des Blutes von einem Gott überflüssig und mit der göttlichen Gerechtigkeit unvereinbar sein.

Es besteht gar kein Zweifel, daß bis zum Erscheinen des Apostels Paulus auf dem Schauplatz die Anhänger von Jesus Christus das Taufritual von Johannes dem Täufer praktizierten. Es ist wichtig zu bemerken, daß Paulus ein „Pharisäer" war, der zu einer beühmten jüdischen Sekte — ähnlich den Sadduzäern — gehörte, die Johannes und Jesus als „die Söhne von Vipern" denunzierten. Ferner ist darauf hinzuweisen, daß der Verfasser vom fünften Buch des Neuen Testamentes, genannt die „Apostelgeschichte", ein Gefährte dieses Paulus war so tat, aufzuzeigen, daß diese von Johannes dem Täufer Getauften nicht den Heiligen Geist erhalten hatten „und deshalb wiedergetauft und dann erfüllt wurden" vom Heiligen Geist *(Apostelgeschichte des Lukas, Kapitel 8, Vers 16- 17; Kapitel 19, Verse 2 - 7)*, **nicht** durch die Taufe im Namen Jesu, **sondern** durch das „Auflegen von Händen". In diesen Zitaten wird klar zum Ausdruck gebracht, daß die beiden Taufen hinsichtlich ihrer Natur und Wirksamkeit identisch waren und daß sie nicht den Heiligen Geist auf die von Johannes oder Jesus oder im Namen von einem der beiden getauften Personen „herunterbrachten". Durch das „Auflegen ihrer Hände" von den Aposteln auf die getaufte Person berührte der Heilige Geist deren Herz, um es mit Glauben und Liebe zu Gott zu füllen. Aber dieses göttliche Geschenk war den Aposteln vergönnt, die wirklich Propheten und inspiriert waren, und kann nicht von ihren sogenannten Nachfolgern beansprucht werden.

f) Wenn die Evangelien hinsichtlich ihrer Bemerkung über die Taufe überhaupt etwas bedeuten, dann hinterlassen sie den Eindruck, daß es zwischen den zwei Täufern keinen Unterschied gab außer den, daß sie im Namen des einen oder des anderen der zwei Propheten ausgeübt wurden. Der große Pharisäer Paulus oder Saulus von Tarsus hat nicht ein einziges freundliches Wort für Johannes den Täufer, der die Sekte der Pharisäer mit dem schmähenden Beinamen „die Kinder von Vipern" versah. In den Bemerkungen, die Lukas in der „Apostelgeschichte" macht, kann man einen Anflug von Groll gegen Johannes und gegen den Stellenwert seiner Taufe feststellen. Und dabei war Lukas ein Schüler und ein Gefährte von Paulus Das Eingeständnis von Lukas, daß die Taufe im Namen Jesu auch nicht mit dem Heiligen Geist vollzogen wurde, ist ein klarer Beweis gegen die Kirche, die sie eigenmächtig und mutwillig in ein Sakrament bzw. ein Mysterium umwandelte. Die Taufe der Kirche war eine endlose Fortsetzung der Taufe von Johannes und nichts weiter; die Taufe mit dem Heiligen Geist und mit Feuer war dagegen nur dem Islam vorbehalten. Die Äußerung, daß etwa zwölf Personen in Samaria „noch nicht den Heiligen Geist empfangen hatten, da sie allein auf den Namen des Herrn Jesus getauft waren" *(Apostelgeschichte des Lukas, Kapitel 8, Vers 16)*, trägt entschieden dazu bei, die Ansprüche der Kirche zu vereiteln.

Die letzten drei Verse in der zitierten Textstelle werden von vielen für eine Interpolation gehalten. Sie waren im ältesten Manuskript, das natürlich die

Quelle für alle späteren Fassungen der Bibel, einschließlich der Vulgata, darstellten, nicht enthalten. Ein Dokument verdient absolut keine ernsthafte unparteiische Beachtung, sofern ein Teil von ihm als Fälschung nachgewiesen werden kann. In diesem Fall gehen wir aber noch einen Schritt weiter, denn die erwähnte Hinzufügung zum Originaltext wird selbst von denen zugegeben, die von seiner Echtheit sprechen.

Wir wollen jedoch die Prophezeiung so nehmen, wie sie ist. Ich brauche nicht besonders zu erwähnen, daß sie über Dinge spricht, die ein gewöhnlicher, gesunder Menschenverstand nur erahnen kann, erkennend, daß die vorausgesagten Ereignisse immer von Zeit zu Zeit im natürlichen Verlauf eintraten. Pest und Krieg, Hungersnot und Erdbeben haben die Welt so oft heimgesucht, daß eine Erwähnung ihrer in einer Prophezeiung als Zeichen ihrer Authentizität sie einer Bedeutung berauben würde, die sie sonst besitzen könnte. Überdies können die ersten Gefolgsleute eines neuen Glaubens sicher sein, Verfolgungen ausgesetzt zu werden, insbesondere dann, wenn sie zufällig einer unteren sozialen Schicht angehören. Abgesehen davon spricht die Prophezeiung in einem Atemzug von mehreren Dingen die zusammen zu irgendeinem Zeitpunkt eintreffen mögen oder auch nicht. Sie sind noch nie auf so eine Weise eingetroffen. Die Verfolgung der Jünger begann unmittelbar nach dem Weggehen Jesu aus Judäa. Um seines Namens willen wurden sie „zu den Synagogen und ins Gefängnis sowie vor Könige und Herrscher gebracht“. Der Weissagung bedarf es jedoch keines prophetischen Geistes, denn die Verfolgung hatte ja selbst schon dann begonnen, als Jesus noch bei seinen Jüngern war. Diese Ereignisse waren die natürliche Folgeerscheinung der Lehren, die den Juden zuwider waren. Zweifelsohne ertrugen die Jünger jede nur denkbare Mühsal und Schicksalsprüfung mit Geduld und Mut; waren sie doch der Rückkehr ihres Meisters gemäß seines Versprechens sicher: „Wahrlich, ich sage euch, daß diese Generation nicht vorübergehen wird, bis all dies vollendet sein wird.“

Der Glaube an diese Worte rief in der Generation, die angesprochen war, eine bemerkenswerte Geduld hervor. Aber seine Worte vergingen, obgleich die Zeit nicht kam, daß „Himmel und Erde vergehen“. Darüberhinaus zeugten die Tage der Verfolgung der Jünger von keinem außergewöhnlichen Phänomen wie etwa von einem Erdbeben, einem Krieg oder einer Pest. Selbst in der Zeit, die unmittelbar darauf folgte, fielen die prophezeiten vier Ereignisse nicht zusammen. In den letzten vierzig Jahren der beiden letzten Jahrhunderte hörten wir „von Kriegen und Aufruhren“. „Völker erhoben sich gegen Völker und Königreiche gegen Königreiche.“ Man erlebte „gewaltige Erdbeben“ an verschiedenen Plätzen sowie Hungersnöte und Seuchen; aber weder verfinsterte sich die Sonne noch hörte der Mond auf, sein Licht zu spenden, was alles vor „dem Kommen des Menschensohnes" geschehen sollte. Diese Worte mögen metaphorisch verstanden werden, aber warum sollten dann die Adventisten das zweite Kommen im wortwörtlichen Sinne erwarten? Außerdem traten die meisten der oben erwähnten Erscheinungen zu Zeiten ein, in denen jene, die im Namen Jesu predigten und lehrten, nicht fürchten mußten, aus politischen Gründen zur Bestrafung vor Könige und Herrscher gebracht zu werden. Andererseits hatten sie freien Zugang in Länder erhalten, die ihnen lange Zeit verschlossen gewesen waren.

All dies führt zum Beweis, daß die Prophezeiung entweder eine Volkskunde ist oder ein legendenhafter Bericht von Dingen, über die Jesus bei verschiedenen Anlässen sprach. Entweder hatte er selbst bloß eine verschwommene Vorstellung von künftigen Ereignissen gehabt oder die Berichterstatter über sein Leben, die erst zwei Jahrhunderte später alles niedergeschrieben haben, vermischten heillos verschiedene Dinge, die sich mit verschiedenen Angelegenheiten befaßten.

VI
Die „ṣibghatu-llāh“ oder die Taufe mit dem Heiligen Geist und mit Feuer

Eins der wenigen religiösen Phänomene, die ich nicht zu erklären vermochte, ist dieses: Wie kommt es, daß die berühmten Sabäer, die doch auf der arabischen Halbinsel und in Mesopotamien solch ein Übergewicht hatten, nicht das Christentum annahmen, sofern der Prophet Johannes, der Täufer, tatsächlich Jesus öffentlich als den Propheten, der „stärker“ als er selbst ist, bezeichnete und vorstellte sowie als den Messias, dessen Schuhe er nicht würdig war zu öffnen? Wenn Jesus, wie von Johannes vorausgesagt, der Gesandte Allahs war, der kam, um die Unzähligen, die er im Wasser des Jordan und sonstwo „färbte“, mit dem Heiligen Geist und mit Feuer zu taufen, warum taufte er sie dann nicht sofort mit dem Geist und mit Feuer und säuberte alle Gebiete, die Allah dem Samen Abrahams versprochen hatte, vom Götzendienst und errichtete das Reich Gottes mittels Macht und Feuer? Es ist absolut unbegreiflich, daß die Jünger und diejenigen, die an die göttliche Mission des Johannes glaubten, nicht auch Jesus folgen sollten, wenn er der Öffentlichkeit doch als sein Herr oder als der Stärkere auf der Stelle präsentiert wurde. Die Anhänger des Johannes mögen für ihre Ablehnung, in die christliche Kirche einzutreten, sobald Jesus Christus gekommen war, entschuldigt sein, sagen wir einmal, selbst ein Jahrhundert nach dem Täufer, aber glücklicherweise war dies ja nicht der Fall. Beide waren Zeitgenossen und im selben Jahr geboren worden. Beide tauften als Zeichen der Reue mit Wasser und bereiteten ihre bußfertigen Konvertiten auf das nahende Reich Gottes vor, das zu ihrer Zeit aber nicht errichtet wurde.

Die Sabäer, die „Färber“ oder „Täufer“, waren die glaubenstreuen Anhänger von Johannes. Sie mögen dem Irrtum und Aberglauben verfallen sein;aber dennoch wußten sie ganz genau, daß Jesus mit der Prophezeiung ihres Propheten nicht gemeint war. Als Muhammad kam, nahmen sie den Islam an. Das Volk von Harran in Syrien ist **nicht** — wie von ihm angenommen worden ist — der verbliebene Rest von den alten Sabäern. Im Land der Verheißung wurden vom Koran nur drei nicht-muslimische Religionen bestätigt und toleriert, nämlich das Judentum, das Christentum und die Religion der Sabäer. Es wird berichtet, daß die Leute von Harran den Anspruch erhoben, der Überrest der alten Sabäer zu sein und daß es ihnen deshalb erlaubt sei, ihre eigene Religion ohne Belästigung durch die türkische Regierung zu praktizieren.

Die christliche Vorstellung vom Heiligen Geist ist ganz und gar verschieden von der islamischen und jüdischen. Der Heilige Geist ist kein göttliches Wesen mit göttlichen Attributen und Funktionen und gehört nicht zu diesen oder jenen anderen göttlichen Wesen einer dreifachen Gottheit. Der christliche Glaube, daß dieser selbe Heilige Geist, die dritte göttliche Person, auf Geheiß eines jeden Priesters — bei seinem täglichen Zelebrieren irgendeines Sakramentes - von seinem (oder ihrem) göttlichen Thron herabsteige, um die Elemente dieses Sakramentes zu weihen und seine Substanz und Eigenschaften in irgendwelche übernatürlichen Elemente zu verändern, läuft den religiösen Empfindungen eines jeden Unitariers, sei es nun Jude oder Muslim, zutiefst zuwider. Nichts kann die Gefühle eines Muslim mehr verletzen als der Glaube, daß der Heilige Geist — stets durch Vermittlung eines Priesters — das Taufwasser in das Blut eines gekreuzigten Gottes umwandelt und die sogenannte Erbsünde auslöscht; oder ein Glaube, daß die Wunderwirkung auf die materiellen Elemente der Eucharistie diese in das Blut und in den Leib eines fleischgewordenen Gottes verwandelt. Diese Glaubensvorstellungen stehen im absoluten Widerspruch zu den Lehren des Alten Testamentes und sind eine Verfälschung der wahren Lehre von Johannes und Jesus. Die christliche Behauptung, daß der Heilige Geist auf die Beschwörungen eines Priesters hin gewisse Individuen erfüllt und sie von Sünden reinigt, ihre Unfehlbarkeit oder Unwissenheit aber nicht gewährleistet, ist sinnlos. Es wird uns berichtet, daß Ananias und dessen Frau Saphira getauft, d.h. mit dem Heiligen Geist erfüllt worden waren. Durch die dritte göttliche Person wurden sie nun also inspiriert, ihren Acker zu verkaufen und den Erlös in bar dem Apostel Petrus zu Füßen zu legen, gleichzeitig aber vom Teufel verleitet, einen Teil des Geldes heimlich zu verstecken. Die Folge war, daß das unglückselige Paar auf geheimnisvolle Weise vom Tod überrascht wurde *(Apostelgeschichte des Lukas, Kapitel 5, Verse 1 - 11)*.

Man stelle sich den Glauben vor, daß die dritte Person der göttlichen Dreieinigkeit auf Menschen herabsteigt, sie von Sünden reinigt und sie dann in Irrtum, Häresie und Atheismus fallen und derart im Stich läßt, daß sie mörderische Kriege und Massaker ausführen können. Ist so etwas möglich? Kann der Teufel einen Menschen verführen, der vom Heiligen Geist erfüllt ist und von ihm geleitet wird, und ihn in einen Dämon verwandeln? Der Heilige Koran äußert sich in dieser Frage eindeutig. Allah spricht zum Teufel:

> „Fürwahr, du sollst über MEINE Diener keine Macht haben bis auf diejenigen Verführten, die dir folgen."
>
> *(Koran, Sure 15, Vers 42)*.

Wir können nicht glauben, ja, uns noch nicht einmal auch nur einen einzigen

Augenblick lang vorstellen, daß ein Diener Gottes, ein rechtschaffender Glaubender, der den Geist der Läuterung erhalten hat, einer Todsünde verfallen und im Höllenfeuer untergehen kann. Nein, eine heilige Person hat, solange sie in dieser materiellen Welt lebt, zu kämpfen und sich gegen Sünde und Schlechtigkeiten zu sträuben; sie mag fallen, aber sie wird wieder aufstehen und nie von dem reinen Geist, der sie führt, verlassen werden. Wirkliche Reue ist das Werk des guten Geistes, der in uns lebt. Wenn ein Christ mit dem Heiligen Geist und Feuer in dem Sinne getauft ist, wie es das Buch der „Apostelgeschichte" beschreibt, dann müßte jeder getaufte Römer, Grieche und Abessinier nicht nur ein sündenloser Heiliger werden, sondern auch ein Sprachenkundiger sowie ein polyglotter Prophet sein!
Die Wahrheit ist, daß die Christen keine bestimmte oder präzise Vorstellung vom Heiligen Geist, der einen getauften Christen erfüllt, haben. Wenn er Gott sein sollte, wie könnte sich dann der Teufel erdreisten, sich dem geweihten oder zumindest doch gefestigten Menschen zu nähern und ihn zu versuchen und zu verführen? Und was darüberhinaus noch bedeutender ist: Wie kann der Teufel den Heiligen Geist vertreiben und sich selbst im Herzen eines getauften Häretikers oder Atheisten einnisten? Wenn andererseits mit dem Heiligen Geist der Erzengel Gabriel oder irgendein anderer Engel gemeint sein sollte, dann wandern die christlichen Kirchen in einer Wüste des Aberglaubens umher; denn ein Engel ist ja nicht allgegenwärtig. Wenn dieser Geist, der einen getauften Christen läutert und erfüllt, Gott selbst sein sollte — denn derart ist ja ihr Glaube an die Dritte Person der Dreieinigkeit —, dann sollten eigentlich alle getauften Christen von sich selbst behaupten, göttlich oder vergöttlicht zu sein.

Es gibt auch noch eine protestantische Vorstellung vom Heiligen Geist, welcher [1] die Herzen derer erfüllt, die bei höchster Erregung und Ekstase während einer Hetzrede eines Ungebildeten oder gelernten Redners glauben, selbst „neugeboren" zu werden; doch viele von ihnen fallen zurück und werden zu dem, was sie zuvor waren: Gauner und Schwindler!

Bevor ich nun dazu komme, gemäß meines bescheidenen Verständisses die Feist- und Feuertaufe zu erklären, möchte ich eingestehen und anerkennen, daß es unter den Juden und Christen viele fromme und gottesfürchtige Menschen gibt. Denn auf welche Weise auch immer ihre religiösen Ansichten und Glaubensvorstellungen von den unseren verschieden sein mögen — sie lieben

1 = Der Heilige Geist hat in der gesamten christlichen Literatur der verschiedensten Sprachen kein festgelegtes Geschlecht. Er, sie, es — all dies wird im allgemeinen als Personenpronomen für den Heiligen Geist verwendet.

Gott und tun in **SEINEM** Namen Gutes. Wir können die Handlungsweise Gottes gegenüber den Menschen unterschiedlicher Religionen weder begreifen noch herausfinden. Die christliche Konzeption der Gottheit ist lediglich eine irrige Definition des wahren Gottes, an **DEN** sie glauben und **DEN** sie lieben. Wenn sie Jesus erheben und ihn als Gott verehren, dann wollen sie Gott damit nicht entehren; vielmehr sehen sie **SEINE** Schönheit in jenem „rūh-Allah (den „Geist Gottes", d.h. Jesus)". Sie können die Prophetenschaft Muhammads natürlich nicht richtig einschätzen; nicht weil sie seinen beispiellosen Dienst um Gottes willen, der darin bestand, daß er dem Teufel und seinem Kult der Götzendienerei den empfindlichsten Schlag versetzt hatte, verleugneten, sondern weil sie nicht verstehen, daß er den wahren Charakter der Sendung und der Person Jesu ausübte. Bezüglich der Einstellung der Juden zu Jesus und Muhammad kann man ähnliche Argumentation vorbringen. Gott ist barmherzig und vergebend!

Der Heilige Geist, mit dem bestimmten Artikel „der", ist ein besonderes engelhaftes Wesen, Gabriel oder sonst irgendeins der zahllosen „reinen" Geistwesen, die Allah erschaffen und beauftragt hat, einige Sonderaufgaben zu erfüllen. Das Herabsteigen des Heiligen Geistes auf eine menschliche Person bedeutet, ihr den Willen und die Prophezeiungen Allahs zu offenbaren und sie zu einem Propheten zu machen. Solch ein Mensch kann **nie und nimmer** vom Satan verführt werden.

Die Taufe mit dem Heiligen Geist und Feuer, die Muhammad brachte, wird uns durch die göttliche Offenbarung nur in einem Vers des Koran erklärt:

> „Die Taufe Allahs (haben wir erhalten),
> und wer ist besser im Taufen als Allah?
> IHN beten wir an."
>
> *(Koran, Sure 2, Vers 138)*

So gemäß der englischen Übersetzung von Sale (s. „Der Koran").

Die muslimischen Kommentatoren verstehen das arabische Wort „sibghat" zu Recht nicht in seiner wortwörtlichen Bedeutung „färben", sondern in seinem geistigen bzw. metaphorischen Sinn „Religion". Dieser koranische Vers hebt die Religionen des „sab'utha" und des „ma'mudītha" bzw. die beiden der Sabäer und der Christen auf. „Ṣibghatu-l-lāh" ist die Taufe von Allahs Religion, nicht mit Wasser, sondern mit dem Heiligen Geist und Feuer Die Religion, zu der sich in den ersten Jahren nach der Hidschra jeder Gefährte des Gesandten Allahs bekannte, wird heute in vollem Umfang von jedem Muslim bekannt. Von der Taufreligion kann dies nicht gesagt werden. **Mehr als sechzehn öku-**

menische Konzile sind einberufen worden, um die Religion des Christentums zu definieren, nur um durch die Synode des Vatikan im neunzehnten Jahrhundert herausfinden zu lassen, daß die Mysterien der „Unfehlbarkeit" und der „Unbefleckten Empfängis" zwei der Hauptdogmen seien, die beide sowohl dem Apostel Petrus als auch der Heiligen Jungfrau Maria unbekannt waren Jeder Glaube oder jede Religion, die abhängig ist von Beratungen und Entscheidungen von Generalsynoden — ob heilig oder ketzerisch —, ist künstlich und menschlicher Natur. Die Religion des Islam ist der Glaube an Allah, den Einen Gott, ist die absolute Ergebung in SEINEN Willen; und dieser Glaube wird von den Engeln im Himmel und von den Muslimen auf Erden bezeugt.

Die geistige Taufe ist das direkte Werk Gottes SELBST. So wie ein Walker oder eine Wäscherin das Leinen oder irgendeinen anderen Gegenstand mit Wasser wäscht; und so wie ein Färber die Wolle oder Baumwolle mit einer Farbe färbt, um ihr einen neuen Farbton zu geben;und so wie ein Täufer die vorausgegangenen Sünden eines wahrhaft reumütigen Gläubigen auslöscht; so tauft Allah, der Allmächtige, **nicht** den Körper, sondern den Geist und die Seele desjenigen, den ER in Barmherzigkeit zur heiligen Religion des Islam führt und rechtleitet. Das ist die „ṣibghatu-l-lāh", die Taufe Allahs, die den Menschen fähig und würdig werden läßt, ein Bürger des Reiches Allahs und ein Angehöriger SEINER Religion zu werden. Als der Engel Gabriel Muhammad das erste Mal das Wort Allahs mitteilte, war er (Muhammad) mit dem Geschenk der Prophezeiung ausgestattet. Sein Geist war durch den Heiligen Geist zu solch einem Grad und Ausmaß geläutert und gestärkt, daß auch diejenigen geläutert und getauft waren, deren Geist Allah zu führen wünschte, als Muhammad seinerseits jenes Wort verkündete. Auch sie wurden somit zu heiligen Offizieren der neuen Armee der gläubigen Muslime. Diese Geisttaufe macht die Muslime nicht zu Propheten, sündenfreie Heilige oder Wundervollbringer. Denn mit der Offenbarung des Willens und des Wortes Allahs im Heiligen Koran ist das Ende des Prophezeiung und Offenbarung gekommen. Sie werden nicht zu sündenfreien Heiligen gemacht, weil ihre Frömmigkeit und ihre guten Werke dann ja nicht das Ergebnis von Anstrengung und Kämpfen gegen das Böse und deshalb auch nicht verdientermaßen hoch anzurechnen wären. Und sie haben nicht die Aufgabe, Vollbringer von übernatürlichen Wundern zu werden, weil sie einen unumstößlichen und festen Glauben an ihren Herrn besitzen.

Ferner macht diese „ṣibghatu-l-lāh" die wahren Muslime ernsthaftig sowie konstant in ihrem Pflichten gegenüber Allah und gegenüber ihren Mitmenschen, insbesondere gegenüber ihren Familien. **Sie bringt sie nicht zur Torheit zu**

glauben, sie seien heiliger als ihre Glaubensgenossen, und somit das Amt des Pastorats über andere für sich in Anspruch zu nehmen, als ob sie ihre Schafe und Herden wären. Fanatismus, religiöser Dünkel und Ähnliches sind keine Auswirkungen des Heiligen Geistes. Bei seiner Erchaffung erhält jeder Muslim dieselbe „ṣibghatu-l-lāh", dieselbe Religion und geistige Taufe; jeder Muslim hat nach seinen besten Kräften und Anstrengungen das Rennen seines kurzen irdischen Lebens zu laufen, um die Krone der himmlischen Herrlichkeit in der nächsten Welt zu gewinnen. Jeder Muslim braucht nur Erziehung und religiöse Schulung in Übereinstimmung mit der Weisheit des Wortes Gottes. Er braucht dagegen keine Vermittlung eines Priesters, eines Sakramentes oder eines Heiligen. Jeder unterrichtete Gläubige kann gemäß seines Wissens und religiösen Ehrgeizes ein Imam, ein Glaubensbote und ein Prediger werden, aber nicht um der Prahlerei oder eines lukrativen Gewinnes wegen.

Kurz, jeder Muslim ist geistig getauft — sei es bei seiner Geburt oder bei seinem Übertritt zum Islam — und wird ein Bürger des Gottesreiches sowie ein freier Mensch und hat seinen Fähigkeiten entsprechend gleiche Rechte und gleiche Pflichten und besitzt Tugend, Wissen, Reichtum und Rang.

Johannes der Täufer schreibt diese Geist- und Feuertaufe dem großen Gesandten Allahs zu, nicht als einem göttlichen Wesen, Gott oder Sohn Gottes, sondern als einem heiligen Übermittler und einem Instrument, durch welches dieses göttliche Taufsakrament wirksam werden sollte. Muhammad überbrachte die Botschaft Allahs, die SEIN Wort war; er leitete die Gebete, vollzog den Gottesdienst und focht die heiligen Kämpfe gegen die Ungläubigen und Götzendiener, um seine Sache zu verteidigen. Der Erfolg und Sieg, der erlangt wurde, war jedoch Gottes. In der gleichen Weise predigte und taufte Johannes, aber die Reue, Buße, und Vergebung der Sünden können nur von Gott bewirkt werden. Die Weissagung des Propheten Johannes: „Der, der nach mir kommen wird, ist stärker als ich; er wird euch mit dem Geist und mit Feuer taufen" ist vollkommen eindeutig, denn nur durch Muhammad wurde diese geistige Taufe gegeben und vollzogen.

Es muß erwähnt werden, daß Form und Mittel dieser Taufe ganz und gar göttlich und übernatürlich sind. Wir fühlen und sehen die Einwirkung von zwar etwas Unsichtbarem, aber doch wirklicher Ursache, welche diese Einwirkung hervorruft. Das Mittel ist nicht mehr Wasser, und es gibt keinen Täufer mehr, der das Ritual bzw. die Form durchführt. Es ist Gott, DER durch den Geist die Taufe ausübt. Die Mittel der „sibghatu-llạh" sind mit den Worten des Täufers der Heilige Geist und Feuer. Die Form ist ausschließlich Allahs Sache. Wir können dem Allmächtigen nicht irgendeine Arbeitsweise zuschreiben außer **SEINEM Wort** „kun" — „Sei!"; **SEIN** Befehl wird ausgeführt bzw. bewirkt die Erschaffung. Das Ergebnis ist, daß ein Muslim geheiligt, erleuchtet und ein gerüsteter Soldat wird, der den Satan und dessen Götzendienerei bekämpft. Diese drei Wirkungen der „ṣibghatu-llāh" verdienen eine ernsthafte Betrachtung und Untersuchung. Ihre Ausführung ist jedoch kurz:

1) Der Heilige Geist, ob nun der Erzengel Gabriel oder ein anderes der erschaffenen Höheren Geistwesen, heiligt auf den Befehl Gottes hin den Geist eines Muslim bei dessen Geburt bzw. Übertritt zum Islam — wie der Fall auch immer sein mag. Und dieses Heiligen bedeutet:

a) Einen vollkommenen Glauben an den Einen wahren Gott prägen. Die „ṣibghatu-llāh" bewirkt, daß der Geist eines wahren Muslim an das absolute Einssein Allahs glaubt, auf **IHN** vertraut und weiß, daß **ER** sein Meister, Besitzer und Herr ist. Dieser Glaube an den wahren Gott manifestiert sich in jedem Menschen, der sich selbst als einen Muslim bezeichnet. Das Zeugnis und Zeichen dieses tief verwurzelten Glaubens in einem Muslim scheint brilliant, wenn er versichert: „Anā muslim, alḥamdu li-llāh (Ich bin Muslim, gepriesen sei Allah!)". Was ist eindrucksvoller und einmalig offensichtlich ein Zeichen eines heiligen Glaubens als der Haß und der Widerwille, den ein Muslim gegen jedes andere Objekt der Anbetung neben Allah empfindet? Wer von den Zweien ist vor Gott geheiligter: der, der seinen Schöpfer in einem schlichten Moscheegebäude anbetet, oder der, der die vierzehn Bilder und Bildnisse, die die Stationen der Kreuzigung darstellen, in einem Gebäude, dessen Wände und Altäre mit den Götzenbildern geschmückt sind, dessen Boden die Knochen der Toten bedeckt und dessen Kuppel mit den Figuren von Engeln und den Heiligen verziert sind, anbetet?

b) Die Heiligung durch den Heiligen Geist und das Feuer, die Gott dem Geist eines Muslim zukommen läßt, besteht darin, daß **Er** ihn durchdringt und mit Liebe für IHN und Ergebenheit IHM gegenüber erfüllt. Ein ehrenhafter Ehemann würde sich lieber von seiner geliebten Gemahlin scheiden lassen als mitanzusehen, daß sie seine Liebe mit einem anderen Mann teilt. Der Allmächtige wird jeden „Gläubigen" beiseiteschieben, der IHM irgendein anderes Objekt oder Lebewesen beigesellt. Die Liebe eines Muslim zu Allah ist nicht theoretischer oder idealistischer, sondern praktischer und realer Art. Er wird nicht einen Moment zögern, aus seinem Haus seine Frau, seinen Sohn oder seinen Freund zu vertreiben, falls jemand von ihnen den Heiligen Namen bzw. die Heilige Person lästern sollte. Ein Heide oder Personen einer anderen Religion mögen einen ähnlichen leidenschaftlichen Glaubenseifer für ihr Anbetungsobjekt zeigen. Aber diese Liebe, die dem Einen Wahren Gott entgegengebracht wird, ist heilig und unverletzlich; und eine derartige Liebe kann nur im Herzen eines Muslim leben. Jene glückverheißenden und lobgesangähnlichen Formeln „bismi-llāh" und „alḥamdu li-llāh", welche der Reihe nach „Im Namen Allahs" und „Gespriesen sei Allah!" bedeuten und am Beginn und am Ende einer jeden Handlung bzw. jeden Unternehmung geäußert werden und die aufrichtigsten Aussprüche eines geläuterten muslimischen Geistes sind, der von „der Liebe zu Gott", die jede andere Liebe übersteigt und übertrifft, durchdrungen und berauscht ist. Diese Ausrufe sind keine gekünstelten oder geheuchelten Äußerungen aus den Mündern von Muslimen, sondern vielmehr das Gebet und Lobpreisen des getauften Geistes, der im Körper des Muslim wohnt. Und wenn ein Christ sowie ein Jude von demselben Glauben und derselben Hingabe durchdrungen sind und ihre Seelen jene Äußerungen ausströmen lassen, die der Geist eines Muslim tut, dann sind sie Muslime;nur wissen sie es noch nicht.

c) Die Taufheiligung, die die „ṣibghatu-llāh" dem Geist eines unitarischen Muslim einflößt — neben Glaube und Liebe —, ist eine vollkommene Unterwerfung und Ergebung in den heiligen Willen Gottes. Diese absolute Unterwerfung rührt nicht nur vom Glauben und der Liebe her, sondern auch von einer heiligen Furcht und von einem tiefen Respekt, der in der Seele und im Geist eines jeden wahrhaften Gläubigen so verborgen ist.

Derart sind die prinzipiellen Charakteristika der geistigen Taufe, und nirgendwo sind sie so manifestiert wie bei den Anhängern des Islam. Johannes der Täufer, Jesus Christus und seine Apostel glaubten an denselben Allah und liebten und fürchteten IHN wie es jeder Muslim gemäß des Grades der göttlichen Gnade und Barmherzigkeit tut. Auch der Heilige Geist selbst ist ein Geschöpf und liebt und fürchtet denselben Allah wie Sie und ich es tun.

2. Das zweite Kennzeichen der Geisttaufe ist die Erleuchtung. Das wahre Wissen um Allah und um SEINEN Willen — so weit es die Menschen überhaupt besitzen können — kann ausschließlich bei Muslimen bemerkt werden. Dieses Wissen funkelt blendend im Gesichtsausdruck und im generellen Verhalten eines jeden Muslim. Das Wesen und die Person Gottes mag er nicht begreifen, wie ein Kind auch nicht den Charakter und die Eigenschaften seiner Eltern verstehen kann;dennoch erkennt ein Baby seine Mutter unter allen anderen Frauen wieder. Die Analogie bleibt weit hinter der Realität, und der Vergleich zwischen einem erleuchteten, guten Muslim in Beziehung zu seinem Schöpfer und einem Baby, das nach seiner eigenen, guten Mutter schreit, ist unendlich schwach. Jeder Muslim, wie unwissend, arm und sündhaft er auch immer sein mag, erkennt die Zeichen Allahs in jeder Erscheinung der Natur. Was ihm

auch immer widerfährt, im Glück oder im Elend, er denkt immer an Allah. Der muslimische Gebetsruf ist ein lebendiges Zeugnis dieser Erleuchterung. „Es gibt kein Anbetungsobjekt neben Allah" ist ein ewiger Widerspruch gegen all jene, die IHM andere Objekte, die der Anbetung unwürdig sind, zugesellen. Jeder Muslim bezeugt: „Ich bezeuge, daß Allah das einzige Wesen ist, das der Anbetung würdig ist."

In diesem Zusammenhang möchte ich auf die Tatsache hinweisen, daß die menschliche Seele vom menschlichen Geist durchaus verschieden ist. Es ist dieser heilige Geist, der die Seele erleuchtet und in ihr das Wissen um die Wahrheit einpflanzt. Und es ist wiederum der böse Geist, der die Seele zu Irrtum, Götzendienerei und Gottlosigkeit veranlaßt.

3. Die „ṣibghatu-llāh" ist jene göttliche Taufe mit dem Feuer, das den Muslim wappnet und ausrüstet, um ein Bollwerk gegen Irrtum und Aberglauben, insbesondere gegen Götzenanbetung jeder Art, zu werden. Es ist dieses Tauffeuer, das die Seele und den Geist eines Muslims auftaut und dadurch seine güldene Substanz von der wertlosen und schmutzigen trennt. Die Macht Gottes ist es, die den Bund zwischen IHM und SEINEM gläubigen Diener stärkt und konsolidiert und ihm die Waffen in die Hand gibt, für die Religion Gottes zu streiten. Der Feuereifer und die Begeisterung eines Muslim für Allah und SEINE Religion sind einzigartig und heilig. Die Wilden kämpfen auch um ihre Fetische, die Heiden um ihre Götzenbilder und die Christen um ihr Kreuz; aber welch ein Gegensatz zwischen diesen unwürdigen Anbetungsgegenständen und dem Gott des Islam!

Abschließend muß ich die Aufmerksamkeit meiner muslimischen Brüder darauf lenken, darüber nachzudenken, wer sie sind; sich der Gnadenbezeichnung Allahs zu erinnern; und entsprechend zu leben.

VII
Der „Paraklet“ ist nicht der Heilige Geist

In diesem Kapitel können wir nun über den berühmten „Paraklet“ des vierten Evangcliums diskutieren. Wie Johannes der Täufer kündigte Jesus Christus das Kommen des Gottesreiches an, rief die Menschen zur Buße auf und taufte sie für die Vergebung ihrer Sünden. Er erfüllte seine Mission in ehrenhafter Weise und überbrachte getreu dem Volke Israel die Botschaft Gottes. Er war nicht selbst der Begründer des Reiches Gottes, sondern nur sein Herold, und deshalb schrieb er nichts nieder und authorisierte niemanden, das Heilige Evangelium, das in seinem Kopf fest eingeprägt war, aufzuschreiben. Er enthüllte das Evangelium, was „frohe Botschaft“ bezüglich des „Gottesreiches“ und der „Pereiclitos“ für seine Anhänger bedeutete, nicht in schriftlicher Form, sondern durch mündliche Diskurse und durch öffentliche Ansprachen. Diese Predigten und Parabeln wurden durch jene, die sie gehört hatten, denen überliefert, die sie nicht gehört hatten. Später wurden die Aussagen und Lehren des Meisters schriftlich niedergelegt. Jesus war nun nicht mehr der Rabbi, sondern der Logos — das göttliche Wort; nicht mehr der Vorläufer des Paraklet, sondern vielmehr sein Herr und der ihm Überlegene. Seine reinen und wahrhaften Worte wurden verfälscht und mit Mythen und Legenden vermischt. Eine Zeitlang erwartete man, daß er jeden Moment mit Legionen von Engeln vom Himmel herabsteigen würde. Die Apostel waren bereites alle verstorben; das zweite Erscheinen Jesu Christi verzögerte sich. Seine Person und Lehre gaben Anlaß zu verschiedenen religiösen und philosophischen Spekulationen; Evangelien und Briefe erschienen unter verschiedenen Namen und Titeln in vielen Zentren;eine große Zahl von christlichen Gelehrten und Apologeten bekämpfte und kritisierte jeweils die andere Theorie. Wenn zu Lebzeiten Jesu ein Evangelium oder zumindest ein vom Kollegium der Apostel authorisiertes Buch geschrieben worden wäre, hätten die Lehren des Propheten aus Nazareth ihre Reinheit und Integrität bis zum Erscheinen des Periklit — Ahmad — bewahrt. Dies war jedoch nicht der Fall. Jeder Verfasser beurteilte den Meister und dessen Religion anders und beschrieb ihn in seinem Buch — das er Evangelium oder Brief nannte — seiner eigenen Vorstellung entsprechend. Die hochfliegenden Gedanken bezüglich des Wortes, die Prophezeiung über den Periklit, der unverständliche Diskurs Jesu über sein Fleisch und Blut und eine Reihe von verschiedenen Wundern, Ereignissen und Aussagen, die im vierten Evangelium erwähnt sind, waren den Synoptikern nicht bekannt und damit auch nicht der großen Mehrheit der Christen, die es mindestens zwei oder drei Jahrhunderte nicht gesehen hatte.

Das vierte Evangelium wurde genauso wie jedes andere Buch des Neuen Testaments auch in Griechisch und nicht in Aramäisch, der Muttersprache Jesu und seiner Jünger, verfaßt. Somit werden wir wieder mit der gleichen Schwierigkeit konfrontiert, der wir gegenüberstanden, als wir die „eudokia" das Lukas [1] besprachen, nämlich: Welches Wort oder welcher Name war es, das Jesus in seiner Muttersprache gebrauchte, um das zum Ausdruck zu bringen, was das vierte Evangelium mit „der Paraklet" übersetzte und in allen Versionen dieses Evangliums in „Tröster" umänderte?

Bevor wir die Etymologie und die wirkliche Bedeutung dieser nichtklassischen oder sogar verfälschten Form von Paraklet diskutieren, ist es erforderlich, kurz ein bestimmtes Charakteristikum des Johannes-Evangeliums zu beleuchten. Die Autorenschaft und die Authentizität dieses Evangeliums sind Fragen, die die höhere Bibelkritik betreffen; es ist jedoch unmöglich zu glauben, daß der Apostel es so verfaßt haben könnte, wie es uns in der jetzigen Form und mit dem jetzigen Wortlaut vorliegt. Der Autor, ob nun Yoḥannan (Johannes), der Sohn des Zebedäus, oder irgendjemand anders unter diesem Namen, scheint mit der Lehre des berühmten jüdischen Gelehrten und Philosophen Philon hinsichtlich des Logos (Wortes) vertraut zu sein. Es ist allgemein bekannt, daß die Eroberung Palästinas und die Gründung Alexandrias durch Alexander dem Großen zum ersten Mal eine neue Epoche für Kultur und Zivilisation einleiteten. Zu jenem Zeitpunkt trafen die Jünger Mose auf jene des Epikur, und der gewaltige Zusammenprall der geistigen Lehren der Bibel mit dem Materialismus des griechischen Heidentums fand statt. Die griechische Kunst und Philosophie wurden nun allmählich von den jüdischen Rechtsgelehrten sowohl in Palästina als auch in Ägypten, wo sie über eine sehr zahlreiche Anhängerschaft verfügten, bewundert und studiert. Die Infiltration der griechischen Denkweise und „belles-lettres" in die jüdischen Schulen alarmierte ihre Priester und Gelehrten. Das Hebräische wurde tatsächlich so sehr vernachlässigt, daß die Schriften in den Synagogen Alexandrias in der Fassung der Septuaginta gelesen wurden. Dieses Eindringen fremden Wissens veranlaßte die Juden jedoch, ihr eigenes Gesetz besser zu studieren und es gegen den unheilvollen neuen Geist zu verteidigen. Sie bemühten sich deshalb darum, eine neue Methode der Bibelinterpretation zu finden, um so die Möglichkeit einer „Annäherung" und Angleichung der biblischen Wahrheiten an das hellenische Gedankengut zu schaffen. Denn ihre frühere Methode einer wortwörtlichen Auslegung des Gesetzes schien unangebracht und zu schwach zu sein, um der scharfsinnigen

1 = siehe „Islamic Review" für Januar 1930.

Beweisführung des Plato oder des Aristoteles widerstehen zu können. Gleichzeitig riefen massive Aktivitäten der Juden sowie ihre tiefe Ergebenheit in ihre Religion oft gegen sich selbst den Neid und Haß der Griechen hervor. Schon unter Alexander dem Großen hatte ein ägyptischer Priester namens Manetho gegen das Judentum Schmähschriften bzw. Verleumdungen verfaßt. Auch unter Tiberius hatte der bedeutende Redner Apion die Beschimpfungen wiederaufleben lassen und sie noch verschärft. Auf diese Weise vergiftete jene Literatur die Menschen, die später diejenigen, die an den Einen wahren Gott glaubten, grausam verfolgten.

Die neue Methode wurde entsprechend gefunden und eingeführt. Sie bestand in einer allegorischen Interpretation eines jeden Gesetzes, einer jeden Regel und einer jeden Erzählung;und selbst die Namen großer Persönlichkeiten mußten dazu herhalten, in ihnen eine geheime Idee zu verstecken, die dann in Angriff genommen wurde, ans Licht gebracht zu werden. Diese allegorische Interpretation nahm für sich sehr schnell den Platz der Bibel in Anspruch und war wie ein Briefumschlag, der in sich selbst ein System religiöser Philosophie enthielt.

Der prominenteste Mann, der diese Wissenschaft personifizierte, war nun Philon, der im Jahre 25 vor der christlichen Zeitrechnung in Alexandria als Sohn einer reichen jüdischen Familie geboren wurde. Er war in der Philosophie des Plato gut bewandert und schrieb sein allegorisches Werk in einem reinen und harmonischen griechischen Stil. Er glaubte, daß die Lehren der Offenbarung mit höchstem menschlichen Wissen und höchster menschlicher Weisheit übereinstimmen könnten. Was seine Gedanken am meisten beschäftigte, war das Phänomen des Umgangs Gottes, des reinen Geistes, mit den irdischen Geschöpfen. Indem er Platos Theorie der „Ideen“ folgte, ersann er eine Reihe von vermittelnden Gedankenbildern, die er „die Emanationen der Gottheit“ nannte und in eine Technik umformte, die Gott mit der Welt verband. Die Elementarsubstanz dieser Ideen, der Logos (das Wort), bildete die oberste in der Welt erschaffenen Weisheit und den höchsten Ausdruck der durch die göttliche Vorsehung bestimmten Verhaltensweise.

Die alexandrinische Schule folgte dem Triumph des Judentums über das Heidentum. „Aber“, wie der Groß-Rabbiner Paul Haguenauer in seinem interessanten kleinen Buch „Manuel de Littérature Juive“ (Seite 24) bemerkt, „mais d elle surgirent, plus tard, des systèmes nuisibles á l'hébraisme“ in der Tat schädliche Systeme, nicht nur für das Judentum, sondern auch für das Christentum!

Der Ursprung der Lehre vom Logos ist somit auf die Theologie des Philon zurückzuführen, und der Apostel Johannes — bzw. der Verfasser des vierten Evangeliums, wer auch immer das sein mag erhob die Theorie der „Ideen", die zuerst dem goldenen Kopf des Plato entsprang, lediglich zum Dogma. Wie schon im ersten Kapitel dieser Abhandlung bemerkt, bedeutet das Göttliche Wort das Wort von Gott und nicht Gott, das Wort. Das Wort ist das Attribut eines rationalen Wesens;es gehört zu einem Sprechenden, ist aber nicht selbst das rationale Wesen, der Sprechende. Das Göttliche Wort ist nicht ewig, es hat einen Ursprung, einen **Anfang**; es existierte nicht vor dem Anfang, höchstens potentiell. Das Wort ist nicht die Essenz. Es ist ein schlimmer Irrtum, was für ein Attribut auch immer zu substantialisieren. Wenn es erlaubt ist zu sagen „Gott, das Wort", warum sollte es dann nicht zulässig sein zu sagen: Gott, die Barmherzigkeit; Gott, die Liebe;Gott, die Rache; Gott, das Leben;Gott, die Macht, usw.? Ich kann es sehr gut verstehen und akzeptieren, Jesus „den Geist Gottes" („rūḥu-llāh"), Moses „das Wort Gottes" („kalāmu-llāh") und Muhammad „den Gesandten Gottes" („rasūlu-llāh") zu nennen, womit jeweils gemeint ist: der Geist von Gott, das Wort von Gott und der Gesandte von Allah. Aber ich kann es überhaupt nicht verstehen noch akzeptieren, daß der Geist oder das Wort oder der Gesandte eine göttliche Person sein soll, die göttliche und menschliche Naturen besitzt.

Wir wollen nun fortfahren, den christlichen Irrtum hinsichtlich des Paraklet aufzudecken und zu widerlegen. Ich werde in diesem Kapitel versuchen, den Beweis zu erbringen, daß der Paraklet nicht, wie die christlichen Kirchen glauben, der Heilige Geist ist und daß Paraklet auch nicht der „Tröster" oder der „Fürsprecher" bedeutet; und im folgenden Kapitel werde ich, so Gott will, ganz klar zeigen, daß es nicht „Paraklet", sondern „Periklyt" ist, was präzise „Ahmad" im Sinne von „der Berühmteste, Gepriesenste und Gefeierteste" heißt.

1. Der Heilige Geist wird im Neuen Testament als etwas Anderes als eine Person beschrieben

Eine sorgfältige Untersuchung der folgenden Passagen des Neuen Testaments wird die Leser überzeugen, daß der Heilige Geist nicht nur keineswegs die dritte Person der Dreifaltigkeit ist, sondern auch nicht einmal eine eigene Person. Dagegen ist der von Jesus vorausgesagte „Paraklet" eine bestimmte Person. Dieser fundamentale Unterschied zwischen beiden ist deshalb ein ausschlaggebendes Argument gegen die Hypothese, daß sie ein und dieselbe Person seien.

a) Im Evangelium des Lukas, Kapitel 11, Vers 13 wird erklärt, daß der Heilige Geist ein „Geschenk" von Gott sei. Der Unterschied zwischen den „guten Gaben", die gottlose Eltern geben, und dem Heiligen Geist, der von Gott den Gläubigen gewährt wird, schließt die Idee von irgendeiner Personifikation des Geistes vollkommen aus. Können wir gewissenhaft und positiv bestätigen, daß Jesus Christus, als er den erwähnten Gegensatz aufstellte, seine Zuhörer lehren wollte, daß „Gott, der Vater" SEINEN irdischen „Kindern" ein Geschenk in Form „Gottes, des Heiligen Geistes" macht? Deutete er jemals an, daß er glaubte, die dritte Person der Dreifaltigkeit sei ein Geschenk von der ersten Person der Trinität? Können wir gewissenhaft zustimmen, daß die Apostel glaubten, dieses „Geschenk" sei Gott, der Allmächtige, das von Gott, dem Allmächtigen den Sterblichen angeboten würde? Allein schon der Gedanke an solch einen Glauben läßt einen Muslim erschaudern.

b) Im ersten Brief des Paulus an die Korinther, 2. Kapitel, Vers 12 wird dieser Heilige Geist im Neutrum als „der Geist aus Gott" beschrieben. Paulus sagt ganz eindeutig, daß auf dieselbe Weise, in der der Geist, welcher dem Menschen innewohnt, ihn jenes wissen läßt, was in ihm ist, der Geist Gottes den Menschen das wissen läßt, was in Gott ist *(1. Korinther, 2. Kapitel, Vers 11)*. Folglich ist der Heilige Geist hier nicht Gott, sondern ein göttlicher Verteiler, Kanal oder Mittler, durch den Gott jene, die ER will, **lehrt**, **erleuchtet** und **inspiriert**. Es handelt sich ganz einfach um eine Aktion von Gott in Richtung auf die menschliche Seele und den menschlichen Geist. Der Lehrer, der Erleuchtende und der Inspirierende ist nicht **direkt** der Geist, sondern Gott SELBST.

Ich erwähnte bereits, daß Philon ein Student der Philosophie Platos war. Er hatte Plato nie gesehen, sondern nur Platos Philosophie studiert, und wurde ein Philosoph und ein **Platonist**. Im gleichen Sinne sage ich, daß der Apostel Petrus und der Imam ʻAlī den Heiligen Geist Gottes empfingen und das Wissen Gottes inspiriert bekamen — sie wurden **göttlich**. So wie die Philosophie Platos **nicht** Plato selbst ist und der Platonist Philon **nicht** der Schöpfer **dieser** spezifischen Weisheit, so waren Petrus und ʻAlī **nicht Gott**. Sie waren göttlich, weil sie durch den Geist Gottes erleuchtet waren. Paulus legt in der bereits zitierten Textstelle eindeutig dar, daß die menschliche Seele die Wahrheit über Gott nur durch SEINEN Geist, SEINE Inspiration und SEINE Leitung erkennen kann.

c) Ebenfalls im ersten Brief des Paulus an die Korinther, Kapitel 6, Vers 19, lesen wir, daß die rechtschaffenen Diener Gottes „der Tempel des Heiligen Geistes", den sie „von Gott erhielten", sind. Hier wird ebenfalls der Geist von Gott nicht als eine **Person** oder als ein **Engel** bezeichnet, sondern als SEINE Tugend, SEIN Wort bzw. SEINE Macht und SEINE Religion. Sowohl der Körper als auch die Seele eines rechtschaffenen Gläubigen werden mit einem Tempel verglichen, der der Anbetung des Ewigen geweiht ist.

d) Im Brief des Paulus an die Römer *(Kapitel 8, Vers 9)* wird derselbe Geist, der in den Gläubigen „wohnt", wechselweise „Gottes Geist" und „Christi Geist" genannt. In dieser Textstelle sind mit dem „Geist" ganz einfach der Glaube und die wahre Religion Gottes, die Jesus proklamierte, gemeint. Mit diesem Geist kann gewiß nicht das christliche Ideal des Heiligen Geistes, nämlich ein anderer dritter der Drei, gemeint sein. Wir Muslime wünschen und beabsichtigen stets, unser Leben und Verhalten dem Geist Muhammads anzupassen, womit gemeint ist, daß wir uns entschließen, der Religion Gottes in genau derselben Weise treu zu sein wie es der Letzte Prophet war. Denn der heilige Geist in Muhammad, in Jesus und in jedem anderen Propheten war kein anderer als der Geist von Allah — gepriesen sei SEIN Heiliger Name! Dieser Geist wird heilig genannt, um ihn vom unreinen und gottlosen Geist des Teufels und seiner gefallenen Engel zu unterscheiden. Dieser Geist ist nicht eine göttliche Person, sondern ein göttlicher Hoffnungsstrahl, der das Volk Gottes erleuchtet und heiligt.

e) Die Formel des Evangeliums „Im Namen Gottes und des Sohnes und des Heiligen Geistes" mag — selbst wenn sie von Christus so authentisch und wirklich vorgeschrieben worden ist — vor der formellen Etablierung des Islam, der das wirkliche Reich Gottes auf Erden darstellt, als Glaubensformel als berechtigt anerkannt werden. Gott, der Allmächtige in SEINER Eigenschaft als Schöpfer ist der Vater aller Lebewesen, Dinge und Intelligenzen, jedoch nicht der Vater eines bestimmten Sohnes. Die Orientalisten wissen, daß das semitische Wort „abb" oder „abba", was mit „Vater" übersetzt wird, „jemand, der etwas hervorbringt oder Früchte trägt" („ibba" = Frucht), bedeutet. Die Bibel macht häufig von der Nennung „Vater" Gebrauch. Gott sagt an einer Stelle in der Bibel: „Israel ist MEIN erstgeborener Sohn"; und an einer Stelle im Buch Hiob wird ER „der Vater des Regens" genannt. Wegen des Mißbrauchs dieses göttlichen Namens des Schöpfers durch das Christentum unterläßt es der Koran, diesen Namen zu verwenden. Aus der Glaubenssicht eines reinen Unitariers und Muslim ist das christliche Dogma der ewigen Geburt oder Erzeugung des Sohnes eine Gotteslästerung.

Ob nun die christliche Taufformel authentisch ist oder gefälscht, ich glaube, daß in ihr eine verborgene Wahrheit liegt. Denn man muß zugeben, daß die Evangelisten **niemals** ihre Anwendung bei irgendeinem anderen Ritual, Gebet oder Glaubensbekenntnis als bei dem der Taufe zulassen. **Dieser Punkt ist von äußerster Wichtigkeit**. Wie wir in den vorangegangenen Kapiteln sahen, hatte Johannes die Taufe mit dem Heiligen Geist und Feuer durch den Propheten Muhammad vorausgesagt. Der direkte Taufende als Gott Selbst und der Mittler als der Menschensohn bzw. der Barnasha im Traum Daniels: es war nur gerecht und legitim, diese beiden Namen als erste und zweite Ursache zu erwähnen; und auch den Namen des Heiligen Geistes als **causa materialis** der Sibghatu-llah! Nun wurde der göttliche Name „Vater", vor dessen Mißbrauch durch die Kirche, zu Recht angerufen. Die Sibghatu-llah ist tatsächlich eine Wiedergeburt, eine Geburt in das Reich Gottes, also in den Islam. Der Taufende, der diese Wiedergeburt bewirkt, ist direkt Allah. In die Religion, sofern es sich um den Islam handelt, geboren zu werden und mit dem Glauben an den wahren Gott ausgestattet zu sein, ist die größte Gunst und das bedeutendste Geschenk des „Himmlischen Vaters" — um den Ausdruck des Evangeliums zu benutzen. In dieser Hinsicht ist Gott unendlich gütiger als irgendein irdischer Vater.

Was den zweiten Namen in der Formel, „den Sohn", betrifft, so sieht man sich außerstande zu wissen, wer oder was dieser „Sohn" überhaupt sein soll. Wessen Sohn? Wenn Gott zu Recht mit „Vater" angeredet wird, dann ist man neugierig, wißbegierig und gespannt zu erfahren, **welcher** SEINER unzähligen Söhne in der Taufformel gemeint ist. Jesus lehrte uns zu beten „**Unser** Vater, DER DU bist im Himmel". Wenn wir alle SEINE Söhne im Sinne SEINER Geschöpfe sind, dann wird die Erwähnung des Wortes „Sohn" in der Formel irgenwie bedeutungslos, ja sogar lächerlich. Wir wissen, daß in den Reden Jesu die Bezeichnung „Menschensohn" — bzw. „Barnasha" dreiundachtzig Mal erwähnt wird. Der Koran nennt Jesus kein einziges Mal „Sohn des Menschen", sondern stets „Sohn der Maria". Er konnte sich selbst nicht „Sohn des Menschen" nennen, weil er ja nur „der Sohn einer Frau" war. Über diese Tatsache kann man sich nicht hinwegsetzen. Man kann ihn zum „Sohn Gottes" machen, wie man es törichterweise tut, aber man kann ihn nicht zum „Sohn des Menschen" machen, ohne zu glauben, daß er der Abkömmling von Joseph oder von sonst jemandem ist, und konsequenterweise den Makel der unehelichen Geburt an ihn zu hängen.

Ich weiß nicht genau weshalb, ob durch Intuition, Inspiration oder Traum, ich bin unterrichtet und davon überzeugt, daß der zweite Name in der Formel eine unselige Verfälschung von „der Menschensohn", d.h. der Barnasha bei Daniel *(Kapitel 7)* ist und Ahmad somit „der Periclytos" (Paraklet) des Johannes-Evangeliums.

Was den Heiligen Geist in der Formel angeht, so ist er keine Person und auch kein individueller Geist, sondern ein Mittel, eine Kraft und Energiequelle von Gott, mit der ein Mensch in die Religion und das Wissen um den EINEN Gott hineingeboren bzw. übergetreten ist.

2. Was die ersten Väter der Nasāra (Christen) über den Heiligen Geist sagen

a) Hermas *(Similitude, Kapitel 5, Verse 5 und 6)* versteht unter dem „Heiligen Geist“ das göttliche Element in Christus, nämlich den Sohn, der vor allen Dingen **erschaffen** wurde. Ohne in die unnütze bzw. ziemlich bedeutungslose Diskussion einzusteigen, ob Hermas den Heiligen Geist mit dem Wort verwechselt oder ob er ein bestimmtes Element von Christus ist, es wird zugegeben, daß der Letztgenannte vor allen Dingen **erschaffen** wurde — d.h. am Anfang — und daß der Geist im Glauben des Hermas keine Person ist.

b) Justin — genannt der „Märtyrer“ (100? - 167? n.Chr.) — und Teophilus (120 - 180? n. Chr.) verstehen unter dem Heiligen Geist manchmal eine besondere Form der Manifestation des Wortes und manchmal ein göttliches Attribut, jedoch niemals eine göttliche Person. Es muß in Erinnerung gerufen werden, daß diese beiden griechischen Väter und Autoren des zweiten nachchristlichen Jahrhunderts keine klare Kenntnis und keinen klaren Glauben über den Heiligen Geist der Trinitarier des vierten und der Folgejahrhunderte hatten.

c) Athenagoras (110 -180 n.Chr.) sagt, der Heilige Geist sei eine Emanation Gottes, die von IHM ausgeht und zu IHM zurückkehrt wie die Strahlen der Sonne *(„Deprecatio pro Christianis“, Kapitel 9 und 10)*. Irenäus (130? -202? n.Chr.) meint, daß der Heilige Geist und der Sohn zwei Diener Gottes sind und die Engel sich ihnen unterwerfen. Der klaffende Unterschied zwischen dem Glauben und den Vorstellungen dieser beiden frühchristlichen Väter über den Heiligen Geist ist zu offensichtlich, um eines weiteren Kommentars zu bedürfen. Es ist schon erstaunlich, daß zwei Jahrhunderte danach die beiden Diener Gottes — der Erklärung solch einer Autorität wie Irenäus zufolge — in den Rang Gottes erhoben und zusammen mit dem Einen wahren Gott als zwei göttliche Personen, die von IHM erschaffen wurden, proklamiert werden sollten.

d) Der berühmteste und gelehrteste von allen Vätern vor Nicäa und den christlichen Apologeten war Origenes (185 - 254 n.Chr.). Der Verfasser der „Hexepla“ schreibt dem Heiligen Geist eine Persönlichkeit zu, macht ihn aber zu einer Schöpfung des Sohnes. Die Erschaffung des Heiligen Geistes durch den Sohn kann selbst zu Beginn, als das Wort — bzw. der Sohn — von Gott erschaffen wurde, nicht sein.

Die Lehre über diesen Heiligen Geist war im Jahre 325 n.Chr. nicht hinläng lich entwickelt und wurde deshalb vom Konzil zu Nicäa nicht festgelegt. Erst im Jahre 386 n. Chr. wurde auf dem zweiten ökumenischen Konzil zu Konstantinopel der Heilige Geist zur Dritten Person der Trinität und eines Wesens sowie gleichzeitig mit dem Vater und dem Sohn erklärt.

3. Der „Paraklet" bedeutet weder „Tröster" noch „Fürsprecher"; in Wirklichkeit handelt es sich überhaupt nicht um ein altsprachliches Wort. Die griechische Orthographie des Wortes ist „Paraclytos", woraus in der Kirchen-Literatur die Bedeutung „jemand, der zu Hilfe, Fürsprache und Fürbitte gerufen wird" („Dict. Grec.-Francais" von Alexandre) gemacht wird. Man muß nicht nachweisen, ein Gelehrter des Griechischen zu sein, um zu wissen, daß das griechische Wort für „Tröster" nicht „Paraclytos", sondern „Paracalon"ist. Ich habe bei mir keine griechische Fassung der Septuaginta, aber ich erinnere mich bestens daran, daß das hebräische Wort für „Tröster" („mnahem") in den Klageliedern des Jeremias *(Klagelied 1, Verse 2, 9, 16, 17, 21, usw.)* in „Parakaloon" übersetzt ist, vom Verbum „parakaloo", was „rufen, einladen, ermuntern, trösten, beten anflehen" bedeutet. Es ist zu beachten, daß in „Paracalon" nach dem Konsonanten „kappa" einlanger Vokal „alpha" steht, der in „Paraclytos" nicht vorkommt. Im Satz „Er, der uns bei all unseren Heimsuchungen tröstet „wird „paracalon" und nicht „paraclytos" verwendet. („Ich ermuntere bzw. lade dich ein zu arbeiten"). Viele andere Beispiele könnten hier angeführt werden.

Es gibt noch ein anderes Wort für „Tröster" im Griechischen, nämlich „Parygorytos" von „ich tröste".

Was die weitere Bedeutung von „Fürsprecher" bzw. „Befürworter" angeht, die im kirchlichen Wort „Paraclete" gegeben ist, so bestehe ich nochmals darauf, daß „Paracalon" und nicht „Paraclytos" in sich einen entsprechenden Sinn ausdrücken kann. Der geeignete griechische Ausdruck für „Befürworter" wäre „Sunegorus" und für „Fürsprecher" oder „Vermittler" „Meditéa".

In meinem nächsten Kapitel werde ich die korrekte greichische Form, zu der „Paraclytos" eine Verfälschung ist, angeben. En passant möchte ich einen Irrtum korrigieren, in den auch der französische Gelehrte Ernest Renan gefallen ist. Wenn ich mich richtig erinnere, interpretiert Monsieur Renan in seinem berühmten „Das Leben Christi" den „Paraklet" von Johannes *(Evangelium des Johannes, Kapitel 14, Vers 26;Kapitel 16, Vers 1; Der erste Brief des Johannes, Kapitel 2, Vers 1)* als einen „Fürsprecher". er ziteiert die syrochaldäische Form „Peraklit" als Gegensatz zu „Ktighra" = „der Ankläger" von „kategorus". Der syrische Name für „Vermittler" oder „Fürsprecher" ist „mis 'aaya"; bei Gerichtshöfen wird „Snighra" (vom griechischen „Sunegorus") für einen Fürsprecher verwendet. Viele Syrer, die mit der griechischen Sprache nicht vertraut sind, denken daß „Paraqlita" wirklich die aramäische bzw. syrische Form von „Paraklet" in der Pshittha-Fassung und aus „Paraq" —„erretten von, befreien von" sowie „lita" = „der Verfluchte" zusammengesetzt ist. Der Gedanke, daß Christus der „Erreter vom Fluch des Gesetzes" und er somit auch selbst „Paraqlita" *(Der erste Brief des Johannes, Kapitel 2, Vers 1)* sei, mag einige dazu geführt haben zu glauben, daß das griechische Wort ursprünglich ein aramäisches Wort gewesen sei, so wie der griechische Satz „Maran atha" im Aramäischen „Mārān Āthī" lautet, was „Unser Herr kommt" bedeutet *(Der erste Brief des Paulus an die Korinther, Kapitel 16, Vers 22)*, welcher unter den Gläubigen ein Ausspruch hinsichtlich des Erscheinens des Letzten Großen Propheten zu sein scheint. Sowohl dieses „mārān āthī" als auch besonders die Taufformel enthalten Kernpunkte, die zu wichtig sind, um außer acht gelassen zu werden. Beides verdient ein besonderes Studium und einen würdigen Kommentar. Beides vereinigt in sich Kennzeichen und Anhaltspunkte, die nicht gerade günstig für das Christentum sind.

Ich glaube, ich habe hinreichend nachgewiesen, daß in linguistischer und etmyologischer Hinsicht der „Paraclytos" nicht „Fürsprecher" oder „Tröster" bedeutet. Ich habe dies an anderer Stelle als „barbarisch" bezeichnet, aber ich nehme diesen Ausdruck zurück und möchte ihn durch „Textverderbtheit" ersetzen. Ungebildetheit ruft viele Irrtümer hervor. Jahrhundertelang haben die ungebildeten Römer und Europäer den Namen Muhammad „Mahomet" und den von „Mushi" „Moses" geschrieben. Ist es dann noch ein Wunder, daß manch standhafter christlicher Mönch oder Schriftsteller den wahren Namen in der verfälschten Form „Paraklytos" geschrieben haben könnte? Ersterer bedeutet „der sehr Berühmte, Lobenswürdige", wogegen die verfälschte Form nichts weiter bedeutet als eine ständige Schande für diejenigen, die sie achtzehn Jahrhunderte lang so verstanden haben, als einen Fürsprecher oder Tröster zu interpretieren.

VIII
„Periqlytos" bedeutet „Ahmad"

> „Und als Jesus, Sohn der Maria, sprach: 'O ihr Kinder Israels, ich bin fürwahr der Gesandte Allahs an euch, Bestätiger dessen, was von der Thora vor mir ist, und Überbringer der frohen Botschaft von einem Gesandten, der nach mir kommen wird. Sein Name wird Ahmad sein."
>
> *(Der Koran, Sure 61, Vers 6)*

> „Und ich will den Vater bitten, und ER wird euch einen anderen Periqlytos geben, daß er bei euch sei ewiglich."
>
> *(Evangelium des Johannes, Kapitel 14, Vers 16)*

In den Worten, die Jesus vom vierten Evangelium zugeschrieben werden, gibt es einige Widersprüche. Es liest sich, als ob verschiedene Periqlyten bereits gekommen und gegangen seien und als ob „ein anderer Periqlytos" nur auf Bitten Jesu gewährt würde. Auch hinterlassen diese Worte den Eindruck, daß die Apostel mit diesem Namen, den der griechische Text mit Periqlytos wiedergibt, bereits vertraut gemacht worden sind. Das Adjektiv „ein anderer", das vor einem Fremdwort-Substantiv steht, welches zum ersten Mal verkündet wird, erscheint sehr merkwürdig und völlig überflüssig. Es besteht kein Zweifel daran, daß der Text verfälscht und entstellt wurde. Er täuscht vor, daß der Vater auf Bitten Jesu den Periqlyt senden würde; andernfalls wäre der Periqlyt nie und nimmer gekommen! Das Wort „bitten" erscheint auch oberflächlich und kehrt unberechtigterweise einen Anflug von Arroganz seitens des Propheten von Nazareth hervor. Wenn wir den wahren Sinn in diesen Worten herausfinden wollen, müssen wir den Text richtigstellen und die entfernten bzw. verfälschten Worte folgendermaßen ausgleichen:

„Ich werde zum Vater **gehen,** und Er wird euch einen anderen **Gesandten schicken, dessen Name soll sein** Periqlytos, auf daß er bei euch sei ewiglich." Mit den ergänzten, unterstrichenen Worten sind nun sowohl die genommene Bescheidenheit Jesu wiederzurückgegeben als auch die Natur des Periqlyt identifiziert.

Wir sahen bereits, daß der Periqlyt nicht der Heilige Geist, d.h. weder eine göttliche Person noch Gabriel noch irgendein anderer Engel ist. Es bleibt nun noch zu beweisen, daß der Periqlyt weder ein Tröster noch ein Mittler zwischen Gott und Mensch sein kann.

1. Der Periqlyt ist weder der „Tröster" noch der „Fürsprecher". Wir haben

umfassend die materielle Unmöglichkeit aufgezeigt, auch nur die mindeste Bedeutung von „Tröster“ bzw. „Fürsprecher“ einsehen zu können. Christus benutzt Paraqalon nicht. Darüberhinaus ist selbst vom religiösen und moralischen Standpunkt her der Gedanke des Tröstens und der Fürsprache unzulässig.

a) Der Glaube, daß der Kreuzestod Jesu die Gläubigen vom Fluch der Erbsünde erlöste und daß sein Geist, seine göttliche Gnade und seine Gegenwart in der Eucharistie ewig bei ihnen sein würde, machte für sie jedes Trösten und jedes Erscheinen eines Trösters vollkommen überflüssig. Würden sie dagegen einen solchen Tröster benötigen, dann wären alle christlichen Anmaßungen und Ansprüche hinsichtlich des Opfers von Golgatha hinfällig. Die Ausdrucksweise der Evangelien und der Briefe weist in der Tat darauf hin, daß das zweite Kommen Jesu vom Himmel unmittelbar bevorstand *(Evangelium des Matthäus, Kapitel 16, Vers 28; Evangelium des Markus, Kapitel 9, Vers 1; Evangelium des Lukas, Kapitel 9, Vers 27;Der 1. Brief des Johannes, Kapitel 2, Vers 18;Der 2. Brief des Paulus an Timotheus, Kapitel 2, Vers 1; Der 2. Brief des Paulus an die Thessalonicher, Kapitel 2, Vers 3; usw.).*

b) Trost kann niemals Ersatz für einen Verlust leisten. Wenn man jemanden tröstet, der sein Augenlicht, seinen Besitz, seinen Sohn oder seine Stellung verloren hat, so kann dies das jeweils Verlorene nicht zurückbringen. Das Versprechen, daß Gott einen Tröster schicken würde, nachdem Jesus gegangen wäre, würde das vollständige Zusammenbrechen aller Hoffnung in den Triumph des Gottesreiches anzeigen. Das Versprechen eines Trösters wiese auf Trauern und Wehklagen hin und hätte die Apostel in Enttäuschung, wenn nicht sogar in Verzweiflung gestürzt. Sie brauchten keinen Tröster für ihren Kummer und ihre Heimsuchungen, sondern einen siegreichen Kämpfer, der den Teufel und seine Macht vernichten und ihren Schwierigkeiten und Verfolgungen ein Ende bereiten würde.

c) Der Gedanke an einen „Vermittler“ zwischen Gott und dem Menschen ist sogar noch unhaltbarer als der an den „Tröster“. Zwischen Gott und der Schöpfung gibt es keinen wirklichen Vermittler. Das unbedingte Einssein Allahs ist unser absoluter Vermittler. Der Christus, der seinen Zuhörern die Anweisung gibt, zu Gott an einem geheimen Ort zu beten, zur Toilette zu gehen, die Tür zu schließen und dann zu beten — denn nur unter solch einer Bedingung würde ihr himmlischer „Vater“ ihr Gebet horen und ihnen SEINE Gnade und SEINEN Beistand gewähren — kann ihnen keinen Vermittler versprechen. Wie soll man diesen Widerspruch in Einklang bringen!

d) Jeder Gläubige legt für den anderen in seinen Gebeten Fürsprache ein; die

Propheten und Engel tun dasselbe. Es ist unsere Pflicht, Gottes Barmherzigkeit, Vergebung und Beistand sowohl für uns als auch für andere zu erflehen. Aber Gott ist nicht gebunden oder verpflichtet, die Fürbitte von irgendjemandem zu erhören, es sei denn, ER will es ausdrücklich. Wenn Allah der Fürbitte SEINES heiligen Dieners Muhammad stattgegeben hätte, hätten bereits alle Männer und Frauen die Religion des Islam angenommen.

Der Person, durch deren Fürsprache ich Vergebung und Unterstützung erhielte, würde ich wirklich dankbar sein. Aber ich werde immer den Richter oder Despoten fürchten, der mich den Händen eines Scharfrichtes ausliefert. Wie gelehrt sind diese Christen, wenn sie glauben, daß Jesus zur Rechten seines Vaters für sie Fürsprache einlegt, und zur gleichen Zeit an einen anderen Vermittler — geringer als er selbst — glauben, der auf dem Thron des Allmächtigen sitzt! Der heilige Koran verbietet ausdrücklich den Glauben an einen „shafī" bzw. Vermittler. Natürlich wissen wir es nicht genau, aber es ist schon vorstellbar, daß bestimmte Engel sowie die Seelen der Propheten und Heiligen von Gott die Erlaubnis haben, Hilfe und Rechtleitung denen zukommen zu lassen, die ihnen zur Protektion zugewiesen sind. Die Idee eines Anwaltes vor dem Gericht Gottes, der die Angelegenheiten seiner Klienten vertritt, mag höchst bewundernswert sein, beruht aber auf einem Irrtum, weil Gott kein Richter menschlicher Natur ist, der Gemütserregungen, Unwissenheit, Voreingenommenheit und allem, was dazu gehört, unterworfen wäre. Die Muslime, die Gläubigen, brauchen lediglich Erziehung und religiöse Schulung; Gott kennt die Handlungen und Herzen der Menschen unendlich besser als die Engel und Propheten. Folglich gibt es auch keine Notwendigkeit für Vermittler zwischen Gott und den Geschöpfen.

e) Der Glaube an Vermittler rührt vom Glauben an das Darbringen und Verbrennen von Opfern, an das Priestertum und an ein massives Gefüge des Aberglaubens her. Dieser Glaube führt die Menschheit in die Anbetung von Heiligen- und Märtyrerschreinen und — bildern; er trägt dazu bei, den Einfluß und die Dominanz der Priester und Mönche zu erhöhen; er hält die Menschen hinsichtlich göttlicher eine dicke Wolke vermittelnder Toter bedeckt die spirituelle Atmosphäre zwischen Gott und dem menschlichen Geist. Dann veranlaßt dieser Glaube die Menschen, die für den angelblichen Ruhm Gottes und das Konvertieren von Leuten, die einer anderen Religion als der ihren angehören, immense Geldbeträge aufbringen, mächtige und reiche Missionen und prächtige Herrenhäuser zu errichten; in ihren Herzen sind jene Missionare jedoch politische Agenten ihrer jeweiligen Regierungen. Der wirkliche Grund für das Unheil, was über die Armenier, Griechen und Chaldäer-Assyrer in der Türkei und in

Persien gekommen ist, nuß in den hinterhältigen und umstürzlerischen Verhaltenmaßregeln gesucht werden, die alle ausländischen Missionen im Osten gegeben haben. Der Glaube an die Vermittler ist tatsächlich stets der Ursprung von Beschimpfung, Fanatismus, Verfolgung, Unwissenheit und vielen anderen Übeln gewesen.

Nachdem nun bewiesen worden ist, daß der „Paraclit" des Johannes-Evangeliums auf gar keinen Fall weder „Tröster" noch „Fürsprecher" noch irgendetwas anderes bedeutet oder bedeuten kann und daß es sich um eine verfälschte Form von Periqlytos handelt, wollen wir nun daran gehen, die wirkliche Bedeutung dieses Wortes zu erörtern.

2. Etymologisch und wortwörtlich bedeutet Periqlytos „der am meisten Berühmte, Namhafte und Lobenswürdige". Als Quelle führe ich Alexandre's „Dictionnaire Grec-Francais" an: = Periqlytos, „Qu'on peut entendre de tous les côté's; qu'il est facil à entendre. Trcs célèbre," etc.; „=Pericleitos, très célèbre, illustre, glorieux; = Periqleys, très célèbre, illustre, glorieux, " von =Kleos, glorire, renommée, célèbrité." Dieses zusammengesetzte Substantiv besteht aus dem Präfix „peri" und aus „kleotis", wobei letzteres von „lobpreisen, rühmen" abgeleitet ist. Das Substantiv, das ich in lateinischen Buchstaben mit Periqleitos oder Periqlytos wiedergebe , bedeutet, ganz genau dasselbe,was AHMAD im Arabischen bedeutet, nämlich der meist Berühmte, Gepriesene und Namhafte. Die einzige Schwierigkeit, dies zu lösen und zu bewältigen, liegt darin, den semitischen Originalnamen herauszufinden, den Jesus entweder in Hebräisch oder in Aramäisch benutzt hat.

a) Die syrische Pshittha schreibt zwar „Paraqleita", gibt aber noch nicht einmal in einem Glossar die Bedeutung dieses Wortes an. Die Vulgata übersetzt es jedoch mit „Tröster". Wenn ich mit nicht irre, muß die aramäische Form „Mḥamda" bzw." Hamīda" gewesen sein, um dem arabischen „Muhammad" bzw. „Ahmad" und dem griechischen „Periqlyte" zu entsprechen.

Die Deutung des griechischen Wortes im Sinne von Trösten impliziert nicht, daß der Name Periqlyte **selbst** der Tröster ist, sondern vielmehr den Glauben an und die Hoffnung in das Versprechen, daß **er kommen wird**, „die Frühchristen zu trösten". Die Erwartung, daß Jesus in der himmlischen Herrlichkeit erneut herniederkommen würde, bevor viele seiner Zuhörer „den Tod geschmeckt" hätten, hatte sie enttäuscht und ihre ganze Hoffnung auf das Kommen des Periqlyte gerrichtet.

b) Die koranische Offenbarung, daß Jesus, der Sohn der Maria, dem Volke Israel erklärte, er sei der „Überbringer der frohen Botschaft von einem Gesandten, der nach mir kommen wird. Sein Name wird Ahmad sein“, ist einer der gewichtigsten Beweise, daß Muhammad in der Tat ein Prophet war und daß der Koran unbestreitbar eine göttliche Offenbarung ist. Denn er hätte niemals wissen können, daß der Periqlyte Ahmad bedeutet, es sei denn durch Inspiration und göttliche Offenbarung. Das Zeugnis des Koran ist entscheidend und endgültig; denn die wörtliche Bedeutung des griechischen Namens stimmt exakt und unwiderlegbar mit Ahmad und Muhammad überein.

Der Erzengel Gabriel oder der Heilige Geist scheinen tatsächlich sogar die Positiv — von der Superlativ — Form unterschieden zu haben, um damit erstere präzise als Muhammad und letztere als Ahmad zu kennzeichnen.

Es ist erstaunlich, daß dieser einzigartige Name, der zuvor niemals einer anderen Person gegeben worden war wie durch ein Wunder für den am meist berühmten und lobenswürdigen Gesandten Allahs aufbewahrt wurde! Wir finden keinen einzigen Griechen, der zuvor den Namen Periqleitos (oder Periqlytos), noch irgendeinen Araber, der zuvor den Namen Ahmad trug. Sicher, es gab einen berühmten Athener namens Periqleys, was „berühmt“ und Ähnliches bedeutet, aber eben nicht in der Superlativ-Form.

c) Aus der Beschreibung des vierten Evangeliums geht ziemlich klar hervor, daß der Periqlyte eine bestimmte Person ist, ein erschaffener heiliger Geist, der kommen und in einem menschlichen Körper verweilen würde, um das ihm von Gott zugewiesene gewaltige Werk durchzuführen und zu vollbringen, welches kein anderer Mann — auch Moses, Jesus oder irgendein anderer Prophet nicht vollbracht hatte.

Wir leugnen natürlich nicht, daß die Jünger Jesu den Geist Gottes empfingen, daß die wahren, zum Glauben Jesu Bekehrten mit dem Heiligen Geist geweiht waren und daß es zahllose untitarische Christen gab, die ein frommes und rechtschaffenes Leben führten. Am Pfingsttag — also zehn Tage nach der Himmelfahrt Jesu Christi — kam der Geist Gottes auf die Jünger und auf andere Gläubige, deren Zahl einhundertundzwanzig betrug, in Form von Zungen aus Feuer herab *(Apostelgeschichte des Lukas, Kapitel 2)*; und diese Zahl, die den Heiligen Geist in der Form von einhundertzwanzig Zungen aus Feuer erhielt, erhöhte sich bis auf dreitausend Seelen, die getauft, aber von der Flamme des Geistes nicht bedacht worden waren. Ein einziger Geist kann sicher nicht in einhundertzwanzig Einzelwesen zerteilt werden. Wenn er nicht definitiv als eine Person beschrieben worden ist, dann sollten wir den Heiligen Geist als Gottes Macht, Gnade, Geschenk, Handlung und Inspiration auffassen. Jesus hatte diese Gabe und Macht des Himmels versprochen, seine Herde von Sünden zu reinigen, zu erleuchten, zu stärken und zu lehren; dieser Geist war jedoch gänzlich anders als der Periqlyte, der allein das großartige Werk, das Jesus und nach ihm die Apostel zu vollbringen weder autorisiert noch befähigt waren, vollbrachte, wie wir später noch sehen werden.

d) Die früheren Christen des ersten und zweiten Jahrhunderts verließen sich eher auf mündliche Überlieferungen als auf Schriften, die sich mit der neuen Religion befaßten. Papias und andere gehören zu dieser Gruppe. Selbst zu Lebzeiten der Apostel untergruben verschiedene Sekten, Pseudochristen, Antichristen und Irrlehrer die Kirche *(1.Brief des Johannes, Kapitel 2, Verse 18 26;2. Brief des Paulus an die Thessalonicher, Kapitel 2, Verse 1 -12;2. Brief des Petrus, Kapitel 2 und 3;2. Brief des Johannes, Verse 7 -13; 1. Brief des Paulus an Timotheus, Kapitel 4, Verse 1 - 3; 2.Brief des Paulus an Timotheus, Kapitel 3, Verse 1 - 13; usw.)*. Den „Gläubigen" wird empfohlen und zugeredet, an der mündlichen Überlieferung festzuhalten und ihr treu zu bleiben, das heißt den mündlichen Lehren der Apostel. Diese sogenannten „häretischen" Sekten wie die Gnostiker, Apollinarier, Doketen und andere scheinen an die Fabeln, Legenden und extravaganten Ansichten über das Opfer und die Erlösungstat Jesu Christi, wie sie in vielen fabelartigen Schriften, von denen Lukas spricht *(Evangelium des Lukas, Kapitel 1, Verse 1-4)*, enthalten sind, nicht zu glauben. Einer der Irrlehrer einer bestimmten Sekte deren Name meinem Gedächtnis entfallen ist — gab tatsächlich vor, daß „Periqleitos" sein Name wäre, um so tun zu können, als ob er der von Jesus geweissagte „am meisten lobenswerte" Prophet sei; er hatte viele Anhänger. Wenn es ein authentisches Evangelium gäbe, das von Jesus bzw. von allen Aposteln gutgeheißen worden wäre, dann könnte es nicht so zahlreiche Sekten geben, die dem Inhalt der Bücher, die zum vorhandenen Neuen Testament gehören bzw. außerhalb von ihm existieren, alle ablehnend gegenüberstehen. Aus dem Handeln des Pseudo-Periqlyte können wir aber immerhin ganz sicher den Schluß ziehen, daß die ersten Christen unter dem versprochenen „Geist der Wahrheit" eine Person und den letzten Propheten von Gott verstanden.

3. Es gibt nicht den geringsten Zweifel, daß mit „Periqlyte" Muhammad, d.h. Ahmad gemeint ist. Die beiden Namen, der eine in Griechisch und der andere in Arabisch, haben ganz genau dieselbe Bedeutung; beide bedeuten „der am meisten Berühmte und Gepriesene", genauso wie „pneuma" und „rūḥ" in beiden Sprachen nicht mehr und nicht weniger als „Geist" bedeuten. Wir haben gesehen, daß die Übersetzung des Wortes in „Tröster" oder „Mittler" absolut unhaltbar und falsch ist. Die zusammengesetzte Form von Paraqalon ist abgeleitet vom Verb, das mit dem Präfix Para-qalo gebildet ist, wogegen der

Periqlyte von Peri-qluo abgeleitet ist. Der Unterschied ist so deutlich wie er es anders gar nicht sein könnte. Wir wollen deshalb nur die Merkmale des Periqlyte, die nur bei Ahmad — Muhammad — gefunden werden können, untersuchen.

a) Allein Muhammad enthüllte die **ganze** Wahrheit über Gott, SEIN Einssein und SEINE Religion und stellte die gottlosen Verleumdungen und falschen Behauptungen richtig, die gegen IHN SELBST und gegen viele SEINER heiligen Diener niedergeschrieben worden waren und an die geglaubt wurde.

Von Jesus wird berichtet, er habe über den Periqlyte gesagt, daß er „der Geist der Wahrheit" sei und daß er hinsichtlich der wahren Natur von Jesus und seiner Mission „Zeugnis geben wird" *(Evangelium des Johannes, Kapitel 14, Vers 17;Kapitel 15, Vers 26)*. In seinen Predigten und Reden spricht Jesus von der Präexistenz eine eigenen Geistes *(Evangelium des Johannes, Kapitel 8, Vers 58;Kapitel 17, Vers 5;usw.)*. Im Evangelium des Barnabas wird über Jesus mitgeteilt, daß er oft über die Herrlichkeit und Größe Muhammads Geist, den er gesehen hatte, sprach. Es gibt keine Zweifel, daß der Geist des Letzten Gesandten lange vor Adam erschaffen wurde. Wenn Jesus über ihn sprach, mußte er ihn deshalb ganz natürlich als den „Geist der Wahrheit" erklären und beschreiben. Und es war dieser Geist der Wahrheit, der die Christen dafür maßregelte, daß sie die Einheit Gottes in eine Dreifaltigkeit von Personen aufteilten; daß sie Jesus in den Rang eines Gottes und eines Sohnes von Gott erhoben; und daß sie alle Arten von Aberglauben und Neuerungen erfanden. Es war dieser Geist der Wahrheit der sowohl bei den Juden als auch bei den Christen das betrügerische Verfälschen ihrer Schriften aufdeckte; der die Erstgenannten wegen ihrer Schmähschriften gegen die Keuschheit der Heiligen Jungfrau und gegen die Geburt ihrers Sohnes Jesus verurteilte. Es war dieser Geist der Wahrheit, der das Erstgeburtsrecht von Ismail und die Unschuld von Lot, Salomo und vielen anderen Propheten von altersher klarstellte und ihren Namen von dem Makel und der Schande befreite, welche die jüdischen Fälscher auf ihn geworfen hatten. Und es war auch dieser Geist der Wahrheit, der Zeugnis ablegte über den wahren Jesus als Menschen, Propheten und Diener Gottes; und der es für Muslime absolut unmöglich machte, zu Götzendienern oder Magiern bzw. zu Gläubigen, die an mehr als den Einen und Einzigen Allah glauben, zu werden.

b) Zu den Hauptmerkmalen des Periqlyte, „dem Geist der Wahrheit", gehört, daß er, wenn er in Gestalt des „Menschensohnes" — Ahmad kommt, „der Welt die Augen auftun wird über die Sünde" *(Evangelium des Johannes, Kapitel 16, Verse 8 und 9)*. Kein anderer Diener Allahs, ob nun ein König wie

David und Salomo oder ein Prophet wie Abraham und Moses, führten dieses Bestrafen der Sünden zu einem so extremen Ende und mit so viel Entschlossenheit, Eifer und Mut durch, wie es Muhammad tat. Jede Gesetzesübertretung ist eine Sünde, aber Götzendienerei ist ihre Mutter und ihr Ursprung. Wir sündigen gegen Gott, wenn wir ein Objekt mehr als IHN lieben, aber das Anbeten irgendeines anderen Objektes oder Wesens neben Gott ist Götzendienerei, die böse und totale Mißachtung des Guten - kurzum: Sünde im wahrsten Sinne des Wortes. Alle Männer Gottes straften ihre Nächsten und andere Menschen wegen ihrer Sünden, aber nicht „die Welt", wie es Muhammad tat. Er rottete nicht nur auf der arabischen Halbinsel zu seinen Lebezeiten das Götzentum aus, sondern schickte auch Gesandte zu Chosroes Parviz und zu Heraklius, den Herrschern der zwei bedeutendsten Imperien, Persien und Rom, sowie zum KÖnig von Äthiopien, zum Herrscher von Ägypten und zu einigen anderen Königen und Emiren und forderte sie auf, die Religion des Islam anzunehmen und die Götzenanbetung und falschen Glaubenseinrichtungen aufzugeben. Das Augenöffnen durch Muhammad begann mit der Überbringung von Gottes Wort, wie er es empfangen hatte, nämlich mit dem Rezitieren der Verse des Koran; dann mit dem Predigen, Lehren und Praktizieren der wahren Religion. Als sich ihm jedoch die Macht der Finsternis und Götzendienerei mit Waffen entgegenstellte, zog er sein Schwert und **bestrafte** den ungläubigen Feind. Dies geschah in Erfüllung des Ratschlusses von Gott *(Der Prophet Daniel, Kapitel 7)*. Muhammad war von Gott mit Macht und Herrschaftsgewalt ausgestattet, um das Reich Gottes zu etablieren und der erste Fürst und Oberbefehlshaber unter dem „König der Könige und Herrn der Herren" zu werden.

c) Die andere charakteristische Eigenschaft der Taten des Periqlyte — Ahmad — besteht darin, daß er der Welt die Augen hinsichtlich der Gerechtigkeit und des Gerichts öffnen wird (a.a.O.). Die Jesus in den Mund gelegte Aussagen „hinsichtlich der Gerechtigkeit: daß ich zum Vater gehe" *(Evangelium des Johannes, Kapitel 16, Vers 10)* ist obskur und unklar. Die Rückkehr Jesu zu seinem Gott wird als einer der Gründe für das Bestrafen der Welt durch den kommenden Periqlyte angegeben. Warum? Und **wer** bestrafte die Welt deswegen? Die Juden glaubten, daß sie Jesus kreuzigten und töteten; sie glaubten jedoch nicht, daß er in den Himmel erhoben und aufgenommen wurde. Muhammad war es, der ihnen die Augen öffnete und sie für ihre Ungläubigkeit schwer bestrafte. „Und sie töteten ihn nicht, und sie kreuzigten ihn nicht, sondern es erschien ihnen nur so... Vielmehr erhob ihn Allah zu SICH." *(Koran, Sure 4, Verse 157 und 158)*. Die gleiche Bestrafung erfuhren die Christen, die glaubten und immer noch glauben, daß er wirklich gekreuzigt und durch das Kreuz getötet wurde, und ihn sich als Gott oder Gottes Sohn vorstellen. Der Koran hält ihnen entgegen: „Und sie töteten ihn nicht, und sie kreuzigten ihn nicht, sondern es erschien ihnen nur so…“ **Einige, die an Jesus glaubten, stellten ganz am Anfang des Christentums in Abrede, daß Christus selbst am Kreuz litt und behaupteten stattdessen, daß ein anderer aus den Reihen seiner Anhänger, nämlich Judas Ischariot oder ein anderer ihm Ähnlicher, ergriffen und an seiner Stelle gekreuzigt worden war**. Dieselbe Auffassung vertraten die Korinther, die Basilianer, die Corpocratier und viele andere Sekten. Die Frage der Kreuzigung habe ich ausführlich in meinem Werk mit dem Titel „Injīl wa Ṣalīb“ („Das Evangelium und das Kreuz“) behandelt; eine einzige Auflage wurde kurz vor dem Ersten Weltkrieg in Türkisch veröffentlicht. Ich werde diesem Thema ein Kapitel widmen. Die Gerechtigkeit , die Jesus durch Ahmad erfuhr, bestand also darin, verbindlich zu erklären, daß er der „rūḥul-lāh“, der Geist Gottes, war, daß er selbst nicht gekreuzigt und getötet wurde und daß er ein Mensch, aber ein geliebter und heiliger Gesandter Gottes war. Das war es, was Jesus mit Gerechtigkeit hinsichtlich seiner Person, Mission und Himmelfahrt meinte, und genau dies wurde durch den Gesandten Allahs erfüllt.

d) Das wichtigste Zeichen des Periqlyte ist, daß er der Welt die Augen hinsichtlich des Gerichts öffnen wird, „daß der Fürst dieser Welt gerichtet ist“ *(Evangelium des Johannes, Kapitel 16, Vers 11)*. Der König oder Fürst dieser Welt war der Satan *(Evangelium des Johannes, Kapitel 12, Vers 31;Kapitel 14, Vers 30)*, denn die Welt war ihm untertan. Ich möchte die freundliche Aufmerksamkeit meiner Leser auf das siebente Kapitel des Buches Daniel richten, welches in Aramäisch bzw. in babylonischer Mundart verfaßt ist. Dort wird veranschaulicht, wie die „Stühle“ („kursawan“) gesetzt, das „Gericht“ („īna“) gehalten und die „Bücher“ („siphrin“) aufgetan wurden. Wie das aramäische „dīna“ bedeutet auch im Arabischen das Wort „dīn“ Gericht, aber im allgemeinen wird es verwendet, um das Wort Religion zu kennzeichnen. Daß der Koran von dem „dina“ des Daniel als einen Ausdruck für Gericht und Religion Gebrauch machen sollte, ist mehr als bedeutsam. Meiner bescheidenen Meinung nach ist es ein direktes Zeichen und ein Beweis für die Wahrheit, die vom selben Heiligen Geist bzw. Gabriel dem Daniel, Jesus und Muhammad geoffenbart wurde. Muhammad konnte dies nicht erfinden oder ersinnen, selbst wenn er ein so gelehrter Philosoph wie Aristoteles gewesen wäre. Das mit all seiner Majestät und Glorie beschriebene Gericht wurde gehalten, um den Satan in Gestalt des fürchterlichen vierten Ungeheuers durch den Obersten Richter, dem Ewigen, abzuurteilen. Zu dem Zeitpunkt erschien jemand „wie ein Sohn der Menschen" („kbar inish") oder „barnasha", der vor dem Allmächtigen auftrat, mit Macht, Ehre und einem immerwährenden Königreich ausgestattet war und bestimmt war, das Ungeheuer zu töten und das Königreich der Leute der Heiligen des Allerhöchsten zu etablieren. Jesus war nicht dazu bestimmt, das Ungeheuer zu vernichten; er hielt sich aus politischen Angelegenheiten heraus, zahlte dem Kaiser den Tribut und ergriff die Flucht, als man ihn zum König krönen wollte. Er erklärte eindeutig, daß der Herrscher dieser Welt kommen wird, daß der Periqlyte den abscheulichen Kult der Götzenanbetung ausrotten wird. All dies wurde von Muhammad innerhalb einiger weniger Jahre vollbracht. Islam ist Königreich, Gericht und Religion; er hat das Gesetzbuch, den heiligen Koran; er hat Gott als seinen Obersten Richter und König und Muhammad als seinen siegreichen Helden von ewigdauernder Glückseligkeit und Glorie!

e) „Das letzte, aber nicht geringste Zeichen des Periqlyte wird sein, daß er nicht aus sich selber reden wird, sondern, was er hören wird, das wird er reden, und was zukünftig ist, wird er euch verkünden" *(Evangelium des Johannes, Kapitel 16, Vers 13)*. Im Text des glorreichen Koran gibt es nicht ein einziges Jota und nicht ein einziges Wort noch eine einzige Anmerkung von Muhammad oder von seinen gläubigen und frommen Gefährten. Sein gesamter Inhalt ist das geoffenbarte Wort Allahs. Muhammad gab das Wort Gottes von sich und sprach es so aus, wie er **es hörte**, als der Engel Gabriel es ihm vorlas und ieß es durch die gläubigen Schreiber schriftlich niederlegen. Die Worte, Aussprüche und Lehren des Propheten, wenn auch heilig und belehrend, sind nicht das Wort Gottes; sie werden Aḥādīth bzw Überlieferungen vom Propheten Muhammad genannt.

Ist er dann trotz dieser Darstellung doch nicht der wahre Periqlyte? Können Sie uns neben Ahmad einen anderen Menschen zeigen, der in sich all diese materiellen, moralischen und praktischen Qualitäten, Eigenschaften und Unterscheidungsmerkmale des Periqlyte vereinigt? Sie **können es nicht**.

Ich glaube, daß ich über den Periqlyte genug gesagt habe und mit einem heiligen Vers aus dem Koran abschließen sollte:

> „Ich folge bloß dem, was mir geoffenbart wurde; und ich bin nur ein aufklärender Warner."
>
> *(Koran, Sure 46, Vers 9)*.

IX

„Der Menschensohn", wer ist er ?

Der Heilige Koran zeigt uns den wahren Jesus Christus als „den Sohn der Maria"; und auch die Heiligen Evangelien präsentieren ihn uns als „den Sohn der Maria"; aber jenes Evangelium, das auf den weißen Tafeln des Herzens Jesu geschrieben war und seinen Jüngern und Anhängern mündlich weitergegeben worden war, wurde bald — leider! — durch eine Menge von Mythen und Legenden verfälscht. „Der Sohn der Maria" wird „der Sohn Joseph", der Brüder und Schwestern hat [1]. Dann wird er „der Sohn des David" [2], der „Menschensohn" [3], „der Sohn Gottes" [4], nur „der Sohn" [5], „der Christus" [6] und „das Lamm" [7].

Vor vielen Jahren besuchte ich eines Tages die Exeter-Kathedrale in London; ich war damals katholischer Priester; nolens volens wurde ich zur Kathedrale geführt, in der ein junger Mediziner zu einer Versammlung der Young Men's Christian Association (des Vereins christlicher junger Männer) zu sprechen begann: „Ich wiederhole, was ich schon des öfteren gesagt habe," rief der Doktor aus, „entweder muß Jesus Christus das sein, was er im Evangelium zu sein beansprucht, oder er muß der größte Schwindler sein, den die Welt je gesehen hat!" Diese mit Bestimmtheit behauptete Erklärung habe ich niemals vergessen. Was er damit zum Ausdruck bringen wollte war, daß Jesus

1 = Evangelium des Matthäus, Kapitel 13, Verse 55 und 56; Evangelium des Markus, Kapitel 6, Vers 3; Kapitel 3, Vers 31; Evangelium des Lukas, Kapitel 2, Vers 48; Kapitel 8, Verse 19 und 21; Evangelium des Johannes, Kapitel 2, Vers 12; Kapitel 7, Verse 3 und 5; Apostelgeschichte des Lukas, Kapitel 1, Vers 14; 1.Brief des Paulus an die Korinther, Kapitel 9, Vers 5; Brief des Paulus an die Galater, Kapitel 1, Vers 19; Brief des Judas, Vers 1

2 = Evangelium des Matthäus, Kapitel 22, Vers 42; Evangelium des Markus, Kapitel 12, Vers 35; Evangelium des Lukas, Kapitel 20, Vers 41; Evangelium des Matthäus, Kapitel 20, Vers 30; Kapitel 9, Vers 27; Kapitel 21, Vers 9; Apostelgeschichte des Lukas, Kapitel 13, Verse 22 und 23; Offenbarung des Johannes, Kapitel 5, Vers 5; Brief des Paulus an die Römer, Kapitel 15, Vers 12; Brief an die Hebräer, Kapitel 7, Vers 14; usw.

3 = In den Reden Jesu wird dieser Name dreiundachtzigmal wiederholt.

4 = Evangelium des Matthäus, Kapitel 14, Vers 32; Kapitel 16, Vers 16; Evangelium des Johannes, Kapitel 11, Vers 27; Apostelgeschichte des Lukas, Kapitel 9, Vers 20; 1. Brief des Johannes, Kapitel 4, Vers 15; Kapitel 5, Vers 5; Brief an die Hebräer, Kapitel 1, Verse 2 und 5; usw.

5 = Evangelium des Johannes, Kapitel 5, Verse 19, 20, 21, 23, 24, 26, usw.; und in der Taufformel, Evangelium des Matthäus, Kapitel 28, Vers 19; Evangelium des Johannes, Kapitel 1, Vers 34; usw.

6 = Evangelium des Matthäus, Kapitel 16, Vers 16 und häufig in den Briefen.

7 = Evangelium des Johannes, Kapitel 1, Verse 29 und 36 und oft in der Offenbarung des Johannes

entweder der Sohn Gottes oder der größte Hochstapler war. Wenn man die erste Hypothese akzeptiert, ist man ein Christ, ein Trinitarier;akzeptiert man die zweite, dann ist man ein ungläubiger Jude. Wir aber, die wir keine dieser Behauptungen akzeptieren, sind natürliche unitarische Muslime. Wir Muslime können keinen der zwei, Jesus Christus gegebenen Titel in dem Sinne, den die Kirchen und ihre unzuverlässigen Schriften jenen Benennungen zuzuschreiben belieben, akzeptieren. Er ist nicht allein „der Sohn Gottes" und nicht allein „der Sohn der Menschen", denn wenn es erlaubt ist, Gott „Vater" zu nennen, dann ist nicht zu Jesus, sondern jeder Prophet und rechtschaffene Gläubige im besondern ein „Sohn Gottes". Genauso, wenn Jesus wirklich der Sohn des Zimmermanns Joseph wäre und vier Brüder sowie mehrere verheiratete Schwestern hätte, wie es die Evangelien vorgeben, warum sollte dann allein er diese merkwürdige Bezeichnung „Sohn des Menschen", die jedem menschlichen Wesen gemein ist, beanspruchen ?

Es scheint so, als ob diese christlichen Priester und Pastoren sowie Theologen und Apologeten eine eigene Art von Logik besitzen, um zu argumentieren, und eine besondere Neigung zu Mysterien und zu Absurdem. Ihre Logik kennt keinen Mittelweg, keine Differenzierung der Begriffe und keine definitive Vorstellung von den Titeln und Benennungen, die sie verwenden. Sie haben einen beneidenswerten Sinn für unvereinbare und widersprüchliche Aussagen, die nur sie allein wie gekochte Eier herunterschlucken können. Sie können ohne die geringsten Bedenken daran glauben, daß Maria sowohl eine Jungfrau als auch eine Ehegattin war, daß Joseph sowohl Bräutigam als auch Ehemann war, daß Jakobus, Simon und Judas sowohl Cousins als auch Brüder von Jesus waren, daß Jesus vollkommen Gott und vollkommen Mensch ist und daß „der Sohn Gottes", „Der Menschensohn", „das Lamm" und „der Sohn Davids" alle ein und dieselbe Person sind!Sie füttern sich selbst mit heterogenen und widersprüchlichen Doktrinen, die diese Ausdrücke mit einem derart gierigen Hunger präsentieren, wie sie ihn zum Frühstück auf Spiegeleier mit Speck verspüren. Sie hören nie auf, an das Objekt, das sie anbeten, zu denken und darüber nachzugrübeln; sie verehren das Kruzifix und den Allmächtigen, wie wenn sie den blutigen Dolch, mit dem ihr Bruder meuchlings ermordet wurde, in Gegenwart seines Vaters küssen!

Ich glaube, unter zehn Millionen Christen gibt es nicht einen einzigen, der wirklich eine präzise Vorstellung oder genaue Kenntnis bezüglich des Ursprungs und der wahren Bedeutung des Ausdrucks „der Menschensohn" hätte. Alle Kirchen und ihre Exegeten werden einem ohne Ausnahme erzählen, daß „der Sohn Gottes" den Namen „Sohn des Menschen „ bzw. „der Barnasha" aus

Bescheidenheit und Demut angenommen habe; dabei nehmen sie überhaupt nicht zur Kenntnis, daß die jüdischen apokalyptischen Schriften, an die Jesus und seine Jünger mit Herz und Seele glaubten, **nicht** einen „Sohn des Menschen", der demütig und bescheiden sein würde und nichts haben würde, wo er sein Haupt niederlegen könnte, und den Händen von Ubeltätern ausgeliefert und getötet werden würde, prophezeiten, **sondern** einen starken Mann mit gewaltiger Macht und Kraft, um die Raubtiere und wilden Bestien, die seine Schafe und Lämmer zerreißen und verschlingen würden, zu vernichten und zu versprengen! Die Juden, die Jesus vom „Menschensohn" reden hörten, verstanden sehr gut, auf **wen** er anspielte. Jesus erfand nicht den Namen „Barnasha", sondern entnahm ihn den jüdischen apokalyptischen Schriften: dem Buch Henoch, den Sibyllinischen Büchern, der Himmelfahrt Mose, dem Buch Daniel; usw. Wir wollen nun den Ursprung dieses Titels „der Barnasha" bzw. „der Menschensohn" erforschen.

1. „Der Menschensohn" ist der Letzte Prophet, der „das Königreich des Friedens" etablierte und das Volk Gottes vor Knechtschaft und Verfolgungen unter den abgöttisdchen Mächten des Satans bewahrte. Der Titel „Barnasha" ist ein symbolischer Ausdruck, um den Erretter von den Leuten Gottes, die als die „Schafe" dargestellt werden, und den anderen gottlosen Nationen der Erde unter verschiedenen Arten von Raubtieren, wilden Bestien und unreinen Tieren zu unterscheiden. Der Prophet Hesekiel wird von Gott fast ausschließlich mit „Ben Adam", d.h. „der Sohn des Menschen (oder des Adam)" angesprochen, im Sinne eines Hirten der Schafe von Israel. Dieser Prophet hat in seinem Buch auch einige apokalyptische Anteile. In seinem ersten Traum, mit dem er sein prophetisches Buch beginnt, sieht er neben dem Saphir-Thron des Ewigen die Erscheinung vom „Sohn des Menschen" [1]. Dieser „Sohn des Menschen", der wiederholt als immer in der Gegenwart Gottes und über den Cherubim erwähnt wird, ist nicht Hesekiel selbst [2]. Er ist der prophetische „Barnasha", der letzte Prophet, der berufen war, das Volk Gottes vor den Händen der Ungläubigen **hier** auf **dieser Erde**, und **nicht irgendwoanders** zu retten!

a) „Der Sohn des Menschen" gemäß der Apokalypse des Henoch.

Es gibt keinen Zweifel, daß Jesus Christus mit der Offenbarung des Henoch zutiefst vertraut war, von der man annimmt, daß sie vom siebenten Patriarchen von Adam an aufgeschrieben wurde. Denn Judas, „der Bruder des Jakobus" und „der Knecht Jesu Christi", d.h. der Bruder Jesus, glaubt, daß Henoch

1 = Der Prophet Hesekiel, Kapitel 1, Vers 26

2 = Der Prophet Hesekiel, Kapitel 10, Vers 2

der wirkliche Autor des Werkes ist, welches seinen Namen trägt [1]. Es gibt einige verstreute Fragmente dieser wundervollen Apokalypse, die in den Zitaten der frühchristlichen Schriftsteller festgehalten sind. Lange vor Photios war das Buch verlorengegangen. Erst zu Beginn des letzten Jahrhunderts wurde dieses wichtige Werk im Kanon der Schriften, die zur abessinischen Kirche gehören, wiedergefunden und aus der äthiopischen Sprache von Dr. Dillmann mit Anmerkungen und Erklärungen ins Deutsche übersetzt [2]. Das Buch ist in fünf Teile oder Bücher gegliedert; insgesamt umfaßt es einhundertundzehn Kapitel von unterschiedlicher Länge. Der Autor beschreibt den Fall der Engel, ihren unerlaubten Umgang mit den Töchtern der Menschen und das Gebären eines Geschlechtes von Riesen, die alle Arten von Listen und schädlichen Kenntnissen ersinnen. Daraufhin nehmen Lasterhaftigkeit und Verderbtheit in einem solchen Ausmaß zu, daß der Allmächtige sie alle mit der Sindflut bestraft. Er berichtet weiterhin von seinen zwei Reisen zu den Himmeln und um die Erde, geführt von guten Engeln, und den Geheimnissen und Wundern, die er darin sah. Im zweiten Teil, der eine Beschreibung vom Königreich des Friedens darstellt, ergreift „der Menschensohn“ die Könige mitten in ihrem ausschweifenden Leben und stürzt sie in die Hölle [3]. Dieses zweite Buch gehört jedoch nicht zu einem Autor, und es ist ganz gewiß von christlicher Hand grob verfälscht worden. Das dritte Buch (bzw. der dritte Teil) beinhaltet einige merkwürdige und fortentwickelte astronomische und physikalische Begriffsvorstellungen. Der vierte Teil präsentiert eine apokalyptische Sicht des menschlichen Geschlechts vom Anfang bis zu den Tagen des Islam, die der Autor in zwei symbolischen Parabeln oder besser Allegorien als die „messianischen“ Zeiten bezeichnet. Ein weißer Bulle steigt aus der Erde empor; dann wohnt ihm eine weiße Färse bei, und sie schenken zwei Kälbern das Leben: das eine ist schwarz, das andere rot; der schwarze Bulle schlägt den roten und verjagt ihn; dann wohnt er einer Färse bei, und sie gebären mehrere Kälber mit schwarzer Farbe, bis die Mutterkuh den schwarzen Bullen verläßt, um den roten zu suchen; und da sie ihn nicht findet, brüllt sie und schreit laut auf, bis ein roter Bulle erscheint und sie anfangen, ihre Art fortzupflanzen. Diese offenkundige Parabel symbolisiert natürlich Adam, Eva, Kain, Abel, Seth usw.; bis zu Jakob, dessen Nachkommen als eine „Herde von Schafen“ dargestellt werden — als das auserwählte Volk Israel; die Nachkommen seines Bruders Esau, d.h. die Edomiten, werden dagegen als ein Rudel Eber beschrieben.

1 = Der Brief des Judas, Kapitel 1, Vers 14. In den Evangelien wird er als einer der vier Brüder Jese erwähnt: Evangelium des Matthäus, Kapitel 13, Vers 55; usw.

2 = Es wurde ferner von einem irischen Bischof ins Englische übersetzt (Laurence).

3 = Henoch, Kapitel 46, Verse 4 - 8.

In dieser zweiten Parabel wird die Schafherde des öfteren von den wilden Tieren und Raubtieren belästigt, überfallen, auseinandergetrieben und abgeschlachtet, bis wir zu den sogenannten messianischen Zeiten kommen, zu denen die Schafherde erneut von Raben und anderen fleischfressenden Tieren angegriffen wird; ein tapferer „Widder“ leistet jedoch mit großem Mut und Heldensinn Widerstand. Zu diesem Zeitpunkt kommt der „Menschensohn“, der der wirkliche Herr oder Besitzer der Herde ist, hervor, um seine Herde zu retten.

Ein nicht-muslimischer Gelehrter kann den Traum eines Sophi — oder eines Sehers — niemals deuten. Er wird — wie es alle von ihnen tun — den Traum in Verbindung mit den Makkabäern und dem König Antiochos Epiphanes in der Mitte des zweiten vorchristlichen Jahrhunderts bringen, als der Erlöser mit einem gewaltigen Stab oder Szepter kommt und rechts und links auf die Vögel und wilden Tiere einschlägt und unter ihnen ein großes Blutbad anrichtet; die Erde öffnet ihren Schlund und verschlingt sie; und die Übriggebliebenen ergreifen die Flucht. Dann werden an die Schafe Schwerter verteilt, und ein weißer Bulle führt sie in einen umfassenden Frieden und in vollkommene Sicherheit.

Was das fünfte Buch betrifft, so enthält es religiöse und moralische Ermahnungen. Das gesamte Werk in seiner jetzt vorhandenen Form weist Anhaltspunkte auf, die zeigen, daß es von einem palästinensischen Juden erst im Jahre 11o v.Chr. in ursprünglich aramäischem Dialekt verfaßt wurde. Dies ist zumindest die Auffassung der „Französischen Enzyklopädie“.

Der Koran erwähnt Henoch nur mit dessem Nachnamen „Idrīs“ — die arabische Form des aramäischen „Drīsha“ aus derselben Klasse von Simplexen wie „Iblīs“ und „Blīsa“ [1]. „Idrīs“ und „Drīsha“ bezeichnen einen Mann von großer Gelehrsamkeit, einen Gelehrten und einen Belesenen, von „darash“ (arabisch: „daras“). Der koranische Text sagt: „Und erwähne in dem Buch Idris. Er war fürwahr ein Mann der Wahrheit, ein Prophet. Und WIR erhoben ihn zu einem hohen Platz.“ *(Koran, Sure 19, Verse 56 und 57)*.

Die muslimischen Kommentatoren al-Baidhāwi und Jalālu-d-dīn scheinen zu wissen, daß Henoch Astronomie, Physik und Arithmetik studiert hatte, daß er der Erste war, der mit der Feder schrieb und daß „Idrīs“ einen Mann von umfangreichen Wissen bezeichnet, womit gezeigt ist, daß die Apokalypse von Henoch zu ihrer Zeit nicht verlorengegangen war.

1 = „Iblīs“, die arabische Form des aramäischen „Blīsa“ ist ein dem Teufel gegebenes Epitheton, das „der Zerstampfte“ bedeutet.

Nach dem Abschluß des Kanons der jüdischen Schriften etwa im vierten vorchristlichen Jahrhundert durch die „Mitglieder der Großen Synagoge", eingerichtet durch Esra und Nehemia, wurde die gesamte andere heilige oder religiöse Literatur neben der, die vom Kanon erfaßt war, „Apokryphen" genannt und durch ein Gremium gelehrter und gottesfürchtiger Juden, von denen der Letzte der im Jahre 310 v.Chr. gestorbene, berühmte „Simeon, der Gerechte" war, in die jüdische Bibel nicht mit einbezogen. Zu diesen Schriften der Apokryphen gehören nun die Apokalypsen von Henoch, Baruch, Moses und Esra sowie die Sibyllinischen Bücher, die zu verschiedenen Epochen zwischen der Zeit der Makkabäer und der nach der Zerstörung Jerusalems durch Titus verfaßt wurden. Es scheint so mit den jüdischen Weisen ziemlich „a la mode" zu sein, apokalyptische und religiöse Literatur unter den Namen einiger berühmter hoher Persönlichkeiten des Altertums zu fertigen. Die Apokalypse am Schluß des Neuen Testaments, die den Namen des heiligen Johannes trägt, ist keine Ausnahme in dieser alten jüdisch-christlichen Angewohnheit. Wenn „Judas, der Bruder des Herrn", glauben konnte, daß „Henoch, der Siebente von Adam an", wirklich der Autor der einhundertundzehn Kapitel, die diesen Namen tragen, ist, dann ist es auch kein Wunder, daß Justin, der Märtyrer, Papias und Eusebios an die Autorenschaft des Matthäus und Johannes glauben.

Mein Ziel ist es jedoch nicht, die Autorenschaft dieser rätselhaften und mysteriösen Offenbarungen, die unter sehr schmerzlichen und schwierigen Umständen in der Geschichte der jüdischen Nation verfaßt wurden, zu beurteilen oder die Kommentare darüber auszuweiten; vielmehr möchte ich Rechenschaft über den Ursprung dieses Beinamens „der Menschensohn" ablegen und Licht auf seine wahre Bedeutung werfen. Wie die Apokalypsen der Kirchen und wie die Evangelien spricht auch das Buch von Henoch vom Kommen „des Menschensohnes", um das Volk Gottes vor seinen Feinden zu erretten, und vermischt diese Vision mit dem Jüngsten Gericht.

b) Die Sibyllinische Offenbarung, die nach dem letzten, durch die römischen Armeen bewirkten Zusammenbruch Jerusalems verfaßt worden war, berichtet, daß der „Menschensohn" erscheinen und das römische Imperium zerstören und die, die an den Einen Gott glauben, erretten wird. Dieses Buch wurde mindestens achtzig Jahre nach Christus geschrieben.

c) Wir gaben bereits eine Erklärung bezüglich des „Menschensohnes", als wir den Traum Daniels[1] erörterten, in dem er dem Allmächtigen vorgeführt und

1 = Der Prohet Daniel, Kapitel 7. Siehe den Artikel „Muhammad im Alten Testament" in „Islamic Review" für November 1938.

mit der Macht ausgestattet wird, das römische wilde Tier zu vernichten. Die Visionen, in der „Himmelfahrt Mose“ und im Buch Baruch, in ihrer Sicht und ihren Erwartungen mehr oder weniger ähnlich denen, die in den vorher erwähnten „Offenbarungen“ beschrieben wurden, beschreiben alle einmütig den Erretter des Gottesvolkes als „Barnasha“ oder „Menschensohn“, um ihn vom „Monster“ zu unterscheiden; denn der erste ist nach dem Bilde Gottes erschaffen und der letzte nach dem Bilde des Satans.

2. der apokalyptische „Menschensohn“ konnte nicht Jesus Christus sein.

Dieser Beiname „Menschensohn“ ist auf den Sohn der Maria absolut unanwendbar. Allen Anmaßungen der sogenannten „Evangelien“, die das „Lamm“ von Nazareth dazu machen, „die Könige mitten in ihrem ausschweifenden Leben zu ergreifen und sie in die Hölle zu werfen“ [1], fehlt es an der auch nur geringsten Glaubwürdigkeit, und die Distanz, die ihn vom „Menschensohn“ trennt, der mit den Legionen der Engel auf den Wolken zum Thron des Ewigen reist, ist größer als die unseres Globus vom Planeten Jupiter. Er mag **ein** „Sohn des Menschen“ und **ein** „Messias“ sein, wie es jeder jüdische König, Prophet und Hohepriester war, aber er war **nicht** „**der** Sohn des Menschen“ und **nicht** „der Messias“, den die jüdischen Propheten und Apokalyptiker voraussagten. Und die Juden taten vollkommen recht daran, ihm diesen Titel und diese Stellung zu verweigern. Sicher war es falsch von ihnen, ihm seine Prophetenschaft abzuleugnen, und eine Missetat, sein unschuldiges Blut zu vergießen — wie sie und die Christen es glauben. „Die Versammlung der Großen Synagoge“ wurde nach dem Tod von Simeon dem Gerechten im Jahre 31o v.Chr. durch das „Sanhedrin“ ersetzt, dessen Präsident den Beinamen „Nassi“ bzw. Prinz hatte. Es ist erstaunlich, daß der „Nassi“, der ein Urteil über Jesus fällte, indem er sagte: „Es ist besser, ein Mensch sterbe für das Volk, als daß das ganze Volk verderbe“ [2] ein Prophet war [3]. Wenn er ein Prophet gewesen wäre, wie konnte es dann sein, daß er die prophetische Mission oder den messianischen Charakter „des Messias“ nicht erkannte?

Es folgen nun die hauptsächlichen Gründe, warum Jesus nicht der „Sohn des Menschen“ und auch nicht der apokalyptische Messias war:

a) Ein Gesandter Gottes hat nicht die Aufgabe, sich selbst als jemanden für eine zukünftige Zeit zu prophezeien oder seine eigene Reinkarnation voraus-

1 = Henoch, Kapitel 46, Verse 4 - 8

2 = Evangelium des Johannes, Kapitel 11, Vers 5o.

3 = Evangelium des Johannes, Kapitel 11, Vers 51.

zusagen und sich selbst als den Held eines ziemlich bedeutsamen künftigen Schauspiels der Welt darzustellen. Jakob prophezeite „den Gesandten Allahs“ [1], Moses einen Propheten, der nach ihm mit dem Gesetz kommen würde und „dem zu gehorchen“ Israel ermahnt wurde [2]. Haggai sagte Ahmad voraus [3], und Maleachi verkündete das Kommen des „Engels des Bundes“ und das Kommen des Elia [4]; aber keiner der Propheten prophetzeite jemals sein eigenes zweites Erscheinen in der Welt. Was im Falle Jesu so außerordentlich ungewöhnlich ist, ist, daß man ihn seine Identität mit „dem Sohn des Menschen“ vorgeben läßt, obwohl er nicht in der Lage ist, auch nur im geringsten das Werk zu vollbringen, das zu erfüllen vom „Sohn des Menschen“ erwartet wurde! Den Juden unter der Herrschaft von Pilatus zu erklären, daß er der „Sohn des Menschen“ war, und dann dem Kaiser den Tribut zu zahlen; zu bezeugen, daß „der Sohn des Menschen nichts haben würde, wo er sein Haupt niederlegen könnte“; und dann die Errettung der Menschen vom römischen Joch in eine unbestimmte Zukunft nachzuschieben, war praktisch ein Spielen mit seinem Volk; und jene, die all diese Widersprüche als Aussprüche in den Mund Jesu legen, machen sich selbst zu Dummköpfen.

b) Jesus wußte besser als sonst irgendjemand in Israel, **wer** der „Sohn des Menschen“ war und worin seine Mission bestand. Er sollte die verschwenderischen Könige entthronen und sie in das Feuer der Hölle werfen. Die „Offenbarung des Baruch“ und die des Esra — das vierte Buch des Esdras in der Vulgata — sprechen vom Erscheinen „des Menschensohnes“, der das mächtige Reich des Friedens auf den Ruinen des römischen Imperiums aufbauen wird. Alle diese Apokryphischen Offenbarungen zeigen den Zustand der jüdischen Ansichten über den letzten großen Erretter, dem sie den Beinamen „der Sohn des Menschen“ und „der Messias“ geben. Jesus mußte von dieser Literatur und dieser tiefen Erwartung seines Volkes wissen und damit vertraut sein. Er konnte keinen jener beiden Titel in dem Sinne, den die Sanhedrin — jenes Oberste Tribunal Jerusalems — und das Judentum ihnen beilegten, für sich selbst annehmen; denn er war **nicht** „der Sohn des Menschen“ und nicht „der Messias“, weil er kein politisches Programm und kein soziales Konzept hatte und weil er selbst der Vorläufer „des Menschensohnes“ und „des Messias“ war — des Adon, des erobernden Propheten und des gesalbten und gekrönten Sultans der Propheten.

1 = Das erste Buch Mose, Kapitel 49, Vers 10.

2 = Das fünfte Buch Mose, Kapitel 18, Vers 15.

3 = Der Prophet Haggai, Kapitel 2, Vers 7.

4 = Der Prophet Maleachi, Kapitel 3, Vers 1;Kapitel 4, Vers 5.

c) Eine kritische Untersuchung des Beinamens „Sohn des Menschen", der dem Meister dreiundachtzig Mal in den Mund gelegt ist, wird und muß zur einzigen Schlußfolgerung führen, daß er ihn sich selbst niemals aneignete; und tatsächlich benutzt er diesen Titel oft in der dritten Person. Einige Beispiele werden genügen, um uns zu überzeugen, daß Jesus diesen Beinamen für jemand anderen verwendete, der in der Zukunft erscheinen sollte.

(I) Ein Schriftgelehrter, also ein gebildeter Mann, sagt: „Ich will dir folgen, wohin du auch gehst." Jesus antwortet: „Die Füchse haben ihre Bauten; die Vögel unter dem Himmel haben ihre eigenen Nester, aber des Menschen Sohn hat nichts, wo er sein Haupt hinlege." [1] Und im übernächsten Vers verweigert er einem seiner Jünger, zu gehen und seinen Vater zu begraben! Man wird nicht einen einzigen Heiligen, Vater oder Kommentator finden, der sich seinen Kopf zerbrochen oder sein Denkvermögen bemüht hätte, um die recht naheliegende Bedeutung, die in der Verweigerung Jesu, dem gebildeten Schriftgelehrten zu erlauben, ihm zu folgen, liegt, herauszufinden. Wenn er Platz für dreizehn Köpfe gehabt hätte, hätte er sicher auch einen Platz für den vierzehnten beschaffen können. Außerdem hätte er ihn zu den siebzig Jüngern, die er hatte [2], hinzunehmen können. Der in Rede stehende Schriftgelehrte war kein unwissender Fischer wie die Söhne des Zebedäus und des Jonas; er war ein Gelehrter und ein geschulter Jurist. Es gibt keinen Grund, seine Aufrichtigkeit in Zweifel zu ziehen; er war dazu verleitet zu glauben, Jesus sei der vorausgesagte Messias, der Sohn des Menschen, der in einem beliebigen Augenblick seine himmlischen Legionen kommen lassen und den Thron seines Ahnherren David besteigen würde. Jesus spürte die irrige Vorstellung des Schriftgelehrten und gab ihm unmißverständlich zu verstehen, daß er, der nicht zwei Quadratmeter des Erdbodens zur Verfügung hätte, um sein Haupt hinzulegen, natürlich nicht „**der** Sohn des Menschen" sein konnte! Er verhielt sich nicht schroff gegenüber dem Schriftgelehrten; er bewahrte ihn wohlwollend davor, seine Zeit im Verfolgen einer aussichtslosen Hoffnung zu vergeuden!

(II) Von Jesus Christus wird berichtet, er habe erklärt, daß des Menschen Sohn „die Schafe von den Böcken scheiden wird" [3].
Die „Schafe" symbolisieren die gläubigen Israeliten, die das Königreich betreten werden; die „Böcke" dagegen kennzeichnen die ungläubigen Juden, die

1 = Evangelium des Matthäus, Kapitel 8, Vers 20.

2 = Evangelium des Lukas, Kapitel 1o, Vers 1.

3 = Evangelium des Matthäus, Kapitel 25, Verse 31-34.

mit den Feinden der wahren Religion zusammengearbeitet hatten und deshalb zu ewiger Verdammnis verurteilt wurden. Das war es praktisch, was die Apokalypse des Henoch über den Sohn des Menschen vorausgesagt hatte. Jesus bestätigte lediglich die Offenbarung des Henoch und gab ihr göttlichen Charakter. Er selbst war gesandt, um die Schafe des Hauses Israel [1] zu ermahnen, Gott getreu zu bleiben und geduldig die Ankunft des Menschensohnes abzuwarten, der kommen würde, um sie für immer vor ihren Feinden zu retten; er selbst war jedoch **nicht** der Sohn des Menschen und hatte nichts mit der Welt der Politik zu tun; auch nichts mit den „Schafen" und „Böcken", die ihn beide gleichermaßen abwiesen und verachteten, ausgenommen einiger Weniger, die ihn liebten und an ihn glaubten.

(III) Vom „Sohn des Menschen" wird gesagt, er sei „der Herr des Sabbat-Tages", d.h. er besäße die Macht, das Gesetz, das ihn zu einem Ruhetag machte, um sich von der Arbeit zu erholen, abzuändern. Jesus hielt den Sabbat strikt ein; er pflegte an diesem Tag im Tempel oder in der Synagoge dem Gottesdienst beizuwohnen. Er forderte seine Anhänger ausdrücklich dazu auf zu beten, daß der nationale Zusammenbruch bei der Zerstörung Jerusalems nicht an einem Sabbat-Tage geschehen solle. Wie konnte dann Jesus für sich in Anspruch nehmen, der Sohn des Menschen und der Herr des Sabbat-Tages zu sein, während er doch verpflichtet war, ihn wie jeder andere Jude zu beachten und einzuhalten? Wie konnte er es wagen, diesen stolzen Titel zu beanspruchen und dann die Zerstörung des Tempels in der Hauptstadt vorauszusagen?

Diese und viele andere Beispiele zeigen, daß Jesus sich den Beinamen „Barnasha" niemals selbst angeeignet haben konnte; er schrieb ihn vielmehr dem letzten starken Propheten zu, der dann wirklich die „Schafe", d.h. die gläubigen Juden errettete.

Ferner vernichtete oder vertrieb er die Ungläubigen unter ihnen, hob den Sabbat-Tag auf, errichtete das Reich des Friedens und versprach, daß diese Religion und dieses Reich bis zum Tage des Jüngsten Gerichts andauern würden.
In unserer nächsten Abhandlung werden wir unsere Beachtung dem Herausfinden aller Zeichen und Eigenschaften des apokalyptischen „Menschensohnes" schenken; sie sind buchstabengetreu und vollkommen beim letzten Gesandten Allahs vorhanden — Allah schenke ihm Frieden und segne ihn!

1 = Evangelium des Matthäus, Kapitel 15, Vers 24.

X
Mit dem apokalyptischen „Sohn des Menschen" ist Muhammad gemeint

In meinem vorangegangenen Artikel zeigte ich, daß „der Sohn des Menschen", der in den jüdischen Apokalypsen vorausgesagt worden war, nicht Jesus Christus war und daß Jesus sich diese Bezeichnung nie und nimmer selbst gegeben hat, denn in diesem Fall hätte er sich in den Augen seiner Zuhörer selbst lächerlich gemacht.

Es gab nur zwei Wege, die ihm offenstanden: entweder die Messias-Prophezeiungen und die apokalyptischen Träume über den Barnasha als Fälschungen und Legenden zu verurteilen oder sie zu bestätigen und zur gleichen Zeit — im Falle, daß er jene erhabene Person gewesen wäre — die Stelle des „Menschensohnes" auszufüllen. Zu sagen: „Des Menschen Sohn ist nicht gekommen, daß er sich dienen lasse, sondern daß er diene" [1] oder „Des Menschen Sohn wird den Hohenpriestern und Schiftgelehrten überantwortet werden" [2] oder „Des Menschen Sohn ist gekommen und ißt und trinkt" (Wein) mit den Sündern und Zöllnern [3] und zur gleichen Zeit zu bezeugen, daß er ein Bettler sei, der von der Wohltätigkeit und Gastfreundschaft anderer lebe, bedeutete, sein Volk und dessen heiligsten religiösen Gefühle zu verletzen!

Zu prahlen, daß er der Sohn des Menschen sei und gekommen sei, die verlorenen Schafe Israels zu erretten und zu befreien [4], diese Errettung aber dem Jüngsten Gericht überlassen müsse und man selbst dann noch ins ewige Feuer geworfen würde, müßte alle Hoffnungen dieses verfolgten Volkes zunichtemachen, das als einziges von der gesamten Menschheit die Ehre hatte, die einzige Nation zu sein, die den Glauben und die Religion des wahren Gottes bezeugte; es mußte zudem ihre Propheten und Apokalypsen verächtlich machen.

Konnte Jesus Christus sich jenen Titel zulegen? Sind die Verfasser der vier Evangelien Juden? Konnte Jesus von sich selbst mit ruhigem Gewissen glauben, daß zu sein, was diese Pseudo-Evangelien behaupten? Konnte ein Jude gewissenhaft solche Geschichten verfassen, die vorsätzlich niedergeschrieben

1 = Evangelium des Matthäus, Kapitel 2o, Vers 28

2 = Evangelium des Matthäus, Kapitel 2o, Vers 18

3 = Evangelium des Matthäus, Kapitel 11, Vers 19.

4 = Evangelium des Matthäus, Kapitel 18, Vers 11.

wurden, um die Hoffnung jener Leute zunichtemachen und zu durchkreuzen? Auf diese Fragen kann von mir keine andere Antwort als eine negative erwartet werden. Weder Jesus noch seine Jünger würden jemals einen solch extravaganten Titel benutzen, zumal unter Leuten, die bereits um den legitimierten Besitzer dieses Beinamens sehr wohl wußten. Dies würde gleichbedeutend mit dem sein,, die Krone eines Königs auf den Kopf seines Botschafters zu setzen, wobei letzterer kein Heer hätte, das ihn zum König proklamierte. Es wäre ganz einfach eine unsinnige und widerrechtliche Anmaßung von Rechten und Privilegien des rechtmäßigen Menschensohnes. Folglich würde eine solche nicht zu rechtfertigende Anmaßung seitens Jesu gleichbedeutend sein mit der Aneignung des Beinamens ,,des Pseudo-Menschensohnes" und des Antichristen! Die bloße Vorstellung eines derartigen Aktes von Verwegenheit seitens des heiligen Jesus Christus läßt mein ganzes Wesen rebellieren. Je mehr ich diese Evangelien lese, desto mehr werde ich überzeugt zu glauben, daß sie eine Schaffung zumindest in ihrer jetzigen Fassung und ihrem jetzigen Inhalt von Autoren darstellen, die keine Juden sind. Diese Evangelien sind ein Gegengewicht zu den jüdischen Offenbarungen insbesondere ein Gegenprojekt zu den Sibyllinischen Büchern. Dies kann nur das Werk griechischer Christen sein, die an den Ansprüchen der Kinder Abrahams kein Interesse hatten. Der Verfasser der Sibyllinischen Bücher stellt den jüdischen Propheten Henoch, Salomon, David und Esra die Namen der griechischen Sagengestalten Hermes, Homer, Or.heus, Pythagoras und anderer zur Seite, ganz offensichtlich in der Absicht, für die jüdische Religion Propaganda zu betreiben. Diese Bücher wurden geschrieben, als Jerusalem und der Tempel in Ruinen lagen, einige Zeit vor oder nach der Veröffentlichung der Apokalypse von Johannes. Der Inhalt der Sibyllinischen Offenbarung ist der, daß der jüdische [1] Sohn des Menschen bzw. der Messias kommen wird, um die Macht Roms zu vernichten und die Religion des wahren Gottes für alle Menschen zu etablieren.

Wir können viele vernünftige Argumente anführen, um nachzuweisen, daß nur Muhammad identisch mit dem ,,Sohn des Menschen" ist, und wir werden diese Argumente wie folgt aufteilen:

Argumente aus den Evangelien und Apokalypsen

In den meisten zusammenhängenden und wichtigen Passagen in den Reden Jesu, in denen der Name ,,Barnasha" oder ,,der Sohn des Menschen" — auftaucht, ist einzig und allein Muhammad gemeint, und nur durch ihn ist die darin

1 = Der Name ,,jüdisch" wird im weiteren Sinn auf alle Nachkommen Abrahams angewandt, die später die Namen ihrer jeweiligen Vorfahren annahmen, wie etwa die Ismaeliten, Edomiten, Israeliten, usw.

enthaltene Prophezeiung Buchstabe für Buchstabe erfüllt. Wenn man bei einigen Stellen von Jesus glaubt, er habe diesen Titel für sich selbst in Anspruch genommen, dann macht man sie unlogisch, sinnlos und äußerst obskur. Man nehme z.B. folgende Passage: „Des Menschen Sohn ist gekommen und ißt und trinkt; so sagen sie: Siehe,....[1]. Johannes, der Täufer, war ein Antialkoholiker; er ernährte sich ausschließlich von Wasser, Heuschrecken und wildem Honig; man sagt, daß er ein Besessener war. „Der Sohn des Menschen", also Jesus (?), der aß und Wein trank, wurde jedoch als „der Freund der Zöllner und Sünder" gebrandmarkt! Einem Propheten ob seines Fastens und seiner Enthaltsamkeit Vorwürfe zu machen, ist eine Sünde des Unglaubens bzw. höchster Ignoranz. Einem Menschen jedoch, der den Anspruch erhebt, ein Gesandter Gottes zu sein, das regelmäßge Aufsuchen von Festessen bei Zöllnern und Sündern oder das Gernhaben von Wein vorzuhalten, ist eigentlich natürlich und eine sehr ernste Beschuldigung gegen die Aufrichtigkeit jener Person, die vorgibt, ein geistiger Führer der Menschheit zu sein. Können wir Muslime an die Aufrichtigkeit eines Khwaja oder Mullah glauben, wenn wir sehen, daß er sich unter Trunkenbolde und Prostituierte mischt? Könnten die Christen mit einem Hilfspfarrer oder Pastor bei ähnlichem Verhalten Nachsicht üben? Ganz sicher nicht. Ein geistiger Führer mag Umgang mit allen Arten von Sündern haben, um sie zu bekehren und zu bessern, vorausgesetzt, er ist nüchtern, enthaltsam und aufrichtig. Aufgrund derselben angeführten Bemerkung gibt Christus zu, daß sein Verhalten die regligiösen Führer seines Volkes schockiert hatte. Wahr ist, daß die Beamten des Zollamtes, genannt „Zöllner", ganz einfach ob ihres Amtes von den Juden gehaßt wurden. Uns wird mitgeteilt, daß nur zwei „Zöllner" [2], eine „Hure" [3] und eine „besessene Frau" [4] von Jesus bekehrt wurden; dagegen wurden alle Schrift- und Rechtsgelehrten mit Verfluchungen und Verwünschungen [5] gebrandmarkt. All dies sieht peinlich und unglaubwürdig aus. Die Vorstellung oder der Gedanke, daß ein heiliger Prophet so keusch und sündenfrei wie Jesus den Wein liebte und sechs Krüge Wasser in äußerst berauschenden Wein umwandelte, um eine

1 = Evangelium des Matthäus, Kapitel 11, Vers 19.

2 = Matthäus und Zachöus (Evengelium des Matthäus, Kapitel 9, Vers 9; Evangelium des Lukas, Kapitel 19, Verse 1 -11)

3 = Evangelium des Johannes, Kapitel 4

4 = Maria Magdalena (Evangelium des Lukas, Kapitel 8, Vers 2)

5 = Evangelium des Matthäus, Kapitel 13, usw.

große Gesellschaft von Gästen, die bereits angeheitert waren, in der Hochzeitshalle von Kana volltrunken zu machen [1], bedeutet praktisch, ihn als einen Hochstapler und Zauberer darzustellen! Jesus als einen Trunkenbold, Unersättlichen und Freund der Gottlosen zu beschreiben und ihm dann den Titel „der Sohn des Menschen zu geben, kommt dem Leugnen aller jüdischen Offenbarungen und der jüdischen Religion gleich.

Noch einmal: Von Jesus wird berichtet, daß er gesagt habe: „Des Menschen Sohn ist gekommen, zu suchen und zu erretten, was verloren ging." [2] Die Kommentatoren interpretieren diese Textstelle nur in einem spirituellen Sinn. Nun ist es die Mission und Aufgabe eines jeden Propheten und Religionsverkünders, die Sünder aufzurufen, ihre Schlechtigkeit und Gottlosigkeit zu bereuen. Wir geben voll und ganz zu, daß Jesus nur zu den „verlorenen Schafen Israels" gesandt wurde, um sie zu bessern und von ihren Sünden umkehren zu lassen; und insbesonder, um sie verständlicher bezüglich „des Menschensohnes" zu unterrichten, der mit Macht und Erlösung kommen sollte, um das Verlorene zurückzubringen und das Zerstörte wieder zu errichten; ja sogar um die Feinde der wahren Gläubigen zu besiegen und zu vernichten. Jesus konnte diesen apokalyptischen Titel „der Barnasha" nicht für sich in Beschlag nehmen und dann nicht in der Lage sein, sein Volk zu erretten außer Zachäus, einer Samariterin und einigen anderen Juden einschließlich der Jünger, von denen die meisten später seinetwegen getötet wurden. Am ehesten glaubhaft von dem, was Jesus sagte, ist: „Des Menschen Sohn **wird** kommen, um zu suchen und zu erretten, was verloren ging." Denn nur in Muhammad fanden die gläubigen Juden als auch die Araber und andere Gläubige, was unwiderruflich verloren und zerstört war Jerusalem und Mekka, all das versprochene Land; viel von der Wahrheit bezüglich der wahren Religion; die Macht und das Königreich Gottes; der Frieden und Segen, den der Islam in dieser Welt und in der nächsten verleiht.

Wir haben nicht genügend Platz für weiteres Zitieren der zahlreichen Textstellen, in denen der „Sohn des Menschen" entweder als Subjekt oder als Objekt bzw. als Prädikat des Satzes vorkommt. Ein weiteres Zitat jedoch wird genügen, nämlich: „Des Menschen Sohn wird den Händen von Menschen ausgeliefert werden" [3], usw. sowie all die Textstellen, bei denen er zum Gegenstand von

1 = Evangelium des Johannes, Kapitel 2

2 = Evangelium des Matthäus, Kapitel 18, Vers 11; Evangelium des Lukas, Kapitel 9, Vers 56; Kapitel 19, Vers 1o; usw.

3 = Evangelium des Matthäus, Kapitel 16, Vers 21; Kapitel 17, Vers 12; usw.

Leiden und Sterben gemacht wird. Solche Aussprüche sind von einigen betrügerischen nicht-jüdischen Schriftstellern Jesus mit der Absicht in den Mund gelegt worden, die Wahrheit bezüglich „des Menschensohnes" — so wie sie von den Juden verstanden und geglaubt wurde — zu entstellen und um die Juden glauben zu machen, daß Jesus von Nazareth der apokalyptische triumphierende Erlöser sei, er aber erst am Tage des Jüngsten Gerichtes erscheinen würde. Es war eine Politik und eine listige Propaganda, um abzuraten und dann wieder zu überzeugen, und absichtlich für die Juden fabriziert. Der Schwindel wurde jedoch aufgedeckt, und die jüdischen Christen gehören zu der Kirche, die diese Evangelisten für göttliche Offenbarung halten. Denn nichts kann jüdischem National-Streben und religiösem Gefühl mehr zuwiderlaufen als ihnen den erwarteten Messias, den großen Barnasha, in der Person Jesu zu präsentieren, den die Obersten Priester und Ältesten dazu verurteilten, als ein Verführer gekreuzigt zu werden Es ist daher ziemlich klar, daß Jesus sich **niemals** den Titel „Sohn des Menschen" aneignete, sondern ihn einzig und allein für Muhammad vorbehielt. Es folgen nun einige Gründe:

a) Die jüdischen Apokalypsen schreiben die Titel „der Messias" und „des Menschen Sohn" ausschließlich dem Letzten Propheten zu, der mit den Mächten der Finsternis kämpfen und sie bezwingen und dann das Königreich des Friedens und des Lichtes auf Erden etablieren wird. Die beiden Titel sind zwar synonym; einen von beiden jedoch zu leugnen bedeutet, den Anspruch, der letzte Prophet zu sein, insgesamt zu leugnen. Bei den Synoptikern können wir nun lesen, das Jesus kategorisch sein Christus-Sein ableugnete und seinen Jüngern verbot, ihn „den Messias" zu nennen! Es ist überliefert, daß Simon Petrus in Beantwortung der von Jesus gestellten Frage: „Wer saget ihr aber, daß ich sei?" sagte: „Du bist der Christus (Messias) Gottes." [1] Daraufhin wies Christus seine Jünger an, niemand zu sagen, daß er der Christus sei. [2] Markus und Lukas wissen nichts von der „Macht der Schlüssel", die Petrus gegeben wurden; sie waren nicht dabei gewesen und hatten nichts davon gehört. Johannes verliert nicht ein Wort über dieses messianische Gespräch; möglicherweise hatte er es vergessen! Matthäus berichtet [3], daß Jesus, als er sie anwies, nicht zu sagen, daß er der Christus wäre, ihnen erklärte, wie er ausgeliefert und getötet werden würde. Da begann Petrus, ihn zu tadeln und zu ermahnen,

1 = Evangelium des Lukas, Kapitel 9, Vers 20

2 = Lukas (Kapitel 9, Vers 21) sagt: „Und er bedrohte sie und gebot ihnen, nicht zu sagen, daß er der Messias wäre." Vgl. Evangelium des Matthäus, Kapitel 16, Vers 20; Evangelium des Markus, Kapitel 8, Vers 30.

3 = Evanglium des Matthäus, Kapitel 16, Verse 21-28

diese Worte über sein Leiden und seinen Tod nicht zu wiederholen. Gemäß dieses Berichtes von Matthäus hatte Petrus vollkommen recht, als er sagte: „Herr, das widerfahre dir nicht!“ Wenn es wahr wäre, daß sein Bekenntnis „du bist der Messias“ Jesus, der Simon den Titel „Sapha“ bzw. „Cepha“ verlieh, erfreute, dann wäre die Erklärung, daß „der Sohn des Menschen“ am Kreuz den unehrenhaften Tod würde erleiden müssen, nicht mehr und nicht weniger als ein glattes Verneinen seiner messianischen Natur. Aber Jesus wurde sehr bestimmt und ungehalten und schalt Petrus, indem er sagte: „Hebe dich von mir, Satan!“ Was dieser scharfen Rüge folgte, waren äußerst deutliche Worte des Meisters, die nicht den leisesten Zweifel ließen, daß er **nicht** „der Messias“ oder „der Sohn des Menschen“ war. Wie können der „Glaube“ von Petrus, belohnt mit dem glorreichen Titel „sapha“ und der Macht von den Schlüsseln des Himmels und der Hölle, mit der „Ungläubigkeit“ von Petrus, bestraft mit dem schändlichen Epitheton „Satan“, und das innerhalb einer halben Stunde oder so ähnlich, in Einklang gebracht werden? Es drängen sich mir verschiedene Gedanken auf, und ich empfinde es als meine Pflicht und Schuldigkeit, sie schwarz auf weiß niederzulegen. Wenn Jesus „der Menschensohn“ bzw. der Messias, wie ihn Daniel, Esra, Henoch und die anderen jüdischen Propheten und Seher gesehen und vorausgesagt hatten, gewesen wäre, dann hätte er seinen Jüngern erlaubt, ihn als solchen zu verkünden und jauchzend auszurufen; und er selbst hätte sie unterstützt. Tatsache ist, daß er vollkommen entgegengesetzt handelte. Nochmals: Wenn er der Messias bzw. der Barnasha gewesen wäre, hätte er seine Feinde sofort mit Schrecken geschlagen und mit Hilfe seiner unsichtbaren Engel das römische und das persische Reich zerstört und dann über die zivilisierte Welt dominiert. Aber nichts dergleichen tat er. Oder er hätte — wie Muhammad einige heroische Kämpfer wie 'Alī, 'Umar, Khālid und andere angeworben und nicht solche wie Zebedäus oder Jonas, die wie ein erschrockenes Gespenst plötzlich verschwanden, als die römischen Soldaten erschienen, um sie gefangenzunehmen.

Da sind zwei miteinander unvereinbare Aussagen von Matthäus (bzw. von seinem Textverfälscher veränderte), die sich logischerweise gegenseitig aufheben. Innerhalb einer Stunde ist Petrus „der Felsen des Glaubens“, womit der Katholizismus prahlen will, und der „Satan des Unglaubens“, wie der Protestantismus ihn verächtlich abweisen will! Wie kann dies sein? Es ist deshalb so, weil er belohnt wurde, als er glaubte, daß Jesus der Messias sei; als er es jedoch ablehnte zu bestätigen, daß sein Meister nicht der Messias sei, wurde er verurteilt! Es gibt keine zwei „Menschensöhne“, einer, der der Befehlshaber der Gläubigen sein, mit dem Schwert in der Hand Kriege um Gottes willen führen und den Götzendienst einschließlich seiner Imperien und Königreiche ausrotten soll, und ein anderer, der ein Abt der armen Einsiedler auf der Kuppe von Golgatha sein, mit dem Kreuz in der Hand die Kriege um Gottes willen führen und von Götzen anbetenden Römern und ungläubigen jüdischen Hohenpriestern und Rabbis schmählich gemartert werden soll! „Des Menschen Sohn", dessen Hände der Prophet Hesekiel *(Kapitel 10)* unter den Flügeln der Cherubim und den der Prophet Daniel *(Kapitel 7)* vor dem Thron des Allmächtigen sahen und den die anderen jüdischen Apokalypsen beschrieben, war nicht dazu ausersehen, auf Golgatha gehängt zu werden, sondern vielmehr die Throne der heidnischen Könige in ihre eigenen Kreuze umzuwandeln und ihre Paläste in Golgathas zu verwandeln sowie aus ihren Hauptstädten Grabstätten zu machen. Nicht Jesus, sonder Muhammad gebührte die Ehre dieses Titels „der Menschensohn"! Die Fakten sind noch überzeugender als selbst die Apokalypsen und die Träume. Die materiellen und moralischen Errungenschaften, die Muhammad, der heilige Gesandte Allahs, gegen den Feind erzielte, sind unerreicht.

b) „Des Menschen Sohn" wird von Jesus „der Herr über den Sabbat-Tag" [1] genannt. Dies ist in der Tat höchst bemerkenswert. Die Heiligkeit des siebenten Tages ist ein Hauptthema des mosaischen Gesetzes. Gott vollbrachte das Schöpfungswerk in sechs Tagen, und am siebenten ruhte ER SICH von all der Arbeit aus. Männer und Frauen, Kinder und Sklaven und sogar die Haustiere hatten sich bei Todesstrafe von aller Arbeit zu erholen. Das vierte Gebot des Dekalogs befiehlt dem Volks Israel: „Gedenke des Sabbat-Tages, daß du ihn heiligest." [2] Die Bibelforscher wissen, wie eifernd Gott hinsichtlich der strikten Beachtung des Ruhetages gewesen sein soll. Vor Moses gab es in dieser Angelegenheit kein spezielles Gesetz; und die nomadischen Patriarchen scheinen ihn nicht beachtet zu haben. Es ist sehr wahrscheinlich, daß der jüdische Sabbat seinen Ursprung im babylonischen „Sabattu" hatte.

Der Koran weist die jüdische anthropomorphe Konzeption bezüglich Gottes zurück, d.h., daß Gott wie ein Mensch sechs Tage gearbeitet haben soll und dann ermüdete, SICH ausruhte und schlummerte. Der heilige Vers des Koran lautet wie folgt: „Und WIR haben fürwahr die Himmel und die Erde und das, was zwischen beiden ist, in sechs Tagen erschaffen; und keine Ermüdung berührte UNS." *(Der Koran, Sure 5o, Vers 38).*

1 = Evangelium des Matthäus, Kapitel 12, Vers 8

2 = Das zweite Buch Mose, Kapitel 2o, Vers 8

Die jüdische Vorstellung vom Sabbat ist zu materiell und hinterhältig geworden. Anstatt aus ihm einen Tag angenehmen Ausruhens und einen erholsamen Feiertag zu machen, haben sie ihn zu einem Tag der Enthaltsamkeit und Einschränkung gemacht. Weder Kochen noch Spazierengehen noch gute Werke oder Wohltaten wurden erlaubt. Die Pharisäer buken Brot und brachten Opfer am Sabbat-Tag dar, machten dem Propheten von Nazareth jedoch Vorwürfe, als der einen Mann durch ein Wunder heilte, dessen Hand verdorrt war [1]. Dazu sagte Christus, daß der Sabbat zum Nutzen des Menschen eingerichtet war und nicht der Mensch dem Sabbat zuliebe. Anstatt ihn zu einem Tag der Gottesverehrung und **danach** zu einem Tag der Erholung, des harmlosen Vergnügens und wirklicher Erholung zu machen, machten sie ihn zu einem Tag des Gefangenseins und des Überdrusses. Die kleinste Übertretung irgendeines Gebotes bezüglich des siebenten Tages wurde mit Steinigung oder irgendeiner anderen Strafe geahndet. Moses verurteilte in eigener Person einen armen Mann zur Steinigung, weil er am Sabbat einige Stöckchen vom Boden aufgehoben hatte; und den Jüngern Jesu wurden Vorhaltungen gemacht, weil sie am Sabbattag ein paar Getreideähren ausgerupft hatten, wenngleich sie hungrig waren. Es ist vollkommen klar, daß Jesus Christus kein Sabbat-Anhänger war und sich nicht an die wortwörtliche Interpretation der drakonischen Verordnungen hinsichtlich des Sabbats hielt. Er wollte Barmherzigkeit bzw. Handlungen der Güte und nicht Opfer. Dennoch dachte er nie daran, den Sabbat abzuschaffen; dies zu tun, hätte er sich auch gar nicht erlauben können. Hätte er es gewagt, jenen Tag abzuschaffen oder an seine Stelle den Sonntag zu setzen, wäre er von seinen Anhängern ohne Zweifel im Stich gelassen und augenblicklich gelyncht und gesteinigt worden. Er beachtete das mosaische Gesetz gewissermaßen seinem Namen nach. Wie wir vom jüdischen Historiker Joseph Flavius, von Eusebius und anderen erfahren, war Jakobus, der „Bruder" von Jesus, ein strenger Ebionit und das Oberhaupt jüdischer Christen, die das mosaische Gesetz und den Sabbat mit all seinen Härten befolgten. Die hellenistischen Christen führten nach und nach den „Tag des Herrn", d.h. den Sonntag, ein; die Ostkirchen befolgten dagegen bis zum vierten Jahrhundert beide Tage.

Wenn nun Jesus der Herr über den Sabbat-Tag gewesen wäre, dann hätte er sein rigoroses Gesetz bestimmt entweder modifiziert oder es vollkommen aufgehoben. Er tat weder das eine noch das andere. Die Juden, die ihn hörten, verstanden sehr gut, daß er auf den erwarteten Messias als den Herrn des Sabbats hinwies, und bewahrten deshalb ihr Schweigen. Der Herausgeber der Synoptiker hat hier als auch an anderen Stellen, immer wenn „der Sohn des

1 = Evangelium des Matthäus, Kapitel 12, Verse 10 - 13.

Menschen" der Gegenstand seiner Predigt war, einige der Worte Jesu unterschlagen; und diese Vertuschung ist die Ursache für all diese Unklarheiten, Widersprüche und Mißverständnisse. Solange wir den heiligen Koran nicht als unsere Richtschnur und den Gesandten Allahs als Gesprächsthema der Bibel betrachten, werden alle Bemühungen, die Wahrheit zu finden und zu einem zufriedenstellenden Ergebnis zu gelangen, in einem Fehlschlag enden. Die Höhere Bibelkritik wird uns so weit führen, bis sie das Tor des heiligen Schreins der Wahrheit erreicht; dort bleibt sie stehen, ergriffen von Ehrfurcht und Skepsis. Sie öffnet nicht die Tür, um hineinzugehen und nach den ewigwährenden Dokumenten zu suchen, die darinnen niedergelegt sind. Alle Forschungsarbeit und alle Gelehrsamkeit, die diese „unvoreingenommenen" Kritiker seien es liberale Denker, Rationalisten oder mittelmäßige Schriftsteller — an den Tag legen, sind im Grunde bedauernswert gefühllos, skeptisch und enttäuschend. Kürzlich las ich die Werke des französischen Gelehrten Ernest Renan „La vie de Jesus", „Saint Paul" und „L'Antichrist". Ich war überrascht vom Umfang der Werke, der alten wie der modernen, die er untersuchte; er erinnerte mich an Gibbon und andere. Aber ach, was ist das Ergebnis ihrer unermüdlichen Erforschung und Untersuchung? Nichts und wieder nichts! Auf dem Gebiet der Wissenschaft wurden von den Positivisten die Wunder der Natur entdeckt; auf dem Gebiet der Religion bringen sie jedoch alles durcheinander und vergiften die religiösen Gefühle ihrer Leser. Wenn diese gelehrten Kritiker zu ihrer Führung den Geist des Koran genommen hätten und Muhammad als die buchstabengetreue, moralische und faktische Erfüllung der Heiligen Schrift, dann könnte ihre Forschung nicht so oberflächlich und destruktiv gewesen sein Religiöse Menschen möchten eine „reale" und nicht eine „ideale" Religion; sie möchten einen „Sohn des Menschen", der sein Schwert ziehen und an der Spitze seines tapferen Heeres marschieren wird, um die Gegner Gottes zu zermalmen und mit Wort und Tat zu beweisen, daß er der „Herr über den Sabbat-Tag" ist, und um ihn ganz und gar abzuschaffen; denn er war von den Juden genauso übermäßig beansprucht wie die „Vaterschaft" Gottes von den Christen. Muhammad **tat** dies! Wie ich schon mehrmals auf den vorangegangenen Seiten erwähnte, können wir diese verfälschten Schriften nur dann verstehen, wenn wir mit Hilfe des Lichtes vom Koran in ihre rätselhaften und sich widersprechenden Äußerungen eindringen; und nur **dann** können wir sie mit dem Sieb der Wahrheitsliebe sorgfältig überprüfen und die echten von den gefälschten trennen. Über Jesus wird z.B. berichtet, daß er, als er über die Priester sprach, die den Sabbat im Tempel immer wieder aufhoben, gesagt haben soll: „Hier ist fürwahr Größeres als der Tempel." [1] Ich kann in diesem Satz im Vorhandensein des Adverbs „here" (hier) nur einen Sinn vermuten, wenn wir ein zusätzliches „t" ergänzen bzw. ihm anfügen und es als „there" (dort) lesen. Denn wenn Jesus oder irgendein anderer Prophet vor ihm die Kühnheit besessen hätte, sich selbst als „größer als der Tempel" zu bezeichnen, wäre er ohne Zögern von den Juden als ein „Gotteslästerer" gelyncht oder gesteinigt worden, es sei denn, er hätte selbst nachweisen können, daß er der Sohn des Menschen war, ausgestattet mit der Macht und Größe wie es der Gesandte Allahs war.

Die Aufhebung des Sabbat durch den Prinzen der Propheten Muhammad — wird in der 62. Sure des Koran, betitelt mit „aljumuca" bzw. „die Versammlung", hingewiesen. Vor Muhammad nannten die Araber den Freitag „al-A'ruba" genau wie die syrische Pshitta „a'rubta" vom aramäischen „arabh" = „untergehen (die Sonne)" Er wurde so genannt, weil nach dem Sonnenuntergang des Freitags der Sabbat-Tag anfing. Der heilige Charakter des Samstag wird damit begründet, daß SICH Gott an diesem Tag von SEINEM Schöpfungswerk „ausruhte". Der Grund für die Wahl des Freitages dagegen ist — wie leicht eingesehen werden kann — von zweifacher Natur. Erstens war an diesem Tag das großartige Werk der Schöpfung bzw. die vollkommene Entstehung der unzähligen Welten, Geschöpfe, sichtbaren sowie unsichtbaren Dinge, Planeten und Mikroben vollendet. Dies war das erste Ereignis, das die Ewigkeit unterbrach, als Zeit und Raum und Materie entstanden. Das Gedenken, Feiern und Heiligen eines solch großartigen Ereignisses am Tage, an dem es sich zutrug, sind gerechtfertigt, angemessen und sogar notwendig. Der zweite Grund ist, daß an diesem Tag von den Gläubigen einmütig Gebete und Andacht gehalten werden! und deshalb wird er „jumūa" genannt, was Gemeinschaft buw. Versammlung bedeutet. Der göttliche Vers zu diesem Thema charakterisiert die Art unserer Verpflichtung am Freitag wie folgt: „O die ihr glaubt, wenn zum Gebet am Freitag gerufen wird, dann eilt zum Gedenken Allahs und laßt den Handel ruhen," usw. *(Koran, Sure 62, Vers 9).*

Die Gläubigen werden aufgerufen, am Gebet gemeinsam in einem Haus teilzunehmen, das der Anbetung Gottes geweiht ist, und zu diesem Zeitpunkt jede lukrative Arbeit zu unterlassen! wenn das Gemeinschaftsgebet jedoch beendet ist, ist es ihnen erlaubt, ihren gewöhnlichen Beschäftigungen nachzugehen. Ein wahrhafter Muslim verehrt seinen Schöpfer in Gebet und Andacht drei- oder fünfmal innerhalb von 24 Stunden.

1 1) = Evangelium des Matthäus, Kapitel 12, Vers 6

c) Wir haben bereits einige Anmerkungen zur Textstelle bei Matthäus *(Kapitel 18, Vers 11)* gemacht, wo die Aufgabe des „Menschensohnes" darin besteht, „zu suchen und zu erretten, was verlorenging." Dies ist eine weitere wichtige Weissagung — wenn auch zweifelsohne in der Form verändert — über Muhammad bzw. den apokalyptischen Barnasha. Dieses „Verlorene", das der Barnasha suchen und erretten sollte, besteht aus zwei Kategorien, einer religiösen und einer nationalen. Wir wollen sie detailliert untersuchen:

1) Die Aufgabe des Barnasha bestand darin, die Reinheit und die Universalität der Religion Abrahams, die verlorengegangen waren, wiederherzustellen. Alle Völker und Stämme, die von jenem Patriarchen der Gläubigen abstammten, sollten in die Gemeinschaft der „Religion des Friedens" gebracht werden, die keine andere ist als die „dina da-shlama" bzw. die Religion des Islam. Die Religion von Moses war national und individuell, und deshalb würden ihre Erbpriesterschaft, ihre im dritten Buch Mose festgelegten Opfer und prunkvollen Rituale, Sabbat-Tage, Freudenfeste sowie Feststage und all ihre Gesetze und verfälschten Schriften abgeschafft und durch neue mit universalem Charakter sowie universaler Kraft und Beständigkeit ersetzt werden. Jesus war ein Jude! er hätte ein derart gigantisches und erstaunliches Unterfangen nicht durchführen können, weil es aus sachlichen Gründen für ihn unmöglich war, dies zu tun. „Ihr sollt nicht wähnen, daß ich gekommen bin, das Gesetz oder die Propheten aufzulösen..." [1], sagt er. Auf der anderen Seite mußten der widerliche Götzendienst mit all seinen abscheulichen heidnischen Praktiken, seinem Aberglauben und seiner Zauberei, all dem die arabischen Nationen ergeben waren, vollkommen ausgelöscht und das Eins-Sein Gottes und der Religion unter der Fahne des Gesandten Allahs wiederhergestellt werden! einer Fahne, die die heilige Aufschrift trägt: „Ich bezeuge, daß es neben Allah kein anderes Anbetungsobjekt gibt! und ich bezeuge, daß Muhammad der Gesandte Allahs ist."

2) Die Einheit der Völker, die von Abraham abstammten, und die Einheit ihrer Schutzgebiete mußten wiederhergestellt und erreicht werden. Von den vielen verfälschten, selbstsüchtigen und unverantwortlichen dummen Darstellungen, die die jüdischen Schriften enthalten, ist das blinde Vorurteil, das sie hegen, gegen die nicht-israelischen Völker gerichtet. Sie ehren nie die anderen Abkömmlinge ihres großen Ahnherrn Abraham! und diese Antipathie zeigt sich gegen die Ismaeliten, Edomiten und anderen Stämmen Abrahams, wenn auch Israel der schlimmste Götzenanbeter und Heide geworden war. Die Tatsache,

1 = Evangelium des Matthäus, Kapitel 5, Verse 17 - 19.

daß neben Abraham und Ismael etwa dreihundertundelf männliche Knechte und Krieger, die in seinem Dienst standen, beschnitten wurden [1], ist ein unermeßliches und Überzeugendes Argument gegen die jüdische Einstellung zu ihren Vettern-Völkern. Das Königreich Davids umfaßte in seinen Grenzen kaum das Territorium, das im Osmanischen Reich nur zwei aneinandergrenzende „Wilayats" bzw. Provinzen ausmachte. Und der „Sohn Davids", von dem die Juden hofften, daß er in der Eigenschaft als der „letzte Messias" käme, sollte nicht in der Lage sein, **nur** diese zwei Provinzen in Besitz zu nehmen? Und davon abgesehen, **wann** würde er kommen? Er hatte kommen sollen, um das römische „Ungeheuer" zu vernichten. Dieses „Ungeheuer" wurde schließlich von Muhammad verstümmelt und geschlachtet! Was kann man da noch erwarten? Als Muhammad, der apokalyptische Barnasha, das Reich des Friedens (Islam) gründete, eilte die Mehrheit der Juden in Arabien, Syrien, Mesopotamien usw. spontan zum größten Hirten der Menschheit, der mit dem furchtbaren Schlag erschien, mit dem er das „Untier" des Heidentums heimsuchte. Muhammad gründete eine universelle Brüderlichkeit, den Kern, zu dem ganz sicher die Familie Abrahams gehört einschließlich ihrer Mitglieder: den Persern, den Türken, den Chinesen, den Negern, den Javanesen, den Indern, den Engländern, usw., die alle eine „ummat" (im Arabischen) bzw. „umtha da-shlama", d.h. die islamische Nation bilden!

3) Darüberhinaus sind die Wiedererlangung des versprochenen Landes einschließlich des Landes Kanaan und aller Gebiete vom Nil bis zum Euphrat und das schrittweise Ausdehnen des Reiches Allahs vom Pazifik bis zu den Ostküsten des Atlantiks eine erstaunliche Erfüllung aller Prophezeiungen über den heiligsten und bedeutendsten der Menschensöhne!

Wenn man das von Muhammad für den Einen und Wahren Gott geleistete, gewaltige Werk betrachtet, die kurze Zeitdauer, die er und seine unerschrockenen und hingebungsvollen Gefährten auf dessen Ausführung verwandten, und die unauslöschlichen Auswirkungen, die das Werk und die Religion Muhammads auf alle Königreiche und Denker der Menschheit hinterlassen haben, dann weiß man nicht, welchen Tribut man diesem Propheten von Arabien zollen soll, und hat nur den Wunsch, ihn in verdoppelter Glorie vor dem Thron des Ewigen strahlen zu sehen, so wie ihn Daniel in seiner Vision sah!

1 = 1. Buch Mose

XI
Der Sohn des Menschen gemäß den jüdischen Apokalypsen

Aus dem, was auf den vorangegangenen Seiten bereits erörtert wurde, wird hervorgegangen sein, daß der Name „Barnasha“ oder „der Sohn des Menschen“ nicht ein Titel wie „Messias“ ist, der jdem Propheten, Hohenpriester und rechtmäßig gesalbten König zugesprochen werden könnte! es handelt sich vielmehr um einen **Eigennamen**, der ausschließlich dem Letzten Propheten gehört. Die jüdischen Seher, Sophis, und die Apokalyptisten beschreiben den Menschensohn als jemanden, der zu gegebener Zeit — wie vom Allmächtigen festgelegt — zu kommen habe, um Israel und Jerusalem von der heidnischen Unterdrückung zu befreien und das bleibende Königreich für „das Volk der Heiligen des Allerhöchsten“ zu etablieren. Die Seher, die Sophis, kündigen das Kommen des mächtigen Befreiers an! sie sehen ihn — **nur** in einer Vision, einer Offenbarung und dem Glauben — mit all seiner Macht und Herrlichkeit. **Nie** sagte ein Prophet oder Sophi, daß er **selbst** „der Sohn des Menschen“ sei und daß er „am Jüngsten Tag kommen“ würde, „um sowohl die Lebenden als auch die Toten zu richten“, wie es das Glaubensbekenntnis von Nicäa unter Berufung auf die angebliche Authentizität der Aussprüche von Jesus Christus formuliert.

Der ständige Gebrauch des in Rede stehenden Namens durch die Evangelisten weist ganz gewiß auf ihre Kenntnis der jüdischen Apokalypsen und ebenso auf ihren festen Glauben an ihre Echtheit und an ihren göttlichen Ursprung hin. Es ist ganz offensichtlich, daß die Apokalypsen mit dem Namen Henoch, Moses, Baruch und Esra lange vor den Evangelien verfaßt wurden! und daß die Autoren der Evangelien auf den in den Apokalypsen erwähnten Namen „Barnasha“ zurückgriffen! denn sonst würde der ständige Gebrauch rätselhaft und etwas unverständliches — wenn nicht sogar bedeutungsloses Neues darstellen. Daraus folgt also, daß Jesus entweder glaubte, daß er **selbst** der apokalyptische „Sohn des Menschen“ sei, oder wußte, daß der Sohn des Menschen eine andere Person als er selbst ist. Falls er glaubte, **selbst** der Menschensohn zu sein, dann würde daraus folgen, daß entweder **er** oder die **Apokalyptisten** sich im Irrtum befanden! und in beiden Fällen würde sich das Argument ganz bestimmt gegen Jesus Christus richten. Denn sein Irren, was seine eigene Person und Mission angeht, ist genauso fatal wie die falschen Prophezeiungen der Apokalyptisten, von denen er glaubte, daß sie von Gott inspiriert seien. Natürlich wird uns diese dilemmahafte Beweisführung letztlich zu einer Schluß folgerung gelangen lassen, die für ihn unvorteilhaft ist. Der einzige Weg, Jesus vor dieser Schmach zu bewahren, besteht darin, ihn so zu betrachten, wie ihn uns der Koran beschreibt! und entsprechend all die widersprüchlichen und unlogischen Aussagen über ihn in den Evangelien ihren Verfassern und Herausgebern zuschreiben.

Bevor das Thema „der Sohn des Menschen" — wie in den jüdischen Apokalypsen dargestellt — weiter erörtert wird, müssen einige Tatsachen sorgfältig in Betracht gezogen werden. Erstens gehören diese Apokalypsen nicht nur nicht zum Kanon der jüdischen Bibel, sondern sie sind auch nicht in den Apokryphen oder den sogenannten „deutero-kanonischen" Büchern des Alten Testamentes enthalten. Zweitens ist ihre Autorenschaft nicht bekannt. Sie tragen zwar die Namen von Henoch, Moses, Baruch und Esra, aber ihre wirklichen Autoren und Herausgeber scheinen von der letzten Zerstörung Jerusalems und der Diaspora der Juden unter den Römern gewußt zu haben. Diese Pseudonyme wurden von den Sophis oder Sehern, die sie verfaßten, nicht für betrügerische Zwecke gewählt, sondern aus frommen Motiven. Legte nicht Plato seine eigenen Ansichten und Spitzfindigkeiten in den Mund seines Meisters Sokrates? Drittens „versuchen diese Bücher" — so die Worte des Großrabbiners Paul Haguenauer — „in einer rätselhaften, mystischen und übernatürlichen Form die Geheimnisse der Natur, den Ursprung Gottes (sic), die Probleme von Gut und Böse, Gerechtigkeit und Freude sowie Vergangenheit und Zukunft zu erklären. Die Apokalypse bringt zu all diesen Fragen einige Offenbarungen, die das menschliche Verständnis übersteigen. Ihre Hauptpersonen sind Henoch, Moses, Baruch und Esra. Diese Schriften sind zweifellos das Produkt schmerzvoller und verhängnisvoller Epochen des Judentums." [1] Folglich können sie nicht vollständig verstanden werden, ebenso wenig wie die Apokalypse, die den Namen des Apostels Johannes trägt. Viertens sind diese Apokalypsen von den Christen gefälscht worden. Im Buch Henoch wird „der Sohn des Menschen" auch „Sohn der Frau" und „Sohn Gottes" genannt, wodurch die Kirchentheorie von der Inkarnation eingefügt wird! es besteht gar kein Zweifel, daß ein jüdischer Seher niemals „Sohn Gottes" geschrieben hätte. Fünftens ist zu beachten, daß die messianische Doktrin eine spätere Entwicklung der alten, sich auf den Letzten Gesandten Allahs beziehenden Prophezeiungen, wie von Jakob und anderen Propheten geweissagt, ist. Nur in den Apokryphen und den Apokalypsen und besonders in den rabbinischen Schriften wird von diesem „Letzten Befreier" behauptet, von David abzustammen.

1 = Munuel le Litterature Juive. Nancy 1927.

Es stimmt, daß es Prophezeiungen nach der babylonischen Gefangenschaft und sogar nach der Verschleppung der Zehn Stämme nach Assyrien über einen „Sohn Davids“ gab, der kommen würde, um die versprengten Israeliten wieder zusammenzubringen. Aber diese Voraussagen wurden nur teilweise unter Zorobabel erfüllt — einem Abkömmling von König David. Nach der griechischen Invasion wurden dann dieselben Weissagungen gepredigt und verkündet, und wir sehen nur einen Judas Maqbaya, der mit mäßigem Erfolg gegen Antiochus Epiphanes kämpfte. Außerdem war dieser Erfolg vorübergehend und nicht von Dauer. Die Apokalypsen, die ihre Visionen in die Zeit nach der Zerstörung Jerusalems durch Titus und Vespasian legen, prophezeien „den Sohn des Menschen“, der mit großer Macht erscheinen wird, um die römische Herrschaft und die anderen Feinde Israels zu vernichten. Zwanzig Jahrhunderte mußten vergehen, bevor das römische Imperium im fünften Jahrhundert A.D. durch einen türkischen Herrscher, Attila, — einem heidnischen Hunnen — und endgültig durch einen muslimischen Türken, Fatih Muhammad II., zerstört wurde. Aber jene Macht wurde vollkommen und für immer im Land, das Ismael versprochen war, durch den Sultan der Propheten, Muhammad al-Mustapha, vernichtet.

Es bleiben noch zwei andere Beobachtungen, die ich in diesem Zusammenhang nicht ignorieren kann. Wenn ich ein glühendeifriger Zionist oder ein äußerst gebildeter Rabbi wäre, dann würde ich die Messias-Frage noch einmal so gründlich und unvoreingenommen untersuchen, wie ich nur könnte. Und dann würde ich meine jüdischen Glaubensgenossen nachdrücklich ermahnen, von dieser Hoffnung Abstand zu nehmen und sie für immer aufzugeben. Selbst wenn ein „Sohn Davids“ auf dem Hügel Zions erscheinen, die Trompete blasen und den Anspruch erheben sollte, der „Messias“ zu sein, so wäre ich der Erste, der ihm unerschrocken sagte: „Bitte sehr, mein Herr! Sie kommen zu spät! Zerstören Sie nicht das Gleichgewicht in Palästina! Vergießen Sie kein Blut! Lassen Sie Ihre Engel nicht mit diesen furchtbaren Flugzeugen herumspielen! Was auch immer die Erfolge Ihrer Abenteuer sein mögen, ich befürchte, sie werden jene von Ihren Vorfahren David, Zorobabel und Judas Makkabäus (Maqbaya) nicht übertreffen!“ Der große jüdische Eroberer war nicht David, sondern Jesus bar Nun (Josua)! er war der erste Messias, der anstatt die heidnischen Stämme von Kanaan, die so viel Gastfreundschaft und Güte gegenüber Abraham, Isaak und Jakob gezeigt hatten, zu bekehren sie allesamt erbarmungslos niedermetzelte. Und Josua war natürlich ein Prophet und der Messias jener Zeit. Jeder israelitische Richter während einer Zeitspanne von drei Jahrhunderten oder mehr war ein Messias und Erretter. Deshalb finden wir, daß bei jedem nationalen Unglück, insbesondere bei einer Katastrophe, ein Messias verkündet wird! und in der Regel ist die Errettung immer später als das Unheil und ganz in unangemessenem Ausmaß erlangt worden. Es ist ein besonderes Merkmal der Juden, daß allein sie von Allen Nationen sich durch die wundersamen Eroberungen eines Sohnes von David nach einer universalen Vorherrschaft über die Bewohner der Erde sehnen. Ihre Nachlässigkeit und Trägheit sind völlig im Einklang mit ihrem unerschütterlichen Glauben an die Ankunft des „Löwen von Juda". Und darin liegt vielleicht der Grund, warum sie niemals versuchen, alle ihre nationalen Mittel, Energien und Kräfte zu sammeln und sich vereint zu bemühen, ein unabhängiges Volk zu werden.

Zu den Christen, die behaupten, Jesus sei der prophezeite Sohn des Menschen, würde ich nun wagen zu sagen: Wenn er der erwartete Befreier Israels gewesen wäre,, hätte er jenes Volk vom römischen Joch befreit, wobei es nun keine Rolle spielt, ob sie an ihn geglaubt hatten oder nicht. **Zuerst** die Befreiung, und **danach** Dankbarkeit und Loyalität, und und nicht **vice versa**. Ein Mensch muß **zuerst** aus den Händen derer, die ihn gefangengenommen haben, befreit werden, indem sie getötet oder eingeschüchtert werden; erst **dann** kann von ihm erwartet werden, daß er seine ständige Liebe und Ergebenheit seinem Befreier gegenüber zeigt. Die Juden waren keine Krankenhausinsassen, die von Ärzten und Krankenschwestern hätten gepflegt werden müssen; sie waren praktisch Gefangene in Fesseln und benötigten einen Helden der sie befreite. Ihr Glaube an Gott und an **SEIN** Gesetz war so perfekt wie der ihrer Vorfahren am Fuße des Berges Sinai, als **ER** es dem Moses übergab. Sie brauchten keinen Wunderpropheten; ihre ganze Geschichte war verflochten mit Wundern und Mirakeln. Die Auferweckung eines Lazarus vom Tode, das Öffnen der Augen eines blinden Bartimäus oder die Heilung eines ausgestoßenen Aussätzigen würden weder ihren Glauben verstärken noch ihren Durst nach Unabhängigkeit und Freiheit stillen. Die Juden lehnten Jesus nicht deshalb ab, weil er nicht der apokalyptische „Sohn des Menschen" oder der Mesias war, und nicht, weil er kein Prophet war — denn sie wußten nur zu gut, daß er ersteres nicht beanspruchte und ein Prophet war —, sondern weil sie ihn ob seiner Worte haßten: Der Messias war nicht Davids Sohn, sondern sein, Herr [1]. Dieses Eingeständnis der Synoptiker bestätigt die Aussage im Evangelium des Barnabas, wo über Jesus berichtet wird, daß er hinzugefügt habe, daß der Bund mit dem

1 = Evangelium des Matthäus, Kapitel 22, Verse 44-46; Evangelien des Markus, Kapitel 12, Verse 35-37; Evangelium des Lukas, Kapitel 20, Verse 41-44

„Shiloah" — dem Gesandten Allahs —, der aus der Familie Ismaels käme, erfüllt werden würde. Aus diesem Grund beschreiben die Talmud-Leute Jesus als den „zweiten Balaam" — d.h. als den Propheten, der zum Vorteil der Heiden und auf Kosten des „auserwählten Volkes weissagt.

Es ist deshalb vollkommen klar, daß die jüdische Annahme oder ihre Ablehnung von Jesus nicht die Conditio sine qua non darstellte, um den Charakter einer Mission herauszufinden. Wenn er der Letzte Erretter gewesen wäre, hätte er — wie es Muhammad tat die Juden dazugebracht, sich ihm nolens volens zu unterwerfen. Aber der Gegensatz zwischen den Umständen, in denen sich jeder jener beiden Propheten befand, und ihrem Werk kennt keinen Umfang und keine Grenzen, Es genügt zu sagen, daß Muhammad über zehn Millionen heidnische Araber zu zutiefst aufrichtigen und begeisterten Gläubigen, die an den wahren Gott glaubten, bekehrte und die Götzendienerei in den Gebieten, in denen sie Wurzel geschlagen hatten, vollkommen ausrottete. Dies tat er, weil er in der einen Hand das Gesetz und in der anderen das Zepter hielt; das eine war der heilige Koran und das andere das Emblem der Macht und Herrschaft. Vom edelsten Stamm der Araber wurde er gehaßt, verachtet, verfolgt und gezwungen, um seines Lebens willen zu fliehen; aber durch die Allmacht Allahs vollbrachte er das bedeutendste Werk um der wahren Religion willen, was vor ihm kein anderer Prophet in der Lage war, jemals zu tun.

Ich möchte nun damit fortfahren zu zeigen, daß der apokalyptische Sohn des Menschen niemand anderes war als Muhammad al-Mustapha.

1. Der triftigste und wichtigste Beweis, daß der apokalyptische „Barnasha" Muhammad ist, wird durch eine wunderbare Beschreibung in der Vision des Daniel (Kapitel 7) geliefert; sie wurde bereits in einem früheren Kapitel erörtert. Als was auch immer der Barnasha darin beschrieben wird, er kann keineswegs als einer der Helden von Makkabäus oder als Jesus identifiziert werden; auch kann das schreckliche Untier, das von jenem Sohn des Menschen ganz und gar getötet und vernichtet wurde, kein Urbild von Antiochus Epiphanes oder dem römischen Kaiser Nero sein. Das kuluminierende Böse jenes scheußlichen Ungeheuers war das „Kleine Horn" das gegen den Allerhöchsten Gotteslästerungen von sich gab, indem es SEINEM Wesen drei gleichermaßen ewige göttlche Personen zuschrieb und diejeniegen, die am absoluten Eins-Sein Gottes festhielten, verfolgte. Die Person,die durch jenes abscheuliche Horn symbolisiert wird, ist Konstantin der Große.

2. Die Apokalypse von Henoch [1] sagt das Erscheinen des Menschensohnes für einen Zeitpunkt voraus, zu dem die kleine Schafherde, obwohl sie von einem Widder energisch verteidigt wird, von den Raubvögeln aus der Luft und vom Raubtier zu Lande heftig attacktiert wird. Unter den Feinden der kleinen Herde werden viele andere Ziegen und Schafe gesehen, die in die Irre gegangen sind. Wie ein guter Hirte erscheint plötzlich der Herr der Herde und schlägt die Erde mit seinem Stab oder Zepter; sie öffnet ihr Maul, verschlingt den angreifenden Feind und verjagt den Rest der bösartigen Vögel und Untiere von der Weide. Dann wird der Herde ein Schwert als ein Emblem von Macht und als eine Waffe zur Vernichtung gegeben. Danach wird die Herde nicht mehr von einem Widder angeführt, sondern von einem weißen Bullen mit zwei großen schwarzen Hörnern.

Diese parabolische Vision ist offenkundig genug. Von Jakob an wird das „auserwählte Volk" symbolisch durch eine Schafherde dargestellt. Die Nachkommen von Esau werden als Eber bezeichnet. Andere heidnische Völker und Stämme werden in der Vision entsprechend ihrer jeweiligen Eigenschaften als Raben, Adler, Geier und verschiedene Arten von Untieren dargestellt, die alle Durst verspüren, den Schafen das Blut auszusaugen, und Hunger, sie zu verschlingen. Beinahe alle Bibelgelehrten stimmen darin überein, daß die Vision auf die schmerzvolle Zeit der Makkabäer und ihrer blutigen Kämpfe mit den Armeen des Antiochus Epiphanes bis zum Tod von Johannes Hurcanus im Jahre 110 (?) v. Chr. anspielt. Diese Art, die Vision zu interpretieren, ist vollkommen falsch und führt den Wert des ganzen Buches auf ein Nichts zurück. Daß ein vorsintflutlicher Prophet oder ein Seher die Geschichte der menschlichen Rasse aus religiöser Sicht dargestellt haben soll, indem er unter dem Symbol eines weißen Bullen mit Adam beginnt und mit Johannes Hurcanus oder seinem Bruder Judas Makkabäus (Maqbaya) als dem letzten weißen Bullen endet und dann die Herde der „Gläubigen" bis zum heutigen Tag wieder von den Römern, Christen und Muslimen verschlingen läßt, ist lächerlich und empörend! In Wirklichkeit hatten die Kriege der Makkabäer und ihre Folgen nicht eine so starke Bedeutung in der Geschichte der Religion Gottes, als daß sie der Endpunkt ihrer Entwicklung gewesen wären. Niemand von den Makkabäern war ein Prophet noch der Begründer der sogenannten „messianischen Regierungszeit", die die Evangelien „das Königreich Gottes" nennen. Darüberhinaus ist diese Interpretation der Vision unvereinbar mit den Eigen-

1 =Es tut mir leid zu sagen, daß die „jüdischen Apokalypsen „für mich unzugänglich sind. Die Enzyklopädien geben nur einen Abriß eines jeden Buches wieder, was für meinen Zweck, den Text zu untersuchen, nicht ausreichend ist. Es ist mir bekannt, daß der irische Erzbischof Laurence diese Apokalypse ins Englische übersetzt hat, aber sie ist für mich leider unerreichbar.

schaften, die in dem Drama unter den figürlichen Symbolen des Herrn der Herde, des Zepters in der Hand, des Widders und des weißen Bullen vorgestellt werden; und dann mit dem großen Schwert, das den Hirten gegeben wird und mit dem sie die unreinen Raubtiere und Vögel töten bzw. vertreiben. Außerdem erklärt diese Christliche Interpretation von Henochs Apokalypse nicht die mystische Versetzung oder Verschiebung des weltlichen Jerusalems in ein Land, das weiter im Süden liegt; und welche Bedeutung kann dem neuen Gotteshaus gegeben werden, das auf dem Platz des alten breiter und höher als das frühere heilige Gebäude errichtet wird und zu dem nicht nur die gläubigen Schafe — die gläubigen Juden —, sondern auch die verschiedenen heidnischen Völker strömen, die die Religion des Menschensohnes, der die Feinde mit seinem Zepter oder Stab vernichtete, angenommen haben! Denn all diese einzelnen Handlungen und Darstellungen wurden in dieser dramatischen Vision gesehen und beschrieben. Die Kette, die diese Ereignisse, die in dieser bildhaften Sprache geschildert werden, miteinander verbindet, beginnt bei Adam und endet bei der Person des Propheten von Mekka! Um diese Behauptung zu beweisen, gibt es mehrere triftige Argumente.

a) Die zwei Gruppen der Schafe weisen auf Volk der Schrift — sowohl Juden als auch Christen — hin, unter denen es solche gab, die an das Eins- Sein Gottes glaubten, und andere, die Jesus und den Heiligen Geist Gott gleichstellten und mit IHM eines Wesens machten. Der Seher trennt die Gläubigen von denen, die vom Glauben abgefallen sind. Die Evangelien berichten, daß am Tage des Jüngsten Gerichts „die Schafe von den Böcken geschieden werden“ [1], was auf dasselbe Bild hinweist. Was den symbolischen Widder angeht, so können wir darunter Arius oder irgendeinen geistigen unitarischen Führer für die wahren Christen und den Oberrabbiner für die gläubigen Juden verstehen — denn beide hatten sie denselben gemeinsamen Feind. Wenn wir Konstantin mit dem bösen Horn identifizieren, dann müssen wir gerechterweise Arius mit dem Widder identifizieren. Arius hat tatsächlich einen Anspruch auf diese Auszeichnung, denn er führte die größere Gruppe beim Konzil von Nicäa an und verteidigte vehement die wahre Religion gegen die monströsen Doktrinen der trinitarischen und sakramentarischen Kirchen. Unter genauer muslimischer Betrachtungsweisse hörten die Juden von dem Moment an, da sie Jesus ablehnten und ihn zum Tode verurteilten, auf, das „auserwählte Volk“ zu sein; und dieser ehrenvolle Titel wurde nur jenen gegeben, die an seine Prophetenschaft glaubten.

1 =Evangelium des Matthäus, Kapitel 25, Verse 32-46.

b) Der Sohn des Menschen, der die Schafherde von ihren verschiedenen Feinden befreite und diese Feinde in das Innere der Erde hinunterschickte, indem er seinen pastoralen Stab auf sie schlug, und den Schafen ein starkes Schwert gab, um diese unreinen Scheusale und Raubvögel abzuschlachten, war fraglos Muhammad. Das Zepter (im Hebräischen „shebet"— Zepter, Stab) ist das Symbol für Souveränität, Rechtsprechung und Administration. das kleine Zepter, das Gott dem Stamme Juda gewährte [1], wurde hingeggenommen, und dem Gesandten Allahs (dem ,,Shiloah) wurde an seiner Stelle ein stärkeres und längeres gegeben. Es ist in der Tat erstaunlich, wie diese prophetische Vision des Sehers wortwörtlich erfüllt wurde, als Muhammads Zepter zum Symbol der muslimischen Souveränität über alle Länder — Ägypten, Assyrien, Chaldäa, Syrien und Arabien — wurde, in denen das Volk Gottes durch die heidnischen Mächte jener Länder und durch die heidnischen Fremdherrscher -die Medoperser, Griechen und Römer verfolgt wurde! Was für eine glorreiche Erfüllung der Vision ist es, wenn die Schafherde, die viele Jahrhunderte den unbarmherzigen Schnäbeln und Klauen der Raubvögel und den scharfen und furchtbaren Zähnen und Pranken der wilden Tiere ausgesetzt war, nun mit einem langen Schwert für die Verteidigung ausgerüstet wurde, das jeder Muslim trug, bis das Blut der Heiligen und Märtyrer billigerweise gerächt war. [2]
c) Der weiße Bulle. Bis zu Ismael werden alle Propheten als weiße Bullen dargestellt; aber von Jakob ab erscheinen die Fürsten des auserwählten Volkes in der Form von Widdern. Die universale Religion wurde auf eine nationale zurückgeführt; und der Kaiser wurde zu einem unbedeutenden Oberhaupt. Hier ist erneut eine verblüffende Erfüllung der Vision in der Ära Muhammads.

Die Führer oder Patriarchen der alten, internationalen Religion werden als weiße Bullen dargestellt und jene der muslimischen Befehlshaber der Gläubigen ebenso als weiße Bullen, jedoch mit dem einzigen Unterschied, daß letztere lange schwarze Hörner hatten, ein Symbol für zweifache Macht: religiöse und weltliche. Unter allen reinen Vierfüßlern gibt es nichts Wunderbareres und Edleres als den weißen Bullen, und speziell dann wenn er auch noch mit einem Paar langer schwarzer Hörner gekrönt ist. Es sieht höchst majestätisch und äußerst anmutig aus! Es ist sehr bemerkenswert, daß der Imam der Gläubigen, ob nun Kalif oder Sultan oder im Besitz beider Titel, Tag und Nacht durch die Reinheit seines Glaubens und seiner Handlungen sowie durch die Festigkeit seiner Macht und Majestät an der Spitze der gewaltigen und unzählbaren

1 =1. Buch Mose, Kapitel 49, Vers 10

2 = Die Offenbarung des Johannes, Kapite l6, Verse 9-11

Menge der Gläubigen, die sich aus allen Rassen und Farben zusammensetzt, wahrgenomen und daran erkannt wird! Die Vision gesteht ausdrücklich den Eintritt und die Aufnahme der Apostaten und Ungläubigen in die Herde ein. Juden — Tausende von Juden —, Christen und Sabäer genauso wie Millionen von Arabern und anderen heidnischen Völkern glaubten an das Eins- Sein von Allah und nahmen den Islam an. In diesem Zusammenhang ist es erwähnenswert, daß all das Blut, das in den Schlachten von Badr und Uhud und anderen Feldzügen, die vom Propheten Muhammad persönlich angeführt wurden, vergossen wurde, nicht ein Hundertstel des Blutes erreichte, was Josua vergoß. Auch nicht ein einziges Beispiel von Grausamkeit oder Ungerechtigkeit kann gegen den Gesandten Allahs als Beweis angeführt werden. Er war nachsichtig, edel, großmütig und verzeihend, Das ist der Grund, warum er als **einziger** der menschlichen Rasse in allen prophetischen Visionen als der " Sohn des Menschen" dargestellt wird, wie der erste Mensch vor seinem Sündenfall!

d) Der Sohn des Menschen gründet das Reich des Friedens, die Hauptstadt, die nicht mehr das alte Jerusalem ist, sondern das neue Jerusalem -das dāru-s-salām", die „Stadt" bzw. der „Hof des Friedens". Der Sophi oder Seher erzählt in dieser wunderbaren Vision, wie das weltliche Jerusalem emporgehoben und in ein südliches Land verlegt wird; auf den Ruinen des alten Gebäudes wird jedoch ein neuer Tempel, breiter und höher als der erste errichtet! O mein Gott! Wie wundervoll wurde dies alles durch den erhabensten und heiligen Diener Muhammd vollbracht! Das neue Jerusalem ist nichts anderes als Mekka, denn es liegt in einem südlichen Land, und seine beiden Hügel „Marwa" und „Safā" tragen die gleichen Namen wie jene von Moriah und Zion, aus derselben Wortwurzel und mit derselben Bedeutung, aber vom Ursprung her früher. „Jrushalem" oder „Urshalem" aus alter Zeit wird zu einer Stadt von „Licht und Frieden". Auch aus diesem Grund wurde Mekka als Sitz der heiligen Kaba zur „Qibla" bestimmt — der Richtung, in die die Muslime ihr Gesicht beim Gebet wenden. Hier kommen jedes Jahr Abertausende von Pilgern aus allen muslimischen Ländern zusammen, besuchen die heilige Kaba, bringen Opfer dar, erneuern ihre Ergebenheit gegenüber Gott und versprechen, ein neues Leben zu führen, das eines Muslim würdig ist. Nicht nur Mekka, sondern auch Medina und das Gebiet, das sie umgibt, wurden heilig und unverletzbar; und jedem nicht-muslimischen Mann und jeder nicht- muslimischen Frau ist ihr Betreten verboten. In Erfüllung der Vision von Idris oder auch Henoch errichtete der zweite Kalif Umar die Heilige Moschee in Jerusalem auf dem Hügel Moriah, dem Platz des Tempels von Salomo. All dies beweist wunderbar, daß die Vision von einem Seher gesehen wurde, der von Gott DER die Ereignisse bei den Muslimen in einer weiten Zukunft sah, inspiriert war. Konnten Rom oder Byzanz für sich in Anspruch nehmen, daß Neue Jerusalem zu sein? Können der Papst oder irgendein schismatischer Patriarch behaupten, der apokalyptische weiße Bulle mit den zwei langen Hörnern zu sein? Kann das Christentum für sich beanspruchen, das Reich des Friedens (Islam = „Shalom") zu sein, während es Jesus und den Heiligen Geist mit dem Absoluten Einen Gott gleichstellt und zu einem Wesen macht? Ganz bestimmt nicht.

e) In jenen Kapiteln, in denen vom Reich des Friedens die Rede ist, wird der Messias Sohn des Menschen genannt, aber in der Beschreibung des Jüngsten Gerichts, das dem Ende dieser Herrschaft des Islam bzw. des Friedens folgt, wird er „Sohn der Frau" und „Sohn Gottes" tituliert und dazu gemacht, das Richten der Welt mit Gott zu teilen. Alle Gelehrten geben zu, daß diese übertriebenen und albernen Äußerungen **nicht** jüdischen Ursprungs sind, sondern zu den christlichen Vorstellungen, die sie einfügten und als Gefälschtes einschoben.

Die anderen Apokalypsen, die die Namen von Moses, Baruch, Esra und des Freudenfestes sowie der Sibyllinischen Orakel tragen, sollten unvoreingenommen untersucht werden; denn dann werden sie wie jene von Daniel und Henoch nicht nur verstanden werden, sondern auch beweisen, daß sie in Muhammad und dem Islam erfüllt wurden.

ISBN 3-926575-00-X